KB206167

신자로
산다는 것

설교자하우스 메시지 03

신자로 산다는 것

초판 1쇄   2017년 11월 24일

지은이   정창균
펴낸이   황대연
발행처   설교자하우스

주소   경기도 수원시 팔달구 권광로 276번길 45, 3층(인계동)
전화   070 · 8267 · 2928
전자우편   1234@naver.com
등록   2014. 8. 6

값   15,000원

© 정창균 2017
ISBN   979-11-955384-4-7 93230

이 도서의 국립중앙도서관 출판예정도서목록(CIP)은 서지정보유통지원시스템 홈페이지
(http://seoji.nl.go.kr)와 국가자료공동목록시스템(http://www.nl.go.kr/kolisnet)에서 이용
하실 수 있습니다.(CIP제어번호: CIP2017029827)

정 창 균

설교자하우스

Contents

■ 프롤로그

■ 01
신자는 벼랑 끝에 선다

02
신자는 행동한다

03
신자는 오늘을 산다

04
신자는 영원을 향한다

■
프롤로그 10

신자는 벼랑 끝에 선다

벼랑 끝에 서는 신앙 17/
위대한 결단 24/ 죽지 않는다는 확신, 죽어도 좋다는 각오 28/
먹물로 지운 찬송가 32/ 사랑의 증거 36/ 착각 40/
영문 밖의 교회 44/ 이율배반 48/ 경영학의 원리에서 교회의 원리로 52/
제자와 사단 사이 57/ 폭군정치의 후유증 62/ 배교정치의 후유증 66/
여전히 갖는 소망의 이유 71/ 포기하지 않으시는 주의 은혜 75/
포기하는 것과 다른 길을 찾는 것 81/ 화합이라는 이름의 혼합 85/
입을 다물고 눈과 귀를 열어야 할 때 89/ 눈물을 흘리며 권하는 말 93/
설교자의 책임 98/ 두려워 할 것과 말아야 할 것 102/
한국교회, 절망과 소망의 두 얼굴 108

신자는 행동한다

행동하는 신앙 117/

고통의 때 122/ 우리에게 필요한 것 127/ 혼자 살 수 없는 세상 132/

도덕성 회복과 신앙 회복 136/ 한국교회는 핍박 받고 있는가? 141/

혼돈의 시대 146/ 불순종의 시대 150/ 투자와 헌신 154/

열심히 기도하는 이유 158/ 우리들의 모순 162/

효경 백번 읽고 아비 뺨치기 167/ 거짓말 171/ 정직 175/ 열정 180/

자식을 제대로 키우고 싶은 부모들에게 185/

담임 목회자들에게 187/ 사랑하는 부교역자 제자들에게 192/

예수를 팔아먹을 사람 197/ 제대로 듣기 201/

따뜻한 마음 205

신자는 오늘을 산다

타임 아웃 213/

새롭게 받은 권세 217/ 빈 무덤에서 갈릴리로 222/ 친구 226/

명의 231/ 선언적 개혁주의자와 실천적 개혁주의자 235/

신앙이 단절된 시대 239/ 벼룩 잡자고 집에 불 지르는 죄 243/

요즘 생각 248/ 아직도 남겨 놓으신 기회 253/ 선생 258/

성경 문맹의 시대 262/ 평생의 기도 266/ 자녀를 위하여 부모가 치를 대가 270/

설교가 쓸모없는 시대 275/ 찌르는 사람과 함께 있어주는 사람 279/

목사는 공공의 적인가? 283/ 힘들고 지친 이 땅의 목회자들에게 287/

광풍 속에서 만난 주님 292/ 삶으로 드리는 예배 296/

시대의 징조 300/ 없으면 그립고, 안보이면 보고 싶은 사람 305/

하나님의 영광은 목적인가 수단인가? 310

신자는 영원을 향한다

인생을 사는 지혜 317/

헛살아버린 인생 321/ 나그네 자존심 325/노년이 아름다운 사람 329/

듣고 싶은 말과 들어야 할 말 333/ 상황보다 더 중요한 것 337/

울어야 할 진짜 이유 341/ 기회를 다스리는 지혜 348/

급한 일과 중요한 일 352/ 더 중요한 것과 덜 중요한 것 356/

성공한 자들을 향한 경고 360/ 영웅의 몰락 365/

역사에서 배우지 않는 사람 370/ 선지자의 미친 행동 375/

살아남을 기회에서도 죽음의 길을 가는 자 380/

회개할 기회를 박탈당하는 심판 384/ 네 아비에게 물으라! 388/

혼자 남겨져도 혼자가 아닌 사람 393/ 고독한 몰입 397/

사람을 책임지는 일 401/ 축복하는 자와 저주하는 자 405/

절대소망의 기회 410

프롤로그

신자는 하나님을 믿는 사람이다. 그리고 믿는 대로 행동하는 사람이다. 믿음이 확실하니 자신을 벼랑 끝에 세우기를 주저하지 않는다. 그리고 닥쳐온 벼랑 끝에서도 영원을 바라보며 겁 없이 산다. 신자는 영원히 살 것처럼 오늘을 살고, 오늘이 종말인 것처럼 산다. 신자는 그렇게 오늘과 영원을 동시에 산다. 신자에게 이 모든 삶이 가능한 것은 그가 신자이기 때문이다. 그는 하나님을 절대적으로 신뢰한다. 반절은 믿고 반절은 의심하는 것이란 없다.

신앙생활이란 믿음을 담보로 보장받는 오늘의 안전이 아니다. 믿음을 근거로 감행하는 모험이다. 자기를 벼랑 끝에 세우는 모험이다. 벼랑 끝에서 하나님을 만나고, 넘실거리는 요단강 복판에서 하나님을 확인하는 스릴 넘치고 감격 솟구치는 모험이다. 하나님은 어떤 분이신가가 너무 분명하고 확실하여 그 하나님이라면 하늘 끝까지 올라가보고 싶고, 땅 끝까지 나아가보고 싶은 모험. 그것이 믿음이다. 그것은 나를 벼랑 끝에 세우는 믿음이다.

신자는 하나님을 믿는 사람이요, 믿는 대로 행동하는 사람이다. 이스라엘 백성들은 홍해에 길을 내시는 하나님이 아니라, 하나님이 내신 길을 믿고 홍해를 건넜다. 하나님이 하신 일이 아니라, 그 일을 행하신 하나님 자신을 믿어야 한다. 그렇지 않으면 심각한 후유증을 일으키게 된다. 하나님 자신을 믿으면 그가 그런 일을 하신 분이시니 지금도 하실 것이라고 믿게 된다. 그러나 하나님이 하신 일을 믿으면, 지금도 그 일을 하셔야 하나님이라고 믿게 된다. 그래서 하나님에게 그 일을 행하시라고 요구하게 된다.

하나님은 이스라엘에게 믿음을 촉구할 때 늘 애굽에서 이끌어내 온 그 큰일을 하신 분이심을 들고 나오신다. 그런 엄청난 일을 하신 분이니 믿고 위기의 현장으로 가라고 하신다. 그러나 이스라엘은 과거에 그런 일을 하신 분이면 지금도 그런 일을 하셔야 하나님이신 줄을 믿고 움직일 수 있을 것이 아니냐고 항변한다. 사사기 6장에서 벌어지는 하나님과 기드온 사이의 대논쟁의 핵심은 한마디로 믿음의 문제이다. 하나님은 출애굽을 행한 내가 너를 보냈다고 계속 대답하고, 기드온은 계속 그 기적을 지금 행하라고 요구하고 있다. 이러한 갈등과 입장의 차이는 믿음이란 무엇인가에 대한 이해의 차이 때문이다. 하나님이 주신 것을 가지고, 하나님을 등지는 일을 당당하게 하는 이스라엘 백성들에게 하나님께서 당혹해하시는 모습을 우리는 성경 곳곳에서 목격한다. 하나님은 도구가 될 뿐이고 도구로서 역할을 다하는 순간 그들의 의식과 생활에서 하나님은 없어지게 된다. 한국교회가 범한 가장 치명적인 잘못도 어쩌면 이 문제일 것이다.

오늘날 한국교회에 가장 필요한 것은 신자답게 사는 신자들이다. 신자답게 사는 신자들이 결국 교회다운 교회가 된다. 신자로 산다는 것은 무엇을 말하는 것인가? 우리는 심각하게 이 문제를 고민해야 한다. 그리고 성경말씀과 우리의 생활로 치열하게 이 문제에 답해야 한다. 이런 점에서 한국교회는 드디어 신자가 신자다워지고 교회가 교회다워질 절호의 기회를 맞고 있다.

이 책은 신자로 산다는 것은 무엇인가를 내 나름대로 고민하며 떠오른 이런저런 생각들을 극히 간략하게 정리해본 글들을 모은 것이다. 나는 이 글들을 기독교개혁신보에 "본문으로 인도하는 묵상칼럼"이라는 제목으로 기고해왔다. 각각의 글들은 다양한 방식으로 성경의 어느 구절과 연결을 맺고 있다. 이러한 방식을 취한 것은 일상에서 직면하는 문제들을 성경에 근거한 신앙인의 안목으로 생각해보고자 했기 때문이다. 그래서 각 글의 끝 페이지 아래에는 그 글과 관련을 맺고 있는 성경구절을 밝혀놓았다. 독자들이 각각 나름대로 말씀을 접촉할 기회를 가질 수 있도록 배려한 것이다. 여러 설교자들로부터 신선한 관점으로 그 본문을 설교할 아이디어들을 내 글로부터 얻었다는 말을 듣기도 하였다. 이 작은 글들이 이 시대에 신자로 산다는 것이 무엇인가에 대한 큰 답은 아니어도, 어디에선가 누군가에게 그 문제로 고민하게 하는 작은 역할을 할 수만 있다면 더 큰 바람이 없겠다.

2017년 11월

정 창 균

신자는
벼랑끝에 선다

결국 신앙생활이란

하나님을 신뢰하기 때문에

겁 없이 우리를

벼랑 끝에 세우는 행위입니다

벼랑 끝에 서는 신앙

애굽을 벗어난 백성들이 홍해를 담대하게 건넌 것은 하나님을 믿어서가 아니었습니다. 홍해 가운데로 나 있는 길을 믿었기 때문입니다. 홍해에서는 현실적으로 안전이 보장되어 있었습니다. 눈앞에서 바다가 갈라지고 그 바다 한복판에 길이 이미 나 있었습니다. 이 상황에서는 아무리 바다로 달려 들어가도 거기 빠져죽을 일이 절대로 없다는 것은 굳이 하나님에 대한 믿음을 발동하지 않아도 사람이면 누구나 확실히 아는 사실입니다. 그런데도 빠져 죽을까봐 바다를 건너지 않는 사람이라면 그 사람은 신앙이 없는 사람이 아니라, 그냥 바보천치일 뿐입니다.

그러나 요단에서는 상황이 달랐습니다. 강물은 강 언덕까지 넘실댔습니다. 그 강에 그냥 들어가면 반드시 죽는다는 것은 사람이면 누구나 본능적으로 알아차릴 상식입니다. 그러면 지난 40년간 품어온 모든 꿈은 허사가 되고, 지금껏 살아온 인생은 한 순간에 끝장이 나고 만다는 것은 당연한 결론입니다. 그런데 이러한 현실에서 백성에 대한 하나님의 처사는 야속하고 매정할 만큼 단호했습니다. "너희가 요단에 이르거든 요단에 들어서라!" 40년 전 홍해 앞에서는 그렇게 하지 않으셨습니다. "지팡이를 들고 손을 바다 위로 내밀라!" 그리고 홍해는 갈라져 그 길 위로 홍해를 건넜습니다.

세월이 흘러 하나님이 변심하신 것일까요? 심술이 나신 걸까요? 그것이 아닙니다. 요단에 들어서라는 하나님의 명령은 그들이 하나님을 신뢰하고 있다는 증거를 내놓으라는 요구였습니다. 강 저편에 보이는 저 땅, 우리를 들여놓겠다고 하셨던 저 땅에 하나님은 약속대로 반드시 우리를 들여놓고야 마신다는 하나님에 대한 믿음을 어느 정도나 가지고 있는지, 그것을 행동으로 보이라는 요구였습니다. 지금까지 40년 동안 그 길을 지내오면서 경험하고 확인했던 그 하나님을 이런 위기 상황에서도 여전히 신뢰하고 있는지, 그것을 행동으로 보이라는 요구였습니다. 요단에 들어서면 다 죽을 것이 분명하지만, 그러나 저 땅을 우리에게 주신다는 것이 하나님의 약속이니, 결국 저 땅은 우리 것이 될 수밖에 없다는 믿음으로 사는 사람이라는 증거를 하나님 앞에 내놓으라는 요구인 것입니다. 그러므로 요단에 들어서라는 하나님의 요구는 하나님의 변심이나 심술이 아니었습니다. 하나님을 그렇게까지 신뢰하고 있다는 사실을 증명하는 절호의 기회였습니다. 들어가면 삼킬 듯이 언덕까지 넘실거리는 강에 믿는 바가 없이 들어갈 수는 없기 때문입니다. 그것은 동시에 하나님이 이들을 그렇게까지 인정해주시고 있다는 복된 선언이기도 했습니다.

마침내 그들은 언약궤를 등에 멘 제사장들을 앞세워 넘실거리는 그 강에 들어갔습니다. 그들이 요단강에 들어간 것은 세상 물정 모르는 자살 행위가 아니었습니다. 하나님을 그렇게나 신뢰하는 믿음의 행위였습니다. 그리고 벌어진 일을 성경은 이렇게 극적으로 기록합니다. "물이 그치고, 물이 쌓이고, 물이 끊어지고… 백성은 여리고 앞으로 바로 건넜다!"(3:16). 홍해 길은 갈라진 바다를 확인하고 안심하고 건넌 길이었습니다. 죽는 줄 알고 그냥 들어갔다가 이런 기막힌 현장을 경험하는 스릴 넘치는 요단 길을 홍해 길에 비교할 수 있을까요? 만들어진 기적을 누리는 길과, 기적을 만들며 가는 길을 어떻게 같은 차원의 신앙이라고 할 수 있을까요?

그러므로 이스라엘 백성이 요단강에 들어서는 것은 결단이 아니라, 믿음입니다. 하나님의 언약과 그 약속의 실현에 대한 믿음입니다. 더 정확히 말하면 가나안에 들여놓겠다는 하나님의 약속을 40년이 지난 후에도 여전히 그대로 믿는 믿음입니다. 가로놓인 요단강 때문에 그것이 불가능하다는 것이 명백해진 현실에서도 그래도 하나님은 우리를 그 땅에 들여놓으신다고 믿는 믿음입니다. 그래서 죽을 것이 뻔하고, 지금까지의 역사가 수포로 돌아갈 것이 불을 보듯 뻔한 데도 그냥 그 강에 들어서 버리는 그것입니다. 자포자기가 아니고, 죽지만 결국은 안죽는다는 믿음, 도중하차하지만 결국 들어가고야 만다는 확신입니다. 어떻게 그런 모순이 가능한가를 설명하고 입증할 수는 없지만, 그러나 천하가 부인해도 나는 그렇게 될 것임은 확실히 아는 그것입니다. 그래서 요단에 그냥 들어서버리는 것입니다. 그것을 하나님에 대한 절대 신뢰라고 합니다. 홍해는 미리 갈라놓고 건넜다면, 요단은 들어가서 가르고 건넜습니다. 두 번 다 하나님의 은혜의 기적 사건이었지만, 그러나 그 기적을 경험하는 양상은 달랐습니다.

우리가 신앙생활을 한다는 것은 하나님을 믿는 사람답게 사는 것을 말합니다. 이것은 우리가 안전하고 편안하고 남보다 나은 생활을 보장 받는 것과는 다른 것입니다. 신자로 산다는 것은 믿음을 담보로 보장받는 오늘의 안전이 아닙니다. 믿음을 근거로 위험하고 힘든 길을 내질러 가는 모험입니다. 하나님이 어떤 분인가가 너무 분명하여, 그분을 믿고 하늘 끝까지 올라가보고 싶은 모험입니다. 그분을 의지하고 땅 끝까지 나아가보고 싶은 모험입니다. 그리하여 벼랑 끝에서 하나님을 만나고, 넘실거리는 요단강 한복판에서 여전히 일하시는 하나님을 확인하는 스릴과 감격이 넘치는 모험입니다. 홍해를 들어서는 데는 안도감이 작동하였지만, 요단에 들어서는 데는 믿음에서 나온 의지가 작동하였습니다. 하나님의 말씀이라면 죽어도 좋다는 의지, 하나님의 말씀을 따르는 길이라면 죽어도 죽지 않는다는 모험심 가득한 의지입니다. 사람들은 언제나 홍해 가에 있기를 바라고, 요단강에 들어서기를 두려워합니다. 홍해 가에 서서 지팡이의 기적을 학수고대할 뿐, 출렁이는 요단에 목숨을 담보로 한 믿음으로 들어서기는 싫어합니다.

열둘이나 되는 지파에서 대표자들이 나와서 그 강 바닥에서 돌을 하나씩 주어 둘러메고 나올 때, 그들은 하나님은 약속을 얼마나 틀림없이 지키시는 분이신가, 하나님은 얼마나 목숨을 내놓고라도 믿고 따를만한 분이신가를 확인하는 복을 누리고 있었습니다. 그렇게 메고 나온 그 돌을 하나씩 하나씩 쌓는 그들의 맘속에는 그 날 그 강바닥에서 자기들이 확인한 이 믿음이 오고 오는 자녀들에게 그대로 이어지기를 바라는 간절함이 넘쳤을 것입니다. 그리고 세월이 흐르는 동안 오고 오는 그들의 자녀와 자녀의 자녀들은 하나씩 하나씩 쌓여있는 그 돌무더기를 보면서 그들의 아버지와 아버지의 아버지가 그 날에 그 강바닥에서 경험했던 그 하나님을 다시 확인했을 것입니다. 그리고 그 믿음으로 돌아가기를 다짐했을 것입니다.

모세가 강 건너 약속의 땅을 두고 백성에게 행한 긴 설교의 마지막에 이르러 했던 말도 바로 이것이었습니다. "옛날을 기억하라. 역대의 연대를 생각하라. 네 아비에게 물으라, 그가 네게 설명할 것이요. 네 어른들에게 물으라, 그들이 네게 이르리로다."(신 32:7). 그 돌무더기는 우상이 아니라, 믿음을 기억하고 전수하는 단초가 되었습니다. 우리에게는 돌무더기가 없지만, 여전히 그 돌무더기 이야기가 살아있어서, 믿음이란 하나님을 붙잡은 배짱으로 자신을 벼랑 끝에 세우는 것이라 말해줍니다.

홍해와 요단강 사이에는 광야라는 삶의 현장과 그 현장을 살아내는 40년의 세월이 있었습니다. 그 긴 세월 동안 그리고 그 구체적인 삶의 현장에서 이들은 하나님을 알아갔습니다. 평생 홍해 가에 서 있는 것은 신앙이 아닙니다. 그곳은 드디어 광야라 불리는 구체적인 삶의 현장 그리고 40년이라는 구체적인 세월을 살아내야 하는 신앙의 세계로 들어가는 관문일 뿐입니다. 그러므로 우리의 신앙이란 열심히 기도하고, 힘에 지나도록 헌신을 드려서 힘든 현실을 빨리 벗어나거나, 고통의 현장을 면하는데 있는 것이 아닙니다. 그 구체적인 현실, 그리고 계속되는 그 세월을 걸머지고 낑낑대고 울고 신음하고 때로는 넘어지고

22

다시 일어나고, 때로는 따져 묻기도 하면서 점점 그곳에서도 여전히 일하시는 하나님을 알아가는 것입니다. 그리고 그러한 현실에서도 여전히 우리를 위하여 일하시며 역사를 이루어 가시는 은혜로우신 하나님을 세상에 드러내어 증거하는 것입니다.

결국 신자는 하나님을 그만큼 신뢰하기 때문에 겁 없이 자신을 벼랑 끝에 세우는 사람입니다. 생명을 위협하며 넘실거리는 요단강을 원망하거나 거부하는 것이 아닙니다. 하나님의 일하심을 드러낼 기회로 알고 그냥 걸어 들어가는 것입니다. 그렇게 기꺼이 자신을 벼랑 끝에 세우는 것입니다. 하나님을 그 만큼 신뢰하기 때문입니다. 그리고 그 만큼 그 분을 두려워하기 때문입니다. 하나님을 두려워하는 사람은 하나님 외에 아무 것도 두려워하지 않게 됩니다. 그러나 하나님을 두려워하지 않는 사람은 하나님 외에 모든 것을 두려워하게 됩니다. 이 위기의 때에 한국교회 지도자들이, 그리고 신자들이 가장 힘써야 할 일도 하나님을 그렇게 신뢰하기 때문에 기꺼이 벼랑 끝에 서는 신앙 그것입니다. 하나님을 그렇게 두려워하기 때문에 그 외의 아무 것도 두려워하지 않는 그것입니다.

아가 3:8

위대한 결단

하나님이 계신다는 것을 믿지 않는 것은 아닌데, 하나님이 여전히 역사하신다는 것을 의심하는 것도 아닌데, 내가 처한 현실에서 하나님의 존재를 확인할 수 없고, 하나님이 일하고 계신다는 사실을 경험할 수 없어서 깊은 좌절의 늪에 휘말릴 때가 있습니다. 살다보면 그만큼 혹독하고 참담한 상황에 던져질 때가 있는 것입니다.

아주 오래전이었습니다. 한 여 집사님이 찾아왔습니다. 그 즈음에 내가 열심히 심방을 다니던 분이었습니다. 사업은 부도나고, 가정은 파탄 나고… 현실이 너무 혹독한 분이었습니다. 그래서 심방을 가서도 딱히 할 말이 없었습니다. 위로를 한다고 여러 말을 늘어놓는 것이 오히려 그분의 분노만 돋우고 약만 오르게 할 것 같았습니다. 그래서 말없이 우두커니 앉아서 어색한 시간을 채우며 있다가 그냥 "힘 내세요."라는 말 한마디와 함께 나 자신도 확신이 서지 않는 기도 몇 마디를 늘어놓고 돌아오곤 했었습니다. 그런데 이번에는 그 분이 나를 찾아온 것이었습니다.

그 분은 한동안 가만히 있다가, 불쑥 입을 열었습니다. "목사님, 저는 다 망했고, 이제 더 이상 망할 것도 없습니다. 방법은 한 가지 뿐입니다. 죽는 것입니다. 저는 죽고 싶은 맘도 있고, 죽을 수도 있습니다. 그런데 재수 없게 예수까지 믿어가지고 맘대로 죽을 수도 없어요!" 나는 그 말에 눈물이 핑 돌았습니다. 집사님의 그 말은 그 분이 그렇게나 믿음이 없다는 증거가 아니라, 그만큼 자신의 현실이 아프다는 신음소리로 들렸기 때문이었습니다. 나는 눈물이 그렁그렁한 눈으로 그분을 보며 말했습니다. "집사님, 저는 목사지만 제가 집사님 같은 처지였으면 저도 그런 생각이 들었을 거예요." 나도 당신의 아픔을 함께 아파한다는 나의 중심을 그렇게 그 집사님과 나누고 싶었습니다.

왜 그런 불신앙적인 말을 하느냐는 둥, 믿음을 굳게 지켜야된다는 둥, 자살하는 것은 큰 죄라는 둥, 어떻게든 자살은 막아야 된다는 사명감으로 호들갑을 떨며 그 집사님을 책망하는 것은 그 상황에서 취할 나의 도리가 아니라고 생각하였습니다. 집사님은 나에게 많이 고마워하며, "아무 것도 일이 해결된 것은 없지만, 마음은 많이 편안해졌다"며 고개를 많이 숙여 인사를 하고 돌아갔습니다. 그 후 그분은 자살은 물론, 믿음을 버리고 교회를 떠나지도 않았습니다. 지금은 그분이 누구였던지 기억도 가물가물 합니다. 그러나 한 성도가 혹독한 현실 가운데서도 끝까지 하나님을 붙잡으며 자기의 삶을 살아내려고 안간힘을 쓰는 모습을 보면서 깊은 감동과 많은 깨달음을 얻었던 목회 초년병 시절의 그 경험은 지금도 기억이 생생합니다.

욥은 자기가 원인을 제공하지 않았음에도 어느 날 닥쳐온 혹독한 고난 때문에 참담한 현실을 살아야 했습니다. 그의 아내는 속이나 후련하게 실컷 맘속에 있는 답답함과 분노를 쏟아 버리고 일찌감치 하나님을 떠나버렸습니다. 그러나 욥은 한 가지 소원을 품고 몸부림을 합니다. 하나님을 찾는 것입니다. "아, 그분이 계신 곳을 알 수만 있다면! 그 분이 계시는 곳까지 내가 나아갈 수만 있다면!"(3절) 그러나 욥은 어디에서도 하나님의 존재를 확인할 수 없습니다. 하나님의 역사하심을 경험 할 수가 없습니다. 그러므로 그는 탄식합니다. "그런데 내가 앞으로 가도 그가 아니 계시고, 뒤로 가도 보이지 아니하며, 그가 왼편에서 일하시나 내가 만날 수 없고, 그가 오른편으로 돌이키시나 뵈올 수 없구나!"(8-9절) 그에게 이것은 그가 당하는 다른 어떤 고통보다도 더 참담한 현실입니다.

그러나 욥의 참으로 위대한 결단은 그 다음에 이어집니다.

"나의 가는 길을 오직 그가 아시나니 그가 나를 단련하신 후에는 내가 정금 같이 나오리라!"(10절) 나는 하나님의 존재를 확인할 수 없어도 하나님은 여전히 존재하시며, 나는 내가 가는 길이 오리무중일 때도 하나님은 나에 대하여 완벽한 계획을 가지고 계시며, 하여튼 내 인생의 결과는 좋은 것이라는 사실은 확실히 안다는 선언입니다. 하나님의 하나님 되심을 내 현실에서의 증거와 경험으로 확인할 수 없을 때도, 하나님의 하나님 되심에 대한 믿음 때문에 그렇게 결론을 내려버리는 것입니다.

우리에게 자주자주 필요한 것도 우리가 확인할 수 있는 증거나 경험이 아닙니다. 하나님의 하나님 되심에 대한 믿음과 그 믿음에 근거한 결단입니다.

....
욥기 23:8-10

죽지 않는다는 확신,
죽어도 좋다는 각오

느부갓네살 왕은 두라 평지에 금칠을 한 장대한 크기의 신상을 세웠습니다. 그리고는 그 신상 앞에서 성대한 종교의식을 행하면서 기세도 당당하게 온 나라에 명령을 내렸습니다. "모든 백성은 느부갓네살 왕이 세운 금신상에게 절하라! 누구든지 엎드려 절하지 않는 자는 즉시 극렬히 타는 풀무에 던져 넣으리라!" 그 땅에 사는 모든 사람에게 그 신상에 절하는 것이 살고 죽는 문제가 되었습니다. 다니엘의 세 친구 사드락과 메삭과 아벳느고는 국가 고위직 관리였습니다. 그러나 그들은 신상에게 절하지 않았습니다. 이것은 왕을 격노케 하였습니다. 왕은 이들을 회유하였습니다. "한 번의 기회를 더 줄테니 내가 세운 신상에게 절하라. 그러면 아무 일도 없었던 것으로 해주겠다." 동시에 그들을 무섭게 협박하였습니다. "앞으로도 계속 너희가 내신을 섬기지 아니하며 내가 세운 금신상에게 절하지 않으면 즉시 너희를 극렬히 타는 풀무 가운데 던져 넣으리라." 왕은 세 친구가 섬기는 하나님을 비웃기라도 하듯이 빈정대었습니다. "내가 너희를 풀무 불에 던져 넣으면 그 어떤 신이 너희를 건져낼 수 있단 말이냐!" 왕은 불타는 풀무를 가지고 모든 사람의 생명을 좌지우지 할 수 있는 현실 권력이었습니다.

세 친구의 입장은 분명하였습니다. "느부갓네살이여 우리가 이 일에 대하여 왕에게 대답할 필요가 없나이다… 우리가 섬기는 우리 하나님이 우리를 극렬히 타는 풀무 불에서 건져내고, 왕의 손에서도 건져낼 것입니다!" 저항은 곧 풀무불의 죽음을 의미하는 그 자리에서 한 마디로 왕의 말을 거부해버린 것입니다. 세 친구는 그것이 현실적으로는 죽음을 의미하는 것인데도 자기들이 섬기는 하나님의 편에 설 것을 결단한 것입니다. 자기의 신에게 절하라는 느부갓네살과 하나님 외에는 절할 수 없다는 세 친구의 대립은 결국 느부갓네살이 섬기는 신과 세 친구가 섬기는 하나님과의 싸움이 되어버렸습니다.

세 친구가 죽음 앞에서도 이렇게 단호할 수 있는 근거는 배짱이 좋아서가 아닙니다. 세상 물정을 모르고 날 뛰는 사람들이어도 아닙니다. 이성을 잃은 광신도들이어서도 아닙니다. 그들에게는 하나님께서 죽음으로부터 건져주신다는 확신이 있습니다. "하나님이 풀무 불에서도, 왕의 손에서도 우리를 건져내신다"는 믿음입니다. 이것은 하나님이 역사의 주권자라는 믿음이고, 하나님이 인생의 주인이라는 믿음입니다. 하나님 편에 서면 하나님이 책임져주신다는 믿음입니다. 그러나 이 청년들을 죽음 앞에서도 이렇게 단호하고 담대하게 하는 것은 그것만이 아니었습니다. 그들은 왕의 명령을 정면으로 거부하면서 마지막 한 마디를 덧붙입니다. "왕이여, 혹시 하나님께서 우리를 건져내지 않고 죽게 한다 할지라도, 우리는 당신의 신들을 섬기지도 아니하고, 당신이 세운 금 신상에게도 절을 하지 않을 것이니 그리 아십시오!"

그들은 단순히 우리가 하나님 편에 서면 하나님이 우리를 건져주신다는 생각만으로 왕의 명령을 거부한 것이 아니었습니다. 하나님이 우리에게 주실 복 때문에 하나님 편에 서는 것은 진정한 신앙이 아닐 수 있습니다. 하나님이 목적이 아니라, 그가 우리에게 주실 복이 목적이어서 하나님 편에 서는 것은 사실 신앙도 아닙니다. 그것은 하나님을 이용하여 나의 뜻을 이루려는 거래일 뿐입니다. 이 청년들에게는 하나님의 편에 서고, 하나님과의 의리를 지키는 일이라면 죽어도 좋다는 믿음이 있었습니다. 자기들의 생명이 어떻게 될 것인가가 우선이 아니라, 하나님 편에 서는 것이 우선이었습니다. 자기들의 목숨이 목적이 아니라, 하나님 자신이 목적이었던 것입니다. 우리가 신앙적인 구호를 외치고 비장한 각오를 하면 하나님은 그것을 보고 우리의 문제를 해결해주시고 우리가 잘되게 하실 것이라는 속셈을 갖고 그렇게 하는 것은 신앙이 아닙니다. 신앙생활을 한다는 것은 마치 하나님과 바둑판을 벌여놓고 수 싸움을 하듯이 하여 하나님을 잘 활용하는 것이 아닙니다. 세 친구가 하나님이 풀무 불의 죽음에서 건져주시지 않으실지라도 우리는 왕의 신이 아니라 우리의 하나님을 섬기겠다고 했을 때 그들은 실제로 죽음을 현실로 받아들이고 그렇게 말한 것입니다. 혹시 죽고, 망할지라도 나 잘되자고 하나님을 버릴 수는 없다는 결단이 그들의 신앙의 진수였습니다. 죽지 않는다는 확신, 그러나 죽어도 좋다는 각오! 그들의 신앙은 바로 그것이었습니다.

다니엘 3:14-18

먹물로 지은 찬송가

　나에게는 종이가 거의 황토색처럼 바래고, 앞뒤 여러 페이지가 찢겨져나간 오래된 찬송가 한권이 있습니다. 부모님께서 왜정 때 사용하시던 찬송가입니다. 내가 어렸을 때 어머니께서는 이 찬송가를 내게 보여주시면서 일제치하에서 어렵게 신앙생활했던 경험을 말씀해주시곤 하였습니다. 아마도 80년 이상 되었을 이 찬송가를 넘기다 보면 이곳저곳에 가사가 전혀 보이지 않도록 새까만 먹물로 지워진 곳들이 있습니다. 어느 찬송은 한 부분을 지우기도 했고, 어느 찬송은 전체를 새까맣게 지우기도 하였습니다. 하나님을 왕으로 높이고, 예수님을 구세주로 찬양하는 내용의 찬송들을 부르지 못하도록 그러한 내용을 담고 있

32

는 가사들을 일본 정부가 강제로 먹물로 지운 것입니다.

우리가 성탄절이면 가장 많이 불렀던 "기쁘다 구주 오셨네"도 가사 전체를 먹물로 지워버렸습니다. 예수님이 오신 것을 가리켜 만백성이 맞을 구주께서 오신 것이며, 온 세상의 죄를 사하고 다 구원하실 구주께서 오신 것이라고 선언하고, 그러므로 온 교회가 함께 일어나 다 찬양하고, 이 세상의 만물들이 다 화답하고, 만국 백성이 구주 앞에 다 경배하여야 한다고 성탄절의 깊은 의미를 온 세상을 향하여 이렇게 분명하고도 단호하게 선포하는 것을, 일 본 천황이 신이라고 고집을 부리는 일본정권은 견딜 수가 없었을 것이고, 그리하여 이 가사들을 그렇게 모두 지워버려야 했을 것입 니다.

오늘날은 아무리 하나님이 만물의 유일하신 주관자이시며, 예수님이 만백성의 구세주시이심을 선포하고 찬양하여도 아무 도 그것을 못하도록 강압적으로 먹물로 지우는 일은 없습니다. 그러나 일제 시대와는 다른 양상으로 오늘날에도 여전히 그 선 포는 심각하게 지워지고 있고, 도전받고 있습니다. 그리고 아이 러니컬하게도 그 일이 일차적으로는 교회 자신에 의해서 행해 지고 있습니다. 예수님이 오신 의미를 확인하고 선포하며, 구세 주로서 예수님을 가장 뚜렷하게 드러내는 일은 뒷전인 채, 이런 저런 행사들로 들뜬 축제의 절기로 성탄절을 변질시키는 신자들과 교회들 자신에 의해서 성탄절의 선포가 지워지고 있는 것입니다. 성탄절을 인류의 구원과 관계된 기독교의 독특한 메시지의 선포와 상관없이 막연하고 추상적인 평화와 화해라는 단어를 남발하는 기회로 삼고, 단순히 하나의 성탄절 문화와 성탄절 상술로 왜곡하는 이 사회에 의하여 성탄절의 메시지가 지워지고 있기도 합니다. 그런가하면 근래의 반기독교 운동에 의하여 성탄의 메시지가 먹물로 지워지듯 도전을 받고 있기도 합니다. 이 나라에서 확산되고 있는 조직적이고 과격한 반기독교적인 운동들은 그동안 한국 기독교인들이 불신 사회에 대하여 보여준 윤리적 실패로부터 기인했다는 점에서 그리스도인들에게 우선적인 책임이 있는 것은 사실입니다. 그러나 이 나라의 반기독교 운동은 반교회운동으로 나아가다가, 이제는 반그리스도운동, 그리고 반유일신운동으로 나아가고 있습니다. 예수님만이 유일한 구원자라는 우리의 신앙, 하나님만이 유일하신 참 하나님이라는 우리의 믿음을 버리라는 강하고 과격한 요구를 쏟아내고 있는 것입니다.

사도 요한은 아주 특이한 방식으로 예수께서 왜 이 땅에 오셨는가를 말하고 있습니다. "하나님의 아들이 나타나신 것은 마귀의 일을 멸하려 하심이라"(8절). 마귀의 일을 멸하기 위해서 하나님의 아들 예수 그리스도께서 이 땅에 오셨다고 말씀하고 있는 것입니다. 마귀는 누구이고, 마귀의 일은 무엇인가? 마귀의 일의 결과는 무엇이고, 예수님은 왜 마귀의 일을 멸하셔야 하는가, 그 결과가 무엇인가? 그것을 사도 요한은 우리에게 말씀하고자 하는 것입니다. 그리고 이 모든 말씀은 예수님이 마귀의 일을 멸하신 구체적인 방법이 무엇이었는가 하는 물음으로 우리를 이끄는 것입니다.

그런데 참으로 모순되게도, 마귀의 일을 멸하러 오신 이 분의 오심을 감사하고 축하하고 기념하고 즐거워하는 그 때에, 사실은 마귀의 일을 가장 극성스럽게 벌이는 일들이 교회 안팎에서 많이 일어나고 있다는 것은 어쩌면 우리의 비극이기도 합니다.

사랑의 증거

　교인들이 두 패로 갈라져 싸우는 바람에 교회가 엉망이 되어 버렸다는 어느 교회 소식을 들었습니다. 불신자들도 다 아는 성경의 이야기 하나가 생각났습니다. 솔로몬의 재판 이야기입니다. 한 집에서 같이 살면서 사흘 간격으로 각각 아이를 출산한 두 여자가 있었다지요. 그런데 한 여자가 자기 아이를 옆에 뉘어놓고 자다가 그만 잠결에 아이를 깔아서 죽였습니다. 자기 아이를 잃은 그 여자는 옆에 있는 다른 엄마의 아이와 죽은 자기의 아이를 바꿔치기 하고는 시치미를 떼고 있었답니다. 아이를 바꿔치기 당한 엄마가 그 사실을 알아차리게 되었습니다. 두 어머니 사이에 싸움이 벌어졌습니다. 서로가 살아 있는 아이가 자기의 아이라고 악을 쓰며 싸웠겠지요. 서로가 반드시 진실을 밝혀야 한다고 얼굴을 붉히며 소리를 질렀겠지요. 서로가 하늘을 두고 맹세컨대 자기가 옳다며 자기주장을 하였겠지요.

그러다가 결국 솔로몬 왕에게 판결을 받으려고 온 것입니다. 그러나 지혜롭기로 소문 난 이 왕은 지혜롭기는커녕 무지막지하고 포악한 판결을 내렸습니다. "아이를 둘로 쪼개어 반반씩 나누어 가지라!" 그러자 한 어머니는 눈물을 흘리며 사정하였습니다. "제발 그 아이를 쪼개지 말고 저 여자에게 주어서 기르게 하십시오." 그 아이를 위한 "불붙는 것 같은 마음"에서 나온 자기희생이었습니다. 그것이 엄마인 그 여자의 "자식 사랑"이었을 것입니다. 그러나 다른 한 어머니는, "좋다. 그렇게라도 하자" 하였습니다. "내가 갖지 못할 바에는 너도 갖지 말아야한다"는 것이 그 여자의 심보였습니다. 그것이 그 여자에게는 "공평함"이었을 것입니다. 이 순간에 이 왕의 지혜가 빛을 발하였습니다. "이 아이의 진짜 어머니는 아이를 포기한 저 여자다. 이 아이를 저 여자에게 주라." 진짜 엄마라면 자식에 대한 사랑의 증거를 대라는 것이 솔로몬의 요구였던 것입니다. 진짜 엄마의 관심은 그 아이의 유익에 맞추어져 있었고, 가짜 엄마의 관심은 자기 자신의 유익에 맞추어져 있었습니다.

이런 순박하다 못해 유치하기 까지 한 재판 방법이 상대방의 의도를 미리 꿰뚫고 한 수 위에 올라앉아서 사람을 요리하는 영악한 이 시대 사람들에게도 통 할런지는 모르겠습니다. 그러나 어찌되었든 솔로몬이 이 사건을 처리하면서 붙잡은 원리만은 만고불변이라고 나는 생각합니다. 무엇인가를 사랑하는 사람은 자기가 사랑하는 그것 혹은 그 사람의 유익을 무엇보다도 앞세운다는 사실입니다. 그리하여 기꺼이 그를 위하여 자기희생을 감당한다는 것입니다. 그것이 바로 사랑의 증거입니다.

지도자들 사이에 싸움이 붙어서 교인도 두 패로 갈라지게 되고, 교회는 점점 난장판이 되어가고 있다는 어느 싸우는 교회의 이야기를 들으면서 나는 이 솔로몬의 재판 이야기가 계속 생각났습니다. 서로가 "교회를 위해서"라고 할 것이지만, 교회를 위해서 한다는 그 싸움 때문에 정작 교회는 가장 큰 손상을 당하고 있다는 사실을 알고나 있는지… 진실을 밝히기 위해서라고 할 것이지만, 그 진실 하나 밝히자고 교회 전체를 교회가 아닌 것으로 만들어가고 있다는 무서운 사실을 보고나 있는 것인지… 그간의 서운하고 억울한 내력을 밝히고 차제에 교회를 바로 세워야 한다고 할 것이지만, 자기의 억울한 사정 하나 풀자고 온 교회를 쑥대밭으로 만들어 가고 있다는 이 사실을 부러 외면하고 있는 것은 아닌지… 하나님의 공의를 믿으며, 하나님이 교회의 주인 되심을 확신한다고 기도 때마다 힘주어 말은 하면서 실제로는 자기의 혈기로 교회를 온통 붉게 물들이고 있다는 사실을 감지하고나 있는 것인지…

어떤 사람들은 교회를 위하여 순교도 한다는데, 우리는 교회를 사랑한다면서도 자신이 당하는 작은 억울한 일 하나 바로 잡기 위해서, 자신이 당한 서운한 일 하나 앙갚음하기 위해서, 받아들여지지 않은 자신의 의견하나 관철시키기 위해서, 그리고 왜곡당한 자신의 작은 정당성 하나 입증하기 위해서 아이를 반씩 나누어 가져도 좋다는 식으로 나오는 가짜 엄마처럼 그렇게 교회 생활을 할 때가 있습니다. 교회를 사랑한 것이 아니라, 자기를 사랑했기 때문이지요. 정말 교회를 사랑한다면, 어떤 자기 희생을 치르면서라도 그 교회를 살리고 유익하게 하는 쪽을 택하게 될 것이지요. 솔로몬의 재판에서 보는 진짜 엄마처럼 말입니다. 그것이 바로 사랑의 증거일 것이고, 하나님은 우리에게 그것을 요구하고 계시는 것입니다. 자식을 정말 사랑하기 때문에, 내가 키우지 못하는 한이 있어도 아이를 죽게 할 수는 없다는 그 어머니의 정신을 가진 교회 지도자들이 자꾸 많아졌으면 좋겠습니다. 솔로몬이 그 여인들에게 요구했던 것은 사랑의 증거였습니다. 하나님께서 우리에게 요구하시는 것도 바로 그것일 것입니다.

열왕기상 3:16-28

착각

한 때 나는 극도의 피로와 탈진으로 참 힘든 나날을 보낸 적이 있었습니다. 그렇게 지내던 어느 날 새벽 기도 시간에 나도 모르게 한 고백이 입에서 나왔습니다. "하나님, 사람이 저녁에 잠자리에 들었으니 아침에 다시 일어나는 것은 자연스러운 일이 아닙니다. 저녁에 눈을 감고 잠이 들었으니 새벽에 다시 눈을 뜨고 일어나는 것은 당연한 일이 아닙니다. 오직 또 하루의 생명을 연장해주시는 주님의 복을 받아서 된 일일 뿐입니다. 하나님의 복을 받아 살게 된 이 하루의 첫 시간을 하나님의 이름을 부르며, 하나님을 찬양하며, 하나님의 말씀을 들으며, 나의 속마음을 하나님께 내어놓으며 시작하는 복을 주시니 참으로 감사합니다." 오늘 새벽에는 이렇게 기도를 해봐야겠다고 미리 맘먹고 한 기도가 아니었습니다. 그냥 그렇게 기도가 나오고 있었습니다. 이 고백이 터져 나온 그 아침 내내 나는 텅 빈 예배당에 혼자 앉아서 눈물을 펑펑 쏟았습니다. 사는 것이 서럽고 목회가 서글퍼서가 아니었습니다. 감사와 감격의 눈물이었습니다.

그 이후로 목회를 그만 둘 때까지, 꼭두새벽에 교회에 나와 앉아서 하나님을 부르며 고개를 숙이면, "오늘도 또 하루의 삶을 더 사는 복을 하나님께 받았구나!" 하는 생각이 실감나게 다가오곤 하였습니다. 그 하루의 첫 시간을 이렇게 하나님께 나와서 하나님의 이름을 부르며 시작한다는 것이 그렇게 감동이 되고 감사가 되었습니다. 지금까지도 나도 모르는 사이에 그런 기도가 나오곤 합니다. 그렇다고 내가 생명이 촌각에 달려 있는 무슨 중병을 앓고 있는 것도 아니었습니다. 다만, 그 날 새벽에 문득 한 순간 한 순간 숨 쉬며 사는 것이 하나님의 은혜로 되는 일이라는 이 평범한 진리가 나의 삶의 현장의 고백으로 실감나게 느껴지기 시작하였습니다. 그리고 그 이후로 나는 하루를 더 살게 된 은혜에 대한 고백이 저절로 그렇게 나오기 시작한 것입니다. 숨 한번 들이쉬고, 숨 한번 내쉬는 것이 하나님의 은혜로 되는 일이라는 사실이 습관적으로 되뇌는 관용구가 아니라, 내 심장으로부터 터져 나오는 삶의 고백으로 경험된 것입니다.

사실, 너무나 많은 사람들이 자기의 인생에 대하여 중대한 착각을 하며 살고 있습니다. 오늘이 있으니 당연히 내일도 있을 것이라고 생각하고 삽니다. 내일이 마치 나의 권리인 것처럼 알고 사는 것입니다. 사람은 다 죽는다는 것, 그 죽음은 어느 순간에라도 현실로 닥쳐올 수 있다는 것을 모두가 알면서도, 정작 자기가 죽을 것이라고는 실감 하지 않고 살아갑니다. 생명의 주인은 하나님이시며 하나님이 생명을 연장시켜주셔야 사람은 살수 있다는 것을 모두가 알면서도, 자기가 지금 그 은혜를 입어서 살고 있다는 사실은 실감 하지 않고 살아갑니다. 많은 사람들이 현재가 언제나 계속될 것이라는 중대한 착각 속에서 살고 있습니다. 그러니 한순간의 삶을 더 살고, 하루의 생명을 더 연장 받았다는 사실에 대한 실감도, 감동도, 감사도 없이 그냥 그렇게 살아가는 것입니다.

자기 자신에 대해서만 그러한 착각을 하고 사는 것이 아닙니다. 다른 사람들에 대하여도 많은 사람들이 착각을 한 채 함부로 대하며 살아가곤 합니다. 아내는 언제나 그렇게 나의 아내로 있어주는 것이 아닙니다. 그러므로 오늘도 내 아내가 내 곁에 있다는 것은 참으로 큰 은혜입니다. 이런 생각을 하면 자다가도 잠든 아내의 손을 감사함으로 한 번 더 잡아보게 되곤 합니다. 자식이 언제나 그렇게 우리 곁에 있는 것도 아니고, 지금 자식이 내 곁에 있는 것은 당연한 것도 아닙니다. 그것은 은혜입니다. 그 자식이 내일은 내게 없을 수도 있고, 오늘 당장 없게 될 수도 있는데, 감사하게도 오늘도 자식이 내 곁에 있는 은혜를 우리는 누리고 있는 것입니다.

야고보는 그렇게 착각하며 사는 우리가 한없이 가소롭다는 듯이, 이렇게 비웃고 있습니다. "내일 일을 너희가 알지 못하는 도다. 너희 생명이 무엇이뇨, 너희는 잠간 보이다가 없어지는 안개니라"(약 4:14). 그리고 자기가 인생의 주인인 것처럼 방자한 인생관을 갖고 사는 우리를 한없는 두려움으로 이렇게 경고합니다. "이제 너희가 허탄한 자랑을 자랑하니 이러한 자랑은 다 악한 것이라"(16절). 그러므로 주의 뜻을 앞세우고, 주의 뜻을 살펴서 살라고 합니다(15절).

오늘이 있으니 내일도 당연히 내게 있을 것이라는 생각은 중대한 착각일 뿐입니다. 그리고 오늘이 내 것이었듯이 내일도 당연히 내 것이라는 생각은 심각한 교만일 뿐입니다.

야고보서 4:14-16

영문 밖의 교회

교회는 세속적인 정치권력과 연대해서는 결코 세상 속에서 수행해야 할 교회의 본래 사명을 완수 할 수 없습니다. 오히려 복음의 위력과 영향력을 갉아먹을 뿐입니다. 교회가 세상 속에서 권력을 가진 중심 세력이 되면 복음의 영향력이 극대화되고, 세상 속에서 교회의 사명을 효과적으로 감당할 수 있게 될 것이라는 주장은 허구입니다. 우리는 그렇게나 착한 인간들이 아닙니다. 그리고 권력이라는 것이 속성상 자기 자신의 잇속을 중심으로 움직이는 것이어서 교회의 선한 사명을 감당하도록 그렇게 호락호락 넘어가지도 않습니다. 그간의 교회 역사도 교회가 세상 속에서 권력을 가지게 되면 교회의 사명을 효과적으로 감당하는 것이 아니라, 교회가 더 이상 교회가 아닌 것으로 변질

되기 시작한다는 것을 증거하고 있습니다.

우리의 짧은 역사에서도 그것은 확연히 드러나고 있습니다.
장로가 두 번씩이나 이 나라의 권력을 손에 잡았었습니다. 물론
교회들은 큰 기대를 갖고 환호하였습니다. 그리고 이 나라 교회
지도자들과 교회 연합기관들은 어느 때보다 권력과 가까이 지
냈습니다. 한 동안은 국회의원의 반수 이상이 교회를 드나드는
교인들이고, 장관들 대다수가 신자라고 고백하는 사람들이었던
적도 있습니다. 교회 지도자들이라고 불리는 사람들과 그들이
중심이 된 교회단체들이 조찬기도회를 비롯한 갖가지 명분을
붙이며 뻔질나게 청와대를 드나들고 또 관공서를 드나들었습니
다. 그리고 여러 친정부적 구호를 외치며 군중을 동원하는 거대
한 모임을 주최하기도 하였습니다. 일부에서는 종교편향이라고
데모를 할 만큼 교회는 권력과 가까이 있는 것으로 보이기도 하
였습니다. 누가 뭐라고 하여도 그동안 한국교회는 이 사회의 한
복판에 자리 잡고 있는 중심세력이었습니다.

그러나 그렇게 교회가 이 사회의 권력과 우호적이고 때로는
이 사회의 중심세력인 것처럼 보이는 그러한 시절을 지내오면
서 한국교회는 조금도 더 교회다워지지 않았습니다. 그리고 교
회의 본질적 사명을 효과적으로 감당하는 데도 전혀 진전을 이
루지 않았습니다. 권력과 가까이 지낸 몇몇 개인이나 단체들이

개인적 편익을 누렸을 뿐입니다. 오히려 수많은 작은 교회들과 목회자들, 그리고 신자들은 권력의 편애를 받고 있다는 억울하기 짝이 없는 누명을 뒤집어쓰면서 더 고생만 하고 있습니다. 그리고 영향력의 증대는커녕 전도는 더 어려워지고 있습니다. 그동안 권력과 부의 맛을 보며 편만해진 편의주의와 실용주의적 행태 때문에 이제는 수도 없는 사람들이 교회는 교회가 아니고, 신자는 신자가 아니라고 드러내놓고 능멸하고 있습니다.

사실, 교회는 본질상 언제나 그 사회의 중심세력이 아니라, 변두리 그룹(marginal group)으로 존재합니다. 월터 브루그만의 말을 빌리자면 교회는 그 사회 안에서 외인(alien)으로 존재합니다. 교회는 속성상 세상 속에서 외국인이요, 나그네요, 따돌림 받는 이방인으로 존재하는 것입니다. 왜냐하면 그 사회의 세속적인 가치관이나 삶의 방식과는 턱없이 다른 모습으로 살기 때문입니다. 역설적이게도 교회의 진정한 능력과 영향력은 이렇게 해서 발휘됩니다. 별 것 아니어보여서 따돌림 받는 변두리 그룹의 사람들이 세상이 살지 못하는 삶을 살고, 세상이 할 수 없는 말을 담대히 하는 것을 세상이 보게 되고 그리하여 놀라고 신뢰하고 또 영향을 받기 시작하기 때문입니다. 이 나라 교회가 잃어버린 것은 바로 이 영향력입니다. 세상에 영향력 있는 교회가 되겠다는 명분 아래 세상 한복판에 자리 잡고 앉아서 너무나 세상과 똑같이 생각하고, 똑같이 말하고, 똑같이 행동하고 세상보다 더 잘되어서 세상의 중심이 되려고 애쓰는 동안 복음과 신앙의 영향력을 잃어버린 것입니다.

　히브리서 기자는 예수님께서 십자가에 죽으신 사실을 두고 그는 억울한 누명과 배척과 거부와 능욕과 수치를 걸머지고 죄인들을 구하기 위하여 묵묵히 도성을 벗어나 영문 밖 고난의 현장으로 나가신 것이라고 강조합니다. 그리고 우리도 예수님의 치욕을 짊어지고 영문 밖으로 예수님에게 나아가야 된다고 권면합니다. 교회가 있어야 할 곳 그리고 나아가야 할 곳은 도성이 아니라, 영문 밖이라고 말하고 있는 것입니다. 한국교회가 교회로서의 영향력을 회복하고 이 사회에서 신뢰받는 소망의 공급자가 되기 위한 길은 이 사회의 중심 세력이 아니라, 영문 밖의 교회가 되는데 있습니다.

　계속하여 이 사회의 주류 세력집단으로 남고 싶은 미련과 그동안 누려온 기득권에 대한 집착을 버리지 못하여 이곳저곳에서 이런저런 모습으로 벌이고 있는 추태를 이제 훌훌 털어야 합니다. 그리고 이제 영문 밖의 변두리 그룹으로 남아서 신자답게 교회답게 제대로 살아보다가 주님 만날 각오를 하는 것이 이 시대 우리의 지혜입니다. 교회의 진정한 위력은 영문 밖으로 나가는 교회가 될 때 발휘된다는 것을 성경도, 역사도 분명히 가르치고 있습니다.

히브리서 13:12-13

이율배반

사도 바울이 바나바와 함께 첫 전도여행을 떠나 루스드라에 머물고 있을 때였습니다. 하루는 말씀을 전하다가 귀를 기울여 듣고 있는 지체장애인 한 사람을 고쳐주었습니다. 나면서부터 앉은뱅이여서 자기 발로 걸어본 적이 없는 사람이었습니다. 이 사건을 본 사람들이 경의에 차서 소리를 지르며 모여들었습니다. 일시에 큰 소동이 일어났습니다. "신들이 오셨다! 신들이 사람의 모양으로 우리 가운데 오신 것이다!" 그들은 바나바야말로 제우스신이고, 바울은 헤르메스신이라고 확신하였습니다. 바울은 신들이나 할 수 있는 일을 한 것은 사실이었습니다. 외곽지역에 있던 제우스신을 섬기는 신당의 책임자가 이 소식을 들었습니다. 그는 무리를 이끌고 소와 꽃다발을 가지고 바울과 바나

바가 머무는 집 대문 앞으로 달려왔습니다. 이 두 신에게 제사를 하려 하였습니다.

이것을 알아차린 바나바와 바울이 옷을 찢으며 무리 가운데로 뛰어 들어갔습니다. 그리고 소리를 질렀습니다. 그들이 지른 소리는 이것이었습니다. "여러분이여 어찌하여 이러한 짓을 하는가? 우리도 너희와 똑같은 사람이다. 너희에게 복음을 전한 것은 다른 신에게 제사하는 헛된 일을 버리고 하나님께로 돌아오게 하기 위해서였다!" 바울과 바나바가 당혹스러워하는 것은 다른 것이 아니었습니다. 하나님 외에 다른 것을 섬기는 그 짓을 못하게 하려고 복음을 전했는데 복음을 전한 결과로 오히려 이런 짓이 일어나고 있는 황당한 현실이었습니다. 바울과 바나바는 즉석에서 하나님이 누구이신지를 자세히 설명하기 시작하였습니다. 자기들에게로 집중되어 있는 사람들의 시선을 하나님께로 옮겨 놓은 것입니다. 이 사건은 바울과 바나바가 "겨우 무리를 말려 자기들에게 제사를 못하게 했다"(18절)는 말로 결말을 맺습니다.

목회자들은 늘 위험에 노출되어 있습니다. 교인들이 헛된 일을 멈추게 하려고 일을 시작하였는데, 오히려 헛된 일을 조장하는 결과를 초래할 위험입니다. 사람들로 하여금 제우스신을 섬기는 일을 그만두고 하나님을 섬기게 하라고 하나님께서 능력과, 은사와, 큰 교회를 주셨는데, 그것을 가지고 제우스신을 섬기는 일을 그만 두고 대신 목회자 자신을 섬기게 하는 일에 휩싸일 위험에 노출되어 있습니다.

존 스토트는, 설교자란 무엇인가라는 책에서 신격화된 대접을 받고자하는 목회자의 잘못된 풍조를 강하게 경고합니다. 그는 지극히 부당하고 어울리지 않는 존경이 오늘날 일부 교회 지도자들에게 돌려지고 있다고 지적합니다. 하나님께만 합당한 경의를 교회의 고위 성직자에게 돌려서는 결코 안된다고 단언합니다. 그는 설교자를 칭송하는 회중, 그리고 사람들로부터 그러한 칭송을 은근히 기대하는 설교자는 모두 하나님을 모욕하는 자들이라고 단호하게 말합니다. 설교자는 그리스도의 종이면서 동시에 사람들의 종이라는 것이 스토트의 입장입니다. 스토트는 설교자는 능력의 소유자가 아니라, 능력의 통로라고 주장합니다. 설교자는 능력을 소유한 자가 아니라, 능력이 필요한 자일 뿐 입니다. 능력은 하나님의 말씀 안에, 그리스도의 십자가에, 그리고 성령 안에 있습니다. 설교자가 이 능력을 힘입고 능력의 통로가 되기를 기대할 수 있는 조건은 거룩함과 겸손이라고 스토트는 결론 짓습니다.

이 나라의 어떤 목회자들에게는 "어떤 수를 사용해서라도" 교인들을 말려 자기들에게 제사하듯 하는 일을 못하게 하는 일이 가장 시급한 일로 여겨집니다. 루스드라의 사람들이 바울과 바나바에게 했듯이 교인들이 경의에 찬 눈으로 목회자 자신에게 시선을 집중하고, 자기 앞에 쩔쩔매며 엎드리는 것을 마치 자기의 목회능력인 것처럼, 자기의 영력인 것처럼 보란 듯이 과시하고 즐기는 것은 하나님의 종인 목회자가 할 일은 아닙니다.

더우기 교인들이 자기를 그렇게 신처럼 높이며 대해주기를 은근히 기대하거나, 심지어 은연중에 그것을 조장하는 못된 짓을 범하지 말아야 합니다. 그것은 이율배반입니다. 그것은 교인들에 대한 인간적인 예의도 아닐 뿐 아니라, 하나님께로 가야 될 것을 가로채는 반역이기도 합니다. 교인들이 목회자에게서 몇 가지 특이한 행적과 수완을 본 결과로 우리 목사님이야 말로 제우스신이고 헤르메스신이라는 식의 생각으로 그렇게 높이고 대접하는 것인지, 목사님은 성경이 말씀한대로 우리 영혼을 위하여 경성하기를 자기가 청산할 자인 것 같이 하는 분이므로(히 12:17) 순종하고 복종해야 한다는 생각으로 목회자를 존경하고 높이는 것인지 잘 분별해야 합니다. "말씀을 가르치는 자와 모든 좋은 것을 함께 하라"는 말씀을 순종하느라 그렇게 목회자를 높이고 따를 수 있습니다. 그러나 그 때에도, 여전히 우리가 그들 가운데 뛰어 들어가서 외칠 말은 그것입니다. "나도 여러분과 똑같은 사람일 뿐입니다!"

사도행전 14:8-18

경영학의 원리에서
교회의 원리로

나는 대학에서 경영학을 전공하였습니다. 배우는 과목 중에 경제수학을 제외하고는 모든 과목이 제법 흥미도 있고 관심도 있어서 나름대로는 열심히 공부를 하였습니다. 특히 경영조직론, 노사관계론 등 조직을 경영하고 사람을 다루는 일에 대한 공부는 더욱 재미가 있었습니다. 그리고 선택으로 공부한 행정학 분야의 과목들도 상당한 재미가 있었습니다. 이러한 공부를 하면서 교회를 보니, 당시 내 눈에 비친 교회라는 조직은 온통 비능률과 비효율과 비합리성으로 뒤범벅이 된 엉터리 조직일 뿐이었습니다. 내가 전공한 경영의 이론들을 신학에 접목하여 이러한 비효율적이고 비합리적인 교회의 행정을 바로 세우는 학문 분야를 개척하리라는 당찬 꿈을 품고 신학교에 입학 하였습니다. 그러나 신학을 공부 하고 성경을 배우면서 교회가 무엇인지를 조금씩 알게 되자 나는 큰 충격에 빠지게 되었습니다. 내가 알고 있는 경영조직이라는 것과 교회라는 조직은 그 본질이 다른 것이었습니다. 2학년 후반이 되었을 때 신학교에 입학할 때 가졌던 포부를 미련 없이 던져버렸습니다. 교회는 경제성의 원리와 합리성의 원리가 최고의 지배원리로 작용해서는 결코 안 되는 특수한 조직이라는 것을 깨달았던 것입니다.

그 이후, 사도행전 6장의 본문을 묵상하면서 교회에서 하는 일들의 성격을 충격적으로 다시 이해하게 되었습니다. 사도행전 6장 초두는 교회가 역사상 최초의 직분자를 선택하는 현장을 소개하고 있습니다. 교회 안에 원망의 문제가 생긴 것이 발단이 되었습니다. 그리고 원망의 시발은 사도들의 행정적인 실수 때문이었습니다. 사도들은 재산을 팔아서 가져온 교인들의 헌금으로 빵을 사서 가난한 교인들에게 나누어 주거나, 때로는 구호금을 나누어주는 일을 하였습니다. 그런데 사람들이 많다 보니 의도적으로 그런 것은 아닌데도 구호에서 누락되는 사람들이 생겼습니다. 우연히도 그 누락된 사람들이 외국에서 돌아온 재외 동포 교인들이었습니다. 그러자 그 쪽 그룹 사람들이 원망을 시작하였고, 그것이 교회의 문제가 되었습니다. 사도들은 즉각적으로 회의를 소집하였고, 이 문제를 해결하기 위하여 이 일만 전담할 직분자를 선택하기로 결론을 내렸습니다.

그러므로 이 직분자들이 해야 할 일은 처음부터 분명하였습니다. 재산을 팔아서 가져온 헌금을 집계하여 관리하고, 나누어 줄 물건을 구입하고, 남은 물품을 관리하며, 때로는 돈을 나누어주고 그 내용과 잔액 등을 관리하는 일입니다. 물론 이러한 일은 교회 안에만 있는 일은 아닙니다. 교회 밖 어디에서나 볼 수 있는 일입니다. 사실, 세상 어디에도 없고 오직 교회 안에만 있는 일이기 때문에 그것이 세상의 일과 구별되는 거룩한 하나님의 일이란 기독교만의 의식이나 예전 외에는 없습니다. 그런데 이 사건에서 한 가지 황당한 것이 있습니다. 이런 직무를 감당할 사람을 뽑으면서 이들아 수행해야 할 직무와는 상관이 없는 엉뚱한 요건이 자격조건으로 제시되고 있습니다. "성령이 충만하고 지혜가 충만하고 칭찬 듣는 사람"(3절), "믿음이 충만한 사람"(5절). 경영학을 전공한 사람도 아니고, 경리나 구매나 재고 관리 분야 실무경력 소유자도 아닙니다. 성령과 지혜와 믿음이 충만한 사람, 그리고 칭찬 받는 사람이라니! 그 일의 효율적 수행과는 전혀 관계가 없어 보이는 조건이 요구되고 있습니다. 해야 할 일은 세상 어디에나 있는 그런 일인데, 그 일을 담당할 사람에게 요구된 자격요건은 영적인 조건들입니다. 이러한 어처구니 없는 현상이 무엇을 의미하는 것인가? 고민과 묵상 끝에 나는 결론을 얻었습니다.

"교회 밖 세상 어디에나 있는 일이라 할지라도, 그것이 교회 안에서, 교회의 이름으로 행해질 때는 그 일의 본질이 영적인 일로 되는 것이다. 그러므로 그 일을 할 사람에게도 영적인 조건이 중요한 것이며, 그 일들의 수행에는 경제성의 원리가 아니라, 영적인 원리가 최우선의 원리로 적용되어야 한다!" 이렇게 생각하고 보니 수많은 교회들에서 일어나고 있는 갈등의 진정한 원인이 무엇인가가 분명해지는 것 같았습니다. "나도 회사에서 평생 그 분야에서만 30년을 근무했는데요, 그렇게 하는 것이 아닙니다!" 교회가 하려는 일을 놓고 자신의 교회 밖에서의 경력과 경험 등을 내세우면서 고집을 부리는 것이 왜 잘못된 일인가가 분명하여 졌습니다. 교회는 능률 최우선이나 합리성 최우선의 조직이 아닙니다. 내가 알고 있었던 경영조직에서는 천원을 투자하여 오백원의 수익을 내는 길과 천원의 수익을 올리는 길이 있으면 반드시 천원의 수익을 올리는 길로 가기로 의사결정을 해야 합니다. 그렇지 않으면 그것은 자살행위로 간주됩니다. 그러나 천원을 투자하여 천원을 거두는 길과 만원을 손해보는 길을 놓고 빤히 알면서도 만원을 손해보는 길로 가기로 의사결정을 해야만 되는 때가 있는 곳이 교회입니다.

교회는 능률이나 경제성 최우선이 아니라, 덕과 사랑과 영적인 원리가 지배하는 조직이라는 것을 교회의 직분자들이 알았으면 좋겠습니다. 사실 교회는 그 태생부터가 능률과 효율을 근거로 해서 이루어진 것이 아니었습니다. 교회는 책임도 의무도 없는 하나님이 자기의 목숨을 내놓고 죽어버리신 것을 근거로 하여 탄생된 조직입니다. 죄도 책임도 의무도 없는 하나님이 죄로 죽어있는 사람들을 위해서 대신 죽었고, 그래서 살아난 사람들이 교회가 된 것입니다.

사도들이 제시한 이 해결책을 모든 교인들이 좋게 여겨서 드디어 영적인 조건이 갖추어진 일곱 사람의 직분자가 선택되었습니다. 그리하여 이 문제는 해결되었습니다. 교회의 직분자 선택의 역사는 이렇게 시작되었던 것입니다. 교회에 불어 닥친 원망의 문제를 이렇게 해결하자 누가는 곧바로 한 말씀을 덧붙임으로써 이 사건에 대한 기록을 종결합니다. "하나님의 말씀이 점점 왕성하여 예루살렘에 있는 제자의 수가 더 심히 많아지고 허다한 제사장의 무리도 이 도에 복종하니라"(행 6:7). 복음이 이제 예루살렘의 경계를 넘어 다음 영역으로 진군해나갈 준비를 마쳤다는 말을 이렇게 하고 있는 것입니다. 주님께서도 예루살렘 교회가 닥친 문제를 이렇게 해결한 것을 몹시 기뻐하셨다는 것을 누가는 이렇게 암시합니다. 교회는 이렇게 예루살렘의 경계를 넘어 땅 끝으로 가는 첫 관문을 이렇게 열어놓은 것입니다.

사도행전 6:1-6

제자와
사단 사이

운전을 하다가도, 멍하니 앉아있다가도 갑자기 떠오르곤 하는 성경의 한 장면이 있습니다. 마태복음 16장의 한 장면입니다. 어느 길바닥 위에서 가던 길을 멈추고 예수님과 베드로 사이에서 일어났던 사건입니다. 이 일은 모든 제자들이 다 보는 앞에서 일어났습니다.

제자들과 함께 길을 가던 예수님이 갑자기 제자들에게 물으셨습니다. "너희는 나를 누구라 하느냐?" 너희 말을 들으니 사람들이 나를 이렇게도 말하고 저렇게도 말한다는데, 그러면 너희 자신에게는 내가 누구냐 하고 물은 것이었습니다. 얼마의 시간이 흘렀는지 모르지만 마침내 베드로가 입을 열었습니다. "당신은 그리스도시오, 하나님의 아들이십니다!" 그 대답에 예수님은 즉각적으로 반응 하셨습니다. "시몬아, 네가 복을 받았구나. 네가 이것을 알게 된 것은 하늘에 계신 아버지께서 네게 알려주셨기 때문이다!" 그리고 연이어 말씀하셨습니다. "이 반석 위에 죽음의 세력도 이기지 못하는 나의 교회를 세울 것이다." "너에게 이 땅에서 맺고 풂으로써 하늘에서도 맺고 푸는 하늘나라의 열쇠를 주겠다!" 마치 오래 준비되었던 선언문을 단숨에 선포하는 것처럼 느껴질 정도입니다. 이러한 예수님의 반응은, "주님은 그리스도시오 하나님의 아들"이라는 베드로의 고백에 예수님이 얼마나 만족해하시고 또 감격해하시는지를 생생하게 느낄 수 있게 합니다. 그의 고백으로 보아 이 순간 베드로는 완벽한 예수님의 제자요, 완전한 신앙인이었습니다.

베드로의 이 고백을 확인하시고야 예수님은 마치 이제는 밝혀도 되겠다는 듯이 지금까지 한 번도 언급하지 않았던 중요한 사실 하나를 처음으로 밝히십니다. "나는 예루살렘에 올라가서 고난을 받고 죽임을 당하고, 삼 일 만에 다시 살아날 것이다." 그러자 베드로가 즉각적으로 예수님을 꼭 붙잡으며 단호하게 주장하였습니다. "주님, 안됩니다. 그런 일은 절대로 주님께 일어나서는 안됩니다!" 아마 제자들에게는 주님이 삼일 만에 다시 살아난다는 말 보다는 고난을 받고 죽는다는 말이 훨씬 분명하고 충격적으로 들렸을 것입니다. 베드로의 자기주장에 예수님께서도 다시 즉각적으로 반응을 하셨습니다. "사단아 내 뒤로 물러가라! 너는 나에게 걸림돌이다!" 예수님의 말씀대로 하면 이 순간 베드로는 예수님의 일에 걸림돌이 되는 "사단"이었습니다.

이 사건을 곰곰 생각하노라면 큰 두려움과 함께 정신이 번쩍 드는 것을 경험하게 되곤 합니다. 똑같은 사람이, 똑같은 장소에서 제자도 되고 사단도 될 수 있다는 사실을 이 사건에서 발견하기 때문입니다. 하늘에 계신 아버지의 복을 받은 제자요, 죽음의 권세도 이기지 못하는 교회요, 천국의 열쇠를 가진 능력 있는 신자가 다음 순간 사단으로 전락할 수도 있다는 사실을 확인하기 때문입니다. 주님의 고난과 죽으심을 염려하며 그것을 막아보려 하는 충정이 결과적으로는 사단이 하는 일이 될 수도 있다는 사실을 발견하기 때문입니다. 그리고 이것은 무엇이 이러한 극단적 변질을 일으키는 것인가를 묻게 합니다. 예수님께서 베드로가 주님의 일에 장애물이 되는 사단이라고 단정하시는 근거로 제시하신 것은, 그가 하나님의 일을 생각하지 않고 사람의 일을 생각한다는 것이었습니다(23절). 그리고 제자가 사단으로 전락하지 않고 제자로서 자기를 계속 유지하기 위한 비결로 제시하신 것은, 자기를 부인하고 십자가를 지고 예수님을 따르는 것이었습니다(24절). 제자가 사단으로 전락하게 되는 근거는 하나님보다 자기를 앞세우는 것이고, 제자가 제자의 신분을 유지하는 비결은 자기를 부인하고 예수님을 앞세우는 것이라는 것이 예수님의 결론인 셈입니다. 결국 제자가 사단으로 가는 길목은 "자기중심"과 "자기우선"이었습니다. 물론 여기서 제자와 사단은 존재론적인 변화가 아니라, 그 생각과 원리가 사단적인 성격을 가지고 있음을 지적함 일 것입니다.

이런 점에서 보면 우리의 발상과 생각과 판단의 원리가 무엇을 최우선의 근거로 삼고 있는가, 이것이 문제라는 결론에 이르게 됩니다. 이 사건은 주님마저도 나의 판단과 요구에 따라야 되는 것으로 여기는 자기중심적이고, 자기 우선적인 자리로 나아가는 순간 우리도 그리고 우리의 교회도 언제라도 사단적이 될 수 있음을 경고하고 있는 것입니다. 주님도 내가 하라는 것을 해야 하고, 하나님도 내가 있으라는 곳에 있어야 하고, 주님도 우리 교회가 판단하는 대로 따라야 되는 사고방식을 갖고 있을 때 그것이 아무리 주님을 위한 것이라는 명분을 확보하고 있어도 우리는 주님에게 장애물이 되는 사단의 영역에 있는 것입니다.

내가 존경하는 어느 목사님께서 하신 말씀이 가끔 생각납니다. "오늘날 불신자나 신자나 자기가 정해놓은 자신의 목표를 성취하고 성공하고자 하는 데 있어서는 차이가 없습니다. 세상 사람들은 세상의 방법을 동원하여 그것을 이루고자 하고, 신자들은 하나님을 이용하여 그것을 이루려하는 것이 다를 뿐입니다." 결국 모든 생각과 판단과 행동과 요구의 한 가운데 언제나 자기 자신, 자기의 이익, 자기의 요구가 자라잡고 있는 것이 근본적인 문제입니다. 제자가 사단으로 전락해가는 한 가운데 자리 잡고 있는 것이 바로 이것입니다.

마태복음 16:15-24

폭군정치의 후유증

솔로몬이 죽자 그의 아들이 이스라엘의 왕이 되었습니다. 그가 바로 르호보암이었습니다. 이 사람은 왕이 되자마자 두 그룹의 정치 자문단을 구성하였습니다. 하나는 아버지 때부터 나라를 섬겨왔던 나이 많은 원로들로 구성된 자문단이었고, 다른 하나는 자기와 함께 자란 젊은 친구들로 구성된 자문단 이었습니다. 새로 왕이 된 이 사람은 앞으로 어떻게 백성을 다스리면 좋겠는지 이 두 그룹의 자문단에게 각각 정책자문을 구하였습니다. "백성을 섬기는 자가 되어 백성에게 호의적인 태도를 보이십시오. 그러면 백성들이 영영히 왕의 종이 될 것입니다." 이것이 원로들의 자문이었습니다(왕상 12:7). 그러나 젊은 친구들의 자문은 달랐습니다. 더 무겁고 더 포악하고 더 심하게 힘으로 다스리는 정책을 택하라는 것이었습니다(10절). 왕이 내심 원하는 것은 바로 그것이었습니다. 그래서 그는 원로들의 자문을 버리고 자기와 함께 자라난 젊은이들에게 다시 자문을 구한 것이었습니다. 원로자문단원들은 왕이 백성의 마음을 얻어야 된다는 것을 중요하게 여겼고, 젊은 자문단원들은 왕이 백성들의 요구에 한번 물러서면 어디까지 밀릴지 모르니 초반에 강하게 휘어잡아야 한다는 것을 중요하게 여겼을 법도 합니다.

왕은 젊은 친구들의 자문을 택하였습니다. 그래서 백성 앞에서서 단호하게 선언을 하였습니다. "내 아버지는 너희의 멍에를 무겁게 하였으나 나는 너희의 멍에를 더 무겁게 하겠다. 내 부친은 채찍으로 너희를 다스렸으나 나는 전갈로 너희를 다스리겠다!" 이전 왕의 시대에 주어졌던 버거운 부담과 고역과 무거운 멍에를 이제 가볍게 해달라는 백성들의 요청을 거부하고 폭군정치를 선언한 것입니다. 폭군정치 노선을 선언하자 나라가 둘로 갈라져버렸습니다. 열두 지파 가운데 열지파가 똘똘 뭉쳐서 여로보암을 왕으로 추대하여 북왕국 이스라엘을 세우고 독립해버렸습니다.

왕을 등져버리기로 결심하면서 백성들이 쏟아놓은 분노에 찬 저주의 말들을 보면 왕이 폭압적인 정치노선을 선택한 것으로 말미암아 그 백성들이 얼마나 큰 상처를 받았을지 짐작 할 수 있습니다. "우리가 다윗과 무슨 관계가 있느냐… 다윗이여 이제 너는 네 집이나 돌아보라"(16절). 그들이 쏟아 붓고 있는 이 분노에 찬 저주의 말은 사실은 그들의 요청을 거부한 왕이 아니라, 하나님의 구원역사를 멸시하며 거부하는 무서운 말이었습니다. 그리고 이 백성은 이후에 두고두고 그 책임을 감당해야 했습니다. 그러나 그 백성들은 자기들이 지금 얼마나 무서운 말을 거침없이 내뱉고 있는가를 알아차리지도 못한 채 왕에 대한 서운함과 분노를 삭이지 못하고 그렇게 소리치며 각각 자기처소로 돌아가버린 것입니다. 새로 세워진 왕과 함께 펼쳐질 새로운 세상을 꿈꾸며 큰 기대를 가졌을 백성들은 틀림없이 말할 수 없는 큰 상처를 받았을 것입니다. 그들은 그 상처를 새로 세워진 왕으로부터 받은 것입니다. 결국 나라는 둘로 쪼개지고 말았습니다. 그리하여 잠깐 동안의 통일왕국 시대는 그렇게 끝나버리고 긴긴 분열왕국의 시대가 시작된 것입니다.

어떤 사람들을 주위에 두고 사는가, 누구에게 어떤 조언을 들으며 사는가는 매우 중요합니다. 그러나 이스라엘에 분열왕국의 시대를 연 르호보암 왕의 문제는 단순히 자문단이 누구였는가에 있지 않았습니다. 그는 자문단이 그렇게 말했기 때문이 아니라, 그 자신이 그것을 원하였기 때문에 그 자문을 선택한 것이었습니다. 결국 그 사람 자신의 사람됨의 문제였던 것입니다. 그러기에 그는 인간의 보편적인 상식으로 판단해보아도, 인간의 최소한의 도리라는 점에서 생각해보아도, 더욱이 하나님을 아는 신앙인이라는 점에서 생각을 하면 더욱 그리해서는 안 된다는 것이 분명한 일을, 서슴없이 그리고 당당하게 행할 수 있었던 것입니다. 그리고 그가 그렇게 무모하게 왕권을 휘두를 수 있게 한 밑바닥에 둥지를 틀고 있는 것은 자신의 정치적 야심에 대한 이기적 집착과, 왕 위에 진정한 왕이 계신다는 사실을 인정하지 않는 불신앙적 방자함이었습니다.

왕과 백성과 역사의 불행은 그것으로부터 시작되었습니다.

열왕기상 12:1-14

배교정치의 후유증

솔로몬이 죽자 아들 르호보암이 왕위를 이어받았습니다. 새 왕이 세워지자 백성들은 새로운 정치에 대한 큰 기대를 갖고 왕을 찾아와 자신들의 어려운 사정을 풀어주도록 요청하였습니다. 솔로몬 왕의 통치 아래서 주어졌던 버거운 부담과 고역과 무거운 멍에를 이제 가볍게 해달라는 요청이었습니다. 그러나 솔로몬의 아들 르호보암은 백성들의 요청을 거부하고 오히려 폭군정치를 선언하였습니다. 왕이 폭군정치 노선을 선언하자 나라가 둘로 갈라져버렸습니다. 열두 지파 가운데 열지파가 똘똘 뭉쳐서 여로보암을 왕으로 추대하여 북왕국 이스라엘을 세우고 독립해버렸습니다.

여로보암은 솔로몬의 통치 기간 동안 망명생활을 하다가 돌아와 갑자기 새로운 나라의 왕으로 추대되었습니다. 여로보암은 왕권을 강화할 필요를 느꼈을 것입니다. 그런데 예루살렘 성전이 문제였습니다. 성전이 그곳에 있으니 백성들이 하나님께 제사를 드리기 위하여 그곳에 자주 다닐 수 밖에 없는 것입니다. 그런데 북왕국의 백성이 예배 때문에 남왕국 예루살렘을 그렇게 자주 다니다보면 그곳에 대한 적대감도 약해질 것이고, 그러다보면 다시 유다와 하나가 되기 위하여 왕인 자기를 없애버리려고 할 것이라는 게 정치가 여로보암에게는 걱정이 되었습니다.

어떻게 하면 자기 백성이 예루살렘 성전에 제사 드리러 가는 것을 막을 수 있을지, 그것이 고민이었습니다. 깊이 궁리하다가 그가 내놓은 묘수는 간단했습니다. 사람들이 예루살렘 성전에까지 갈 필요가 없게 여건을 조성해주는 것이었습니다. 그는 힘을 기울여 새로운 정책을 펼쳤습니다. 금송아지 둘을 만들어 두 곳에 두어 그것을 하나님으로 알고 제사하게 하였습니다. 그리고 공사판을 일으켜 산당들을 지었습니다. 아무 사람이나 뽑아서 제사장으로 임명하고, 유다의 절기와 비슷한 날을 잡아 이스라엘의 절기로 명명하였습니다. 여로보암은 그 모든 일들을 "자기 마음대로"(왕상 12:33) 하였습니다. 그의 목적은 한 가지였습니다. "여기서도 얼마든지 하나님께 제사드릴 수 있는데, 굳이 예루살렘까지 가는 수고를 할 필요가 있느냐?"고 백성을 설득하여 유다에 왕래하는 것을 막고자 한 것입니다. 그 목적을 성취하기 위하여 그는 무슨 정책이든지 가리지 않고 행하였습니다. 그가 왕으로서 펼친 정치의 본질은 한 마디로 배교정치였습니다. 그가 거짓과 술수를 동원하며 이러한 배교정치를 일삼은 가장 중요한 동기는 자기 정권의 안정이었습니다. 결과적으로 자기도 하나님에게서 돌아서고, 백성도 하나님에게서 돌아서게 하고 말았습니다. 사실 자기도 범죄 할 뿐 아니라, 백성들도 범죄케 한 왕이라는 말은 그 이후 두고두고 여로보암에게 붙여진 별명이 되어버렸습니다.

여로보암의 이러한 행태에 대하여 성경은 간단하게, "이 일이 (하나님께) 죄가 되었다"고 단언합니다. 그리고 자기 자신의 잇속을 챙기기 위하여 펼친 이러한 배교정치가 얼마나 무서운 후유증을, 얼마나 오랫동안 이스라엘에게 초래하였는가를 성경은 끈질기게 증거합니다. 여로보암과 그 이후의 왕들이 얼마나 악하였는가를 말하기 위하여 성경은 일관되게 "그가 여로보암의 길로 나아갔다"는 한 마디로 결론을 내립니다. 성경은 여로보암이 갔던 배교의 길을 지칭하기 위하여 이 말들을 거의 관용어나 전문용어처럼 사용하고 있습니다.

하나님께 죄가 되는 배교정치를 펼친 그 왕들이 다스린 나라의 형편은 참혹하였습니다. 19명의 왕이 통치한 208년 동안, 부자간의 왕위 계승은 단 10차례에 그쳤습니다. 왕위가 공석이 되어 왕 없이 지낸 것이 두 번에 걸쳐 20년이었습니다. 19명의 왕 가운데 7명만 수명대로 살다가 자연사하였습니다. 한 명은 하나님의 징벌을 받아 죽었고, 두 명은 전투에서 전사하여 죽었고, 한 명은 자살하여 죽었고, 한 명은 2층에서 떨어져 죽었고, 여섯 명은 살해당해 죽었고, 한 명은 포로로 잡혀가 죽었습니다. 19명 가운데 한 명은 6개월, 한 명은 1개월, 어떤 왕은 단 일주일간 통치하기도 하였습니다. 19명 가운데 10명이 큰 전쟁을 치러야 했습니다. 결국 여로보암 왕으로부터 시작한 북왕국 이스라엘은 당시 가장 잔인하고 포악하기로 소문난 앗수르의 침략을 받아 망해버리고 말았습니다. 그것이 배교정치의 결과였습니다.

명분이 무엇이든 최우선 순위를 자기의 잇속에 두고 집착하는 것은 "여로보암의 길"로 나아가는 첫 걸음이라는 무서운 사실을 알아야 합니다. 그러므로 외견상 지극히 신앙적인 일들에 열심을 낼 때일수록 진정한 목적이 무엇인지 점검해보아야 합니다. 어느 때보다 하나님을 많이 말하고, 이곳저곳에 성전도 지어대고, 제사장들을 세우고, 절기들을 만들어 지키는데도 그 행동들이 사실은 하나님을 등지는 배교가 될 수도 있다는 사실을 두려워해야 합니다. 그리고 그가 누가되었든 자신의 탐욕을

채우기 위하여 배교적 처신을 일삼는 것은 반드시 참혹한 후유
증을 초래한다는 사실을 명심해야 합니다.

열왕기상 12:25-33

여전히 갖는
소망의 이유

때로는 우리의 목회가 끝도 없는 긴 터널같이 여겨질 때가 있습니다. 어떤 대책이 있는 것도 아니고, 진심으로 원하는 것도 아니면서, 때로는 이쯤에서 이제 목회를 내려놓았으면 하는 마음이 들 때도 있습니다. 사람들이 서운해지고, 무기력하게 주저앉아 있는 내 자신이 서글퍼지고, 그러다가 멀리 서계시는 방관자 같은 하나님이 너무 서운하고 야속해질 때가 있습니다. 내가 제대로 가고 있는 것인가? 사실은 혼자 자기도취에 빠져서 가는 실속 없는 길이면서, 하나님을 내세워 소명의 길이라고 억지부리고 있는 것은 아닌가? 이런저런 회의에 빠져들 때도 있습니다. 나의 가는 길과 나의 하는 일이 정말 하나님이 원하시는 것인지, 교회에 유익이 되고 있는 것인지, 배운대로 하고 있는 것인지, 모든 것이 의심스러워질 때가 있습니다.

아마도 밧모섬에 갇혀서 외롭고 쓸쓸한 말년을 보내는 한 때 잘 나가던 지도자 사도 요한도 간혹 그런 심정이 들지는 않았을까 궁금해지곤 합니다. 그곳에서 사도는 교회를 향한 비난과 핍박이 날로 거세지고 있다는 소식을 간간이 들었을 것입니다. 그 시대의 사회와 문화와 권력으로부터 받는 핍박과 위협 앞에서 어쩔 수 없이 신앙을 버리고 생존을 위한 변절을 감행하는 사람들의 소문도 간간이 들었을 것입니다. 복음은 한 때 보란 듯 왕성하게 번져가고, 교회는 위세당당하게 진군하는 때가 있었습니다. 그것을 보면서 많은 제자들은 무엇인가 세상을 바꿀 가능성과 자신감에 흥분했었을 법도 합니다. 그런데 이제는 세상이 바뀌어버린 것입니다. 닥쳐오는 핍박 앞에서, 밀려오는 미혹 앞에서 교회는 속수무책으로 무너지고 있을 뿐입니다. 교회는 이것으로 끝이 아닌가? 우리의 사역과 헌신은 한 동안의 덧없는 수고로 끝나고 마는 것이 아닌가? 그 시대의 많은 그리스도인들이 깊은 회의와 좌절에 빠졌을 법합니다.

이런 상황인데 주님은 어느 주일날 나팔소리와 같은 큰 음성과 그 위엄에 찬 모습(계 1:10-16)으로 밧모섬의 요한을 찾아오셨습니다. 주님의 모습이나 그가 펼쳐내시는 말씀의 핵심 의도는 분명합니다. 교회는 무엇인가, 교회의 주인은 누구인가, 교회의 역사는 어떻게 될 것인가, 이 역사의 끝은 어떻게 되며, 누가 최후의 승리자가 될 것인가를 확실하게 못 박으려는 것입니다. 현실의 삶 속에서 흔들리고, 좌절하고, 고통스러워하는 교회들에게, 그리고 교회의 지도자들에게 그렇게 주님의 답을 주시고자 함이었을 것입니다. 무엇을 중요하게 보고, 무엇을 하찮은 것으로 보아야 하는지, 우리의 안목이 어디에 초점을 맞추고 살아야 하는지 주님은 가르치고 싶으셨던 것입니다. 그리하여 내몰리고 있는 현실의 교회들을 위로하고 격려하고 독려하고자 하신 것입니다. 그러기에 주님의 모습을 보자 그 발 앞에 죽은 자처럼 엎드러진 사도에게 주님은 오른손을 얹고 그리 말씀하셨을 것입니다. "두려워 말라. 나는 처음이요 나중이니, 곧 산 자라! 내가 사망과 음부의 열쇠를 가졌노라!"

사도가 목격한 주님은 한 마디로, 오른손에 일곱 별을 붙잡고, 일곱 금촛대 사이를 다니시는 분이었습니다. 주님은 사도 요한이 주님의 모습을 그렇게 보기를 원하셨습니다(1:20). 그리고 교회들도 주님을 그런 모습으로 이해하기를 원하셨습니다 (2:1). 주님께서는 일곱 별은 무엇을 말하는 것이고, 일곱 촛대는 무엇을 상징하는지 혼돈이 없도록 친히 주석을 달아주셨습니다. 일곱 별은 일곱 교회의 사자요, 일곱 촛대는 일곱 교회니라! 결국 주님이 오른손으로 교회의 사자들을 붙잡고 계시고, 주님이 친히 교회들을 돌아보신다는 말이었습니다. 감당하기 힘든 좌절과 회의의 시대를 살아내고 있는 교회들에게 어떠한 상황에서도 주님이 교회의 주인이시고, 그러므로 주님이 교회를 책임지신다는 사실을 이렇게 선포하신 것입니다. 사실 교회의 생존과 영광이 여기에 근거하고 있습니다. 그러므로 우리가 주님의 교회로서 여전히 소망을 가질 이유가 바로 여기에 있습니다.

요즘 이 사회에서는 교회와 목회자들에 대한 극렬한 비난과 조롱이 보편화되었습니다. 교회의 성장은 말할 것도 없고, 사회의 교회에 대한 신뢰와 영향력이 터무니 없이 떨어지고 있습니다. 교회는 이제 여기까지가 아닌가 하는 회의를 불러일으킬 정도입니다. 그러나 교회가 어떤 좌절의 상황에 허덕이든지, 목회자가 어떤 무력감으로 절망하든지 결국 주님이 책임지시고, 주님이 일으키신다는 사실을 알아야 합니다. 우리가 교회이고, 우리가 교회의 사역자인 영광이 바로 여기에 있음을 알아야 합니다.

유난히 폭우와 폭염이 심했던 올 여름에도 지칠대로 지친 모습으로 여름 행사를 마치고 의기소침해 있을지도 모르는 이 땅의 많은 사역자들이 생각납니다. 주님께서 오른손을 얹고 위로와 격려의 말씀을 들려주시면 좋겠습니다.

"두려워 말라. 나는 처음이요 나중이니, 곧 산 자라! 내가 사망과 음부의 열쇠를 가졌노라!"

요한계시록 1:17-2:1

포기하지 않으시는 주의 은혜

우리의 믿음이 자랄수록 하나님과의 관계가 깊어집니다. 사실 우리의 믿음이 자란다는 말은, 어떤 의미에서는 하나님과의 관계가 더 깊어진다는 말의 다른 표현일 뿐입니다. 하나님과의 관계가 깊어질수록 하나님은 누구시고, 나는 누구인가를 확실히 알게 됩니다. 그런데 하나님은 어떠한 분이시고, 그 앞에 있는 나는 어떠한 존재인가를 절실하게 확인 할수록 누구나 깊은 고민과 번민에 빠지게 됩니다. 하나님이 그러한 분이시고, 나는 이러한 존재라면 왜 나는 아직도 망하지도 않고, 심판도 받지 않고, 아무 일 없는 것처럼 잘 지내고 있는 것일까 하는 번민입니다. 하나님을 제대로 알게 된 사람은 무엇보다도 먼저 자기 자신의 부정함을 확인하게 되기 때문입니다. 선지자 이사야는 성전에서 하나님이 어떻게 거룩하신 분인가를 확인하였습니다. 그러자 자기 자신은 얼마나 부정한 사람인지 저절로 확인이 되었습니다. 그 순간, 거의 본능적으로 탄식을 쏟아내었습니다. "화로다 나여, 망하게 되었도다!" 사도 바울도 의로우신 하나님 앞에 비추어본 자신의 모습을 확인하는 순간 깊은 절망감에 빠져 소리를 쳤습니다. "오호라 나는 곤고한 사람이로다. 이 사망의 몸에서 누가 나를 건져내랴!"

그런데 하나님 앞에서 드러난 자신의 모습을 확인하면서 이러한 고민과 번민에 빠진 사람은 누구나 할 것 없이 결국 한 가지 결론에 이르게 됩니다. "내가 아직도 망하거나 심판을 받지 않고 오히려 아무 일 없는 것처럼 잘 살고 있는 것은 아직도 나를 포기하지 않으시는 주의 은혜 때문이었구나!" 믿음이 없을 때는 나의 열심과 나의 능력과 나의 공로 때문에 모든 일이 잘 되어가는 줄 알았는데, 사실은 나를 포기하지 않으시는 주님의 은혜 때문 이었다는 결론에 이르게 되는 것입니다. 사실 주님께서 우리에게 계산을 제대로 하여 잘한 것 잘한 대로 갚아주고, 잘못한 것 잘못한대로 벌주겠다고 작정하셨으면 우리는 열두 번도 더 죽고 골백번도 더 망해야 했을 것입니다. 이렇게 놓고 보면 결국, 믿음이 자란다는 것은 나를 포기하지 않으시는 주님의 은혜로 내가 살고 있다는 사실을 점점 더 확실하게 깨닫게 되고 그것을 고백하게 된다는 것과 같은 말이기도 합니다. 어느 누구도 자기 의의 대가로 정정당당하게 사는 것이 아닙니다. 포기하지 않으시는 주님의 은혜로 살고 있을 뿐입니다. 잘 풀리고 있을 때에도 방자할 수 없고, 죄 가운데 빠졌을 때에도 끝까지 좌절하지 않는 뻔뻔스러움을 당당히 가질 수 있는 이유는 바로 이것, "포기하지 않으시는 주의 은혜"가 우리의 삶의 근거이기 때문입니다.

누가복음 22장의 사건은 포기하지 않으시는 주의 은혜가 얼마나 기막힌 것인가를 단적으로 보여주는 사건입니다. 베드로는 예수님과 함께 했던 3년 동안 예수님의 사랑을 가장 크게 받은 사람이었습니다. 예수님은 그를 어느 곳에나 꼭 데리고 다니셨습니다. 뿐만 아닙니다. 베드로는 예수님의 절대적인 신뢰를 공개적으로 받은 사람이었습니다. "내가 너의 고백 위에 나의 교회를 세우리라!" 그런데도 예수님이 붙잡혀서 죽음을 향하여 끌려가는데 베드로는 구경꾼이 되어 멀찍이 따라가고 있었습니다(54절). 그리고 예수님이 체포되어 있는 법정이 있는 바로 그 뜰에서 베드로는 예수님을 세 번 씩 부인하였습니다. 예수님을 철저하고 완벽하게 배반한 것입니다(55-60절). 그런데도 다음 순간 베드로는 밖에 나가 심히 통곡하며 자신의 잘못을 돌이키고 회복할 기회를 얻습니다. 베드로의 착한 마음 때문이 아니었습니다. 베드로가 회개하고 돌이킨 결정적인 계기는 그가 부인하는 순간 그에게 번개처럼 스쳐가며 생각이 난 한 마디 말씀 때문이었습니다. "네가 오늘 닭 울기 전에 나를 세 번 부인하리라"던 예수님의 말씀이었습니다(61–62절).

예수님이 하신 말씀은 이것이었습니다. "베드로야 내가 네게 말하노니 오늘 닭 울기 전에 네가 세 번 나를 모른다고 부인하리라"(34절). 이 말씀은 베드로가 누구보다도 뛰어난 충성을 장담하며 큰 소리를 칠 때 베드로에게 하신 말씀이었습니다. "주여, 내가 주와 함께 옥에도, 죽는데도 가기를 준비하였나이다"(33절). 베드로가 그렇게 큰 소리를 칠 때, 예수님은 이미 이 사람 베드로가 잠시 후에 자신을 세 번씩 부인하고 배신하게 되리라는 것을 아셨습니다. 그리고 이 사람의 그러한 배반을 내다보며 세우신 예수님의 대책이 그것이었습니다. "시몬아, 시몬아 보라 사단이 밀 까부르듯 하려고 너희를 청구하였으나 그러나 내가 너를 위하여 네 믿음이 떨어지지 않기를 기도하였노니 너는 돌이킨 후에 네 형제를 굳게 하라!"(31–32절). 예수님은 그렇게 철저하게 자신을 배반하고 떠나가버릴 이 사람 베드로를 놓고, 그렇게 무너져내리고 타락해버린 상태로부터 다시 돌이키고 회복시킬 대책을 세우신 것이었습니다. 배신할 사람을 미리 제거해버려서 배신을 모면할 대책이 아니라, 그 사람을 다시 일으켜 세울 대책이었던 것입니다. 그리고 이 일을 위하여 심지어 닭우는 소리까지도 동원하셨습니다. 베드로가 밖에 나가 심히 통곡

함으로 다시 돌이킨 회복 뒤에는 이러한 사연이 있었습니다. 이 것이 바로 "포기하지 않으시는 주의 은혜"였습니다. 베드로는 자신의 생명이 위협을 받을 상황이 오자 즉각 예수님을 포기해 버렸지만, 예수님은 베드로가 그렇게 지독하게 자신을 배반할 때도 그를 포기하지 않으셨습니다.

삶의 현장에서 부딪히는 여러 어려움 앞에서 시도 때도 없이 주님과의 관계를 포기해버리며 힘없이 무너져내리는 우리들에 게 여전히 포기하지 않으시는 주의 은혜가 주어지고 있다는 사 실이 얼마나 위로가 되고 용기가 되는지! 배신할 베드로를 포기 하지 않으시고 그의 회복을 위하여 기도하셨다던 그 주님이 지 금은 우리를 위하여 간구하신다는 사실이 얼마나 힘이 되고 용 기가 되는지! "누가 정죄하리요. 죽으실 뿐 아니라, 다시 살아 나신 이는 그리스도 예수시니 그는 하나님 우편에 계신 자요, 우리를 위하여 간구하시는 자시니라!"(롬 8:34). 우리 가운데 그 누구도 자기가 잘했기 때문에 떳떳하게 주님 앞에 설 수 있는 사람이 없습니다. 그리고 잘못했기 때문에 절대로 주님 앞에 설 수 없는 사람도 없습니다.

주님을 깊이 알아갈수록 더욱더욱 확실해지는 고백은, 포기 하지 않으시는 주의 은혜로 우리가 살고 있다는 사실입니다. 그 러므로 우리도 포기하지 않아야 합니다. 첫째는 하나님을 포기하지 않아야 합니다. 둘째는 우리 자신을 포기하지 않아야 합니다. 주님께서 우리를 포기하지 않으셨기 때문입니다. 그리고 셋째는 다른 사람을 포기하지 않아야 합니다. 주님이 포기하지 않으신 사람을 우리가 포기할 권한이 없기 때문입니다.

누가복음 22:54-62

포기하는 것과 다른 길을 찾는 것

처칠이 옥스퍼드 대학교 졸업식에서 행한 유명한 연설이라며 전해지고 있는 말이 있습니다. "포기하지 마십시오!(Don't give up)" "절대로 포기하지 마십시오!(Never give up)" "절대로, 절대로 포기하지 마십시오!(Don't ever and ever give up)" 이것은 연설이라 기보다는 세 번 반복된 한 마디의 말일 뿐입니다. 그런데도 이 짧은 연설이 많은 사람들에게 다른 어느 긴 명연설문 못지않은 힘으로 다가오는 것은, 포기하지 않는 삶의 장엄한 모습을 생생 하게 떠올려주기 때문일 것입니다. 살다보면 때로는 포기해야 만 되는 것도 있고, 포기해도 괜찮은 일들도 있습니다. 그러나 절대로 포기해서는 안되는 일들이 또한 있습니다.

어떤 목적 자체를 포기하는 것과 그 목적을 이루기 위한 특정의 방법을 포기하는 것은 분명히 별개의 일입니다. 그런데도 우리는 우리가 택한 방법이 벽에 부딪힐 때 자연스럽게 그 목적 자체를 포기해버리는 경우가 있습니다. 예를 들어, 교회를 위하여 열심히 봉사하다가 상처를 받고 좌절을 당하고 나서는 아예 신앙생활 자체를 포기해버리는 것과 같은 경우입니다. 그리스도인으로 살아가기 위하여 우리가 취한 어떤 특정의 방법은 상황에 따라 포기할 수 있습니다. 그 방법을 포기하고 다른 방법을 찾을 수 있는 것입니다. 그러나 우리가 사용한 그 방법이 통하지 않는다는 이유로, 그리스도인이기를 포기하는 데로 나아가는 것은 전혀 다른 문제입니다.

사도 바울에게는 복음을 증거하겠다는 큰 뜻이 있었습니다. 사실 그것은 우리 모든 그리스도인과 교회들의 본질적인 사명이기도 합니다. 사도에게는 아시아에서 복음을 전해야 한다는 확신이 있었습니다. 그래서 아시아로 가려고 하였습니다. 그러나 성령이 그것을 막으셨습니다(행 16:6). 바울은 아시아로 가려던 그의 시도를 포기해버렸습니다. 그러나 아시아에 가서 하려던 그 일, 곧 복음을 전하는 것 자체를 포기하지는 않았습니다. 아시아에 가는 것은 하나의 방법이었지만, 복음을 증거 하는 일은 본질적인 사명이었기 때문입니다. 사도 바울은 아시아가 아니라면 그러면 어딜까 하고 고민을 한 것이 분명합니다. 그리하여 이번에는 비두니아라는 지방일 것이라고 확신하고 그곳으로 가려고 애를 썼습니다(7절). 그러나 사도의 그러한 열심은 다시 좌절을 당하였습니다. 예수의 영이 그것을 허락하지 않은 것입니다(7절). 사도가 아시아에서 복음 전하려는 것을 성령이 막으시고, 다시 비두니아로 가려는 것을 예수의 영이 허락지 않은 구체적인 방식이 무엇이었는가는 알 수 없습니다. 그러나 분명한 것은 그 일을 수행할 수 없는 큰 장애물이 발생하여 그의 사역을 좌절에 빠뜨렸다는 것입니다. 사도는 비두니아 지방으로 가는 것을 포기하였습니다. 그러나 이번에도 비두니아 지방에서 하려고 했던 그 일 자체를 포기한 것은 아니었습니다. 그는 그렇다면 어디인가 고민하며 드로아로 내려갔습니다(8절). 그곳에서 그는 마게도니아인이 손짓하며 부르는 그 유명한 환상을 보았습니다(9절). 사도는 하나님이 저 사람들에게 복음을 전하라고 부르시는 것이 분명하다는 확신을 갖고 그곳으로 가려고 애를 썼습니다(10절).

사도 바울은 자신이 정한 복음증거의 방법에 결정적인 장애물을 만났습니다. 그리고 그의 사역은 좌절을 당했습니다. 그러나 그것 때문에 복음증거 하는 일 자체를 포기하지는 않았습니다. 자기가 확신하였던 방법은 상황의 전개에 따라 포기하곤 하였습니다. 그러나 그러한 방법으로 하려던 그 일, 즉 복음을 증거 하는 일을 포기하지는 않았습니다. 그 일을 위한 다른 길을 끊임없이 찾은 것입니다. 유럽 사람들이 드디어 복음을 듣고 구원에 이르는 복을 받은 사건 뒤에는 이러한 사연이 있었습니다.

무엇은 포기해도 좋은 것이고, 무엇은 포기해서는 안되는가를 분명히 알아야 합니다. 어떤 것은 절대로 포기할 수 없는 것이어서, 다른 길을 찾아서라도 계속해야만 되는 것이 있음을 알아야 합니다. 그런데도 우리는 포기해도 괜찮은 것을 포기하지 않기 위해서 포기해서는 안되는 것을 기꺼이 포기해버리는 경우가 자주 있습니다.

사도행전 16:6-10

화합이라는 이름의
혼합

한국교회는 다양한 국면에서 도전과 위기에 직면하고 있습니다. 그 가운데서도 가장 심각한 위기는 이 사회와 다른 종교로부터 받는 압력입니다. 그 압력의 핵심은 예수님만이 유일한 구원자라는 우리의 신앙, 하나님만이 유일하신 참 하나님이라는 우리의 믿음을 버리라는 강하고 과격한 요구입니다. 이것은 다름아닌 반그리스도운동, 그리고 반유일신운동이기도 합니다. 언젠가는 개신교와 천주교를 비롯한 불교 원불교 천도교 등 한국의 종교대표자 7명이 종교문화행사를 펼치면서 서로서로 다른 종교의 제의(가운)를 바꾸어 입고 손을 꼭 잡은 모습의 사진이 주요 일간지에 높은 평가를 암시하는 기사와 함께 실리기도

하였습니다. 이것이 우리 개신교회가 이 사회와 다른 종교로부터 직면하고 있는 도전입니다. 예수만이 유일한 구원자라는 배타적 교리와 오직 하나님만이 유일하신 하나님이라는 독선적 교리를 버리라는 것입니다. 그리고 사회의 화합과 평화, 종교간의 화해와 상생의 장으로 나아와서 다른 종파들과 손에 손을 잡고 화합하여 이 사회에 기여하라는 것입니다.

그러나 사실 우리 기독교의 독특한 교리에 대한 밖으로부터의 이러한 도전은 생소한 것도 아니고, 치명적인 것도 아닙니다. 이것은 교회가 이 땅에 그 모습을 나타낸 이래, 교회가 교회이고자 할 때는 언제나 직면해야 했던 도전입니다. 그러므로 이러한 도전으로 말미암아 무슨 큰 위기가 닥친 것처럼 놀랄 일도 아닙니다. 정말 큰 위기는 그 도전 자체에 있지 않고 그 도전에 대한 교회의 반응에 있습니다. 적지 않은 수의 교인들, 심지어 교회의 지도자들 가운데도, 이제 우리도 사회의 화합과 종교간 상생을 위한 이 사회의 요구들에 부응해야 하며, 그것이 한편으로 기독교가 이 시대에 이 사회에서 직면하고 있는 침체와 소외의 위기를 극복하고 생존할 수 있는 길이라는 의견을 스스럼없이 개진하고 있는 실정입니다.

이 사회의 윤리와 도덕수준을 높이기 위하여 여러 종파들이 함께 협력하여 캠페인을 벌이고 계몽운동을 할 수 있습니다. 빈곤 문제를 구제하기 위하여 종파를 초월하여 손에 손을 잡고 함께 구제 사업을 펼치는 것은 가능할 뿐 만 아니라, 당연한 일이기도 합니다. 그러나 그것이 모든 종파가 자기됨의 독특한 교리를 포기하고 한데 섞여 혼합되어야만 가능한 일이라는 논리는 대단히 잘못된 것입니다. 그것은 화합(reconciliation)이 아니라 혼합(syncretism)입니다. 그런데 이 사회에서 일어나고 있는 반기독교적인 저항들에 대한 기독교의 이미지를 개선하기 위하여 기독교만의 독특한 신앙고백이나 구원관을 버리든지, 아니면 최소한 그것을 드러내놓고 강조하는 것을 삼가고 서로 화합하자는 생각을 기독교인 자신들이 스스럼없이 하고 있다는 것이 심각한 위기 상황입니다. 신앙은 도덕과 윤리의 증진을 언제나 포함합니다. 그러므로 종교적 부패는 반드시 도덕적 부패를 수반하게 됩니다. 그러나 도덕이나 윤리가 신앙은 아닙니다. 그것이 도덕수준과 윤리수준이 아무리 높아도 그것을 놓고 신앙수준이 높다고는 하지 않는 이유입니다.

초대 교회의 사도들, 그리고 그 이후 사도들이 전하여준 그리스도 예수의 복음을 지키고 그 복음을 따라 살고자 하는 사람들은 세상과 다른 종교들로부터 늘 공격과 비난을 받았습니다. 배타적이고 독선적이라는 것입니다. 그러나 성도들은 비난받는 그 고백을 바꾸지 않기 위하여 자기들의 목숨을 기꺼이 내놓기도 하였습니다. 하나님은 그들의 고백을 통하여 참교회의 역사를 진행해 오셨습니다. 사도행전 4장에서 사도 베드로와 요한이 목숨을 위협하는 권력 앞에서도 당당하게 자신의 신앙을 밝히며 위협에 굴복하지 않는 것도 바로 이 문제였습니다.

실용적 화합을 빙자하여 이루어지는 교리적 혼합을 어떻게 이겨낼 것인가? 이것이 이 시대에 진정한 신자로 살고자 하는 우리의 가장 중대한 문제 가운데 하나입니다.

사도행전 4:18-21

입을 다물고
눈과 귀를 열어야 할 때

우리는 하나님이 역사를 다스리신다는 것을 의심 없이 믿습니다. 그런데 정작 삶의 현장에서는 하나님이 이 역사를 다스리고 계신다는 증거를 아무 곳에서도 찾을 수 없을 때가 있습니다. 악한 사람들이 세력을 움켜쥐고 마치 역사는 자기들의 손에 있는 것처럼 제멋대로 온갖 악을 행하며 큰 소리치고 있는데도, 공의로우신 하나님은 아무런 조처도 취하지 않고 수수방관하고 계시는 것처럼 여겨질 때가 있습니다. 악한 자의 길은 막히고, 악한 자의 길은 잘 풀리는 역사 현장에서 하나님의 간섭으로 여겨질 만한 아무런 일도 없는 것입니다. 이런 현실로 말미암아 하나님이 하시는 일이 이해가 되지 않아 답답해지기 시작하고,

그러다가 그러시는 하나님이 서운해지고, 그 서운함이 깊어져서 하나님께 대한 분노가 되는 때가 있습니다.

아마도 이 문제로 가장 격렬하게 하나님께 따져 물은 사람이 있다면 바로 선지자 하바국일 것입니다(합 1장). 그는 불의와 부정과 간악과 패역과 겁탈과 강포가 판을 치는 현실 가운데서 살고 있었습니다. 악인이 의인을 에워싸서 하나님의 법은 유명무실하게 되어버리고, 공의는 오히려 왜곡을 당하는 것이 그가 살아가고 있는 현실이었습니다. 그러나 현실이 그러한데도 하나님은 이러한 현상을 종식시키고 역사를 바로잡으려는 어떠한 시도도 하시지 않고 있습니다. 선지자가 소리쳐 하나님께 이러한 현장을 고발하고, 이렇게 악한 역사 현장에 개입하셔서 조처를 취하시기를 상당기간 동안 부르짖고 외쳤으나 여전히 하나님은 묵묵부답이실 뿐입니다. 하박국은 하나님이야말로 역사 현실에 대하여 무관심하시며, 자신의 기도에 대하여 무응답하시는 분이라고 단정 지을 수밖에 없게 되었습니다. 왜곡된 현실에 대한 하나님의 무관심과 부르짖는 기도에 대한 무응답, 그것이 하박국이 직면한 문제였습니다.

하나님의 이러한 처사에 대하여 선지자는 대단히 화가 나서 불만에 찬 항의를 쏟아냅니다. "여호와여 내가 부르짖어도 주께서 듣지 아니하시니 어느 때 까지리이까? 내가 강포를 인하여 외쳐도 주께서 구원치 아니하시나이다". "어찌하여 나로 간악을 보게하시며 패역을 목도하게 하시나이까". 이어지는 선지자의 두 번째 항변은 더 격렬하고 더 직설적이어서 마치 하나님의 멱살을 잡고 흔들며 대드는 것 같은 느낌이 들 정도입니다(1:12-17).

그런데 무엇이 계기가 되었는지 알 수 없지만, 선지자는 갑자기 그의 태도를 바꾸고 있습니다. "내가 내 파수하는 곳에 서며 성루에 서리라. 그가 내게 무엇이라 말씀하실는지 기다리고 바라보며 나의 질문에 대하여 어떻게 대답하실는지 보리라!"(2:1) 봇물 터진 듯 말을 쏟아내던 입을 다물고, 마치 초소에서 보초를 서는 파숫군처럼 긴장하여 눈을 열고 귀를 열어서 하나님이 무엇이라고 말씀하시는지 듣고, 하나님이 어떻게 행하실 것인지를 보는 일에 집중하기로 하는 것입니다. 말하자면 입을 다물고, 대신 하나님을 향한 눈과 귀를 여는 "기다림"을 택하기로 결단한 것입니다. 이렇게 시작한 선지자의 마지막 결과는, 세상이 어떻게 뒤집어지고 내 삶의 현실이 어떻게 곤두박질을 칠지라도 나는 여전히 즐거워할 이유가 있고, 나는 여전히 기뻐할 근거가 있다고 승리에 찬 노래를 불러대는 대변화였습니다 (3:16-19). 이러한 대변화를 이루어낸 원동력은 두가지 내용으로 요약되는 그의 변화된 역사관이었습니다. 첫째는 역사는 여전히 하나님의 뜻이 성취되고 그의 영광이 충만히 드러나는 곳을 향하여 진행하고 있다는 확신입니다(물이 바다를 덮음같이 여호와의 영광을 인정하는 것이 세상에 가득하리라!). 둘째는 역사를 다스리시는 주인은 여전히 하나님이시라는 확신입니다(오직 여호와는 그 성전에 계시니 온 땅은 그 앞에서 잠잠할지어다!). 이러한 역사관이 만들어내는 결론은 분명했습니다. 그러므로 의인은 세상과 현실이 어떻게 뒤집어져도 여전히 믿음의 삶을 살아간다는 확신이었습니다. 선지자가 입을 다물고, 귀를 열고 눈을 열어 기다려서 받은 응답이 그것이었습니다.

봇물터진 듯 나의 말을 쏟아내던 입을 다물고, 이제는 귀를 열어 내 하나님이 내게 무엇이라 말씀하실지 기다리는 것이 필요할 때가 있습니다. 내가 처한 현장만 바라보느라 하나님에 대하여 감았던 눈을 열어서 내 하나님이 내게 무엇을 보여주실지 마치 성루에 올라 보초를 서는 파숫군처럼 숨을 죽이고 긴장하여 잠잠히 기다려야 할 때가 있습니다. 이 나라의 정치 현실이 이러하고, 교계의 흐름이 이러한데 하나님은 뭐하시는 것이냐고 하박국처럼 따져 물으며 항의하고 싶은 것이 많은 지금이 바로 그 때인지도 모릅니다.

하박국 2: 1-4

92

눈물을 흘리며
권하는 말

주일 저녁예배를 없애는 교회가 늘어가고 있습니다. 예배가 자꾸 없어지니 당연히 설교할 기회가 없어져갑니다. 수요 예배를 다른 목회프로그램으로 대체하는 교회도 늘어갑니다. 그래서 설교할 기회가 자꾸 없어져 갑니다. 그런가하면 교회 자체가 자꾸 없어지고 있습니다. 두어 달 전에도, 이제 교회의 문을 닫는다는 제자 목사님의 글을 읽고 한동안 마음이 우울했습니다. 큰 기대와 각오를 갖고 교회를 개척하였는데 그간 고생만 하다가 이제 한계에 이르러서 도리 없이 교회의 문을 닫는다는 후배 목사님의 말을 엊그제도 들었습니다. 이래저래 설교할 곳이 자꾸 없어져 갑니다.

설교할 기회가 없어지고, 설교할 곳이 자꾸 없어져 가니, 설교는 점점 쓸모없는 것이 되고 있습니다. 그런데도 설교에 목숨을 걸어야한다고 신학생과 목회자들 앞에서 아우성치고, 설교를 잘해야 한다며 고뇌하는 우리의 몸부림이 마치 허공을 향해 헛발질을 하는 것처럼 허망해보입니다. 그래서 깊은 시름과 회의에 사로잡히게 됩니다. 설교는 정말 아무 것도 아닌 것인가? 설교는 교회를 세워가는 일에 별 효과가 없는 무용지물인 것인가? 번민하게 됩니다.

그러나 깊이 생각하고 자세히 살펴보면 설교할 기회가 줄어들고 설교할 교회가 없어져 가니 설교가 쓸모없이 되는 것이 아닙니다. 쓸모없는 설교가 난무 하니 결국 설교할 곳이 없어지는 결과가 온 것입니다. 설교는 단순히 주일 예배의 30분짜리 순서 하나에 그치는 것이 아닙니다. 설교는 단순히 목사의 수많은 일 가운데 한 부분인 것이 아닙니다. 설교를 제대로 하기 위하여 진력하는 설교자는 그의 삶과 사역의 곳곳에서 그 정신이 배어나게 되고, 그것이 자신과 교인들에게 은혜가 되어 교회에 활력을 불어넣게 됩니다.

설교가 예배의 성패를 좌우하고, 설교가 목회자의 모든 사역을 좌우합니다. 설교에 은혜 받지 못하니 교인이 모이지 않고 오히려 떠나갑니다. 설교에 은혜가 없으니 교인들이 세상 일에 사로잡혀 영적인 일에 무관심하게 됩니다. 그것이 일반적인 시대적 현상이 되다보니 설교를 잘하는 목회자가 세워가는 교회에도 사람들이 무작정 오지 않는 것이 이 시대의 흐름이 되어버린 것입니다. 그러므로 설교할 곳이 점점 없어져 가는 이 시대에 가장 시급한 것은 설교의 부흥입니다. 교회의 부흥이란 사실은 말씀의 부흥입니다. 그리고 말씀의 부흥을 이루는 근본적인 주체는 설교입니다. 그러므로 교회들이 문을 닫는 시대라고 하여, 설교가 점점 무력해지는 현실이라 하여, 설교에 대하여 낙심해서는 안됩니다. 설교를 무엇으로 대체해야 하는가를 고민하지 말고, 오히려 설교의 부흥을 위하여 더욱 몸부림쳐야 합니다. 장소가 어디가 되든지, 규모가 얼마가 되든지, 내가 서는 강단에서는 말씀의 능력을 나타내는 설교자가 되고야 말겠다는 결단으로 설교에 진력해야 합니다.

수년 전 어느 주일 오후였습니다. 한 젊은 친구로부터 전화를 받았습니다. 그 친구는 신앙생활을 막 시작하여 하나님에 대하여 큰 관심을 갖고 교회를 찾고 있는 여자 친구에게 좋은 교회를 찾아주려고 함께 이 교회 저 교회 주일 예배를 찾아다니고 있었습니다. 강남의 유명한 초대형 교회에서 예배를 마치고 나오는 길이라면서 심한 말로 그 교회 설교자에게 욕설을 퍼부었습니다. 불만으로는 모자라는 듯 씩씩거리며 분노를 쏟아내었습니다. 내가 설교한 것도 아니고, 내가 가르친 설교자도 아니었지만 설교를 가르치는 교수라는 죄로 그 친구의 좌절에 찬 분노를 내가 다 떠맡아야 했습니다. "성경이나 차근차근 말하지, 종교 연설도 아니고 정치 연설도 아니고, 뭐 그런 설교가 있어요? 그런 것이 무슨 설교냐고요! 차라리 내가 해버리고 싶었어요!" 나도 화가 났습니다.

하나님의 말씀을 내려놓고 우리가 할 수 있는 일이란 하나님을 점점 더 크게 반역하고, 교회를 점점 더 깊은 수렁에 몰아넣는 것 외에 아무 것도 없습니다. "하나님 앞과 살아있는 자와 죽은 자를 심판하실 그리스도 예수 앞에서 그가 나타나실 것과 그의 나라를 두고 엄히 명하노니 너는 말씀을 전파하라. 때를 얻든지 못얻든지 항상 힘쓰라!" 유언처럼 제자 디모데에게 말씀할 때 사도 바울은 어떤 심정이었을지 어느 때보다 실감이 됩니다. 그러기에 그는 그 편지에서 반복적으로 "고난을 받으라"는 말을 했었나 봅니다. 우리가 전하는 하나님의 말씀이 사람을 살리고, 교회를 살리고, 하나님의 백성을 복되게 할 것이라는 사실을 포기하지 않아야 합니다. 이 시대의 모든 설교자들을 향하여, 다시 한 번 용기를 내어 설교에 진력하며 흔들림 없이 설교자의 길을 가기를 눈물을 흘리며 권합니다.

또다시 많은 제자들이 신학교를 졸업하고 현장으로 나아갑니다. 교회가 문을 닫는 일이 일상화되고 있는 험한 현장으로 그들을 내보냅니다. 안쓰러운 마음, 미안한 마음, 그리고 눈물을 흘리는 마음으로 권해봅니다. "말씀을 전파하라!" 그리고 기대를 가져봅니다. 하나님의 말씀을 전하는 설교자들로 이 시대에 우뚝 서는 모습을 머잖아 보게 되기를!

설교자의 책임

하나님의 말씀이 강단에서 힘 있게 선포되면 교회는 흥했고, 그렇지 않을 때는 교회가 병들었습니다. 그리고 병든 교회는 그 사회가 암흑의 시대로 접어드는 요인이 되었습니다. 이것은 지난 이천 년 동안의 교회 역사를 살펴보면서 우리가 얻는 중요한 통찰입니다. 그러므로 우리는 포사이드의 말처럼 기독교는 설교와 함께 흥하거나 설교와 함께 망한다고 감히 말할 수 있습니다.

이 시대의 가장 큰 문제는 교회가 어두워진 것입니다. 그리고 교회가 어두워진 가장 심각한 원인은 강단에 있습니다. 이것은 다름 아닌 강단의 변절입니다. 그리고 그 모든 책임의 한 가운데 설교자가 있습니다. 설교자가 말씀을 제대로 선포하지 않거나, 말씀을 임의로 바꾸어 말하거나, 말씀 보다 다른 것을 더 중요하게 여기는 것은 반역입니다. 말씀의 주인이신 하나님에 대한 반역이요, 말씀을 기다리는 회중에 대한 반역이요, 말씀의 사역자인 자기 자신에 대한 반역입니다. 설교자의 반역이 오늘날 강단이 죽은 가장 큰 원인이라는 사실을 설교자들은 겸손히 인정해야 합니다. 이런 점에서 설교자는 말씀에 목숨을 거는 사람입니다.

사실 그동안의 설교들은 말씀에 집착하여 신자와 교회의 정체성을 강조하고 가르치는데 집중하지 않았습니다. 그간의 한국교회 설교는 위로와 격려와 축복과 성공 등 소위 부와 건강의 복음을 선포하는 데 힘을 쏟아왔다는 비판을 받고 있습니다. 교회를 설교할 때도 교회의 본질에 관한 성경말씀의 가르침보다는 교회를 위한 일과 봉사 등에 초점을 맞추어 설교를 해온 것이 사실입니다. 그런 와중에 설교는 점점 본문을 이탈한 설교로 변질하게 되었습니다. 이런 점에서 이 시대 목회현장의 큰 흐름을 거스르는 부담을 걸머지면서도 말씀에 집착하여 메시지를 선포하기 위하여 고군분투 하며 강단을 지켜준 여러 설교자들이 한 없이 고마운 것이 사실입니다.

신천지 이단의 파장이 이렇게 크게 나타날 수 있는 것은 성경에서 멀어져서 성경적이고 신학적인 분별을 갖추지 못한 신자가 많아진 현실이 만들어낸 결과라고 해도 지나친 과장이 아님니다. 이만희 자신도 신천지가 성경에 의한 참된 교회임을 주장하기 위하여 정통교회의 이 점을 비난합니다. "요즘의 교회는 모두 사람에 의한 사람을 위한 교회로 변질되었다고 할 수 있습니다. 교회에서는 천국복음을 가르쳐야 하는데도 세상 이야기나 하며 성도의 수를 불리는데 주력하고 있으니 세상 교회가 아니라 하겠습니까?" 이만희는 이 점을 간파하여 성경해석을 주무기로 들고 나오면서 자신들이야 말로 성경을 제대로 풀어준다고 속이며 교인들을 미혹합니다. 그 전략이 통하여 엉뚱하고도 황당한 해석으로 성경을 마음대로 난도질을 하고 있는데도 성경 본문을 해석한다는 명분으로 지금과 같이 큰 파괴력을 한국교회 안에 행사하고 있는 것입니다. 계속하여 성경 본문에서 이탈한 채 성공과 축복과 위로와 격려와 간증, 그리고 우스운 이야기들을 설교에서 듣다 보니, 성경을 근거로 한 심오한 가르침이라면서 다가온 이단들의 가르침을 놓고 그것이 성경적인 것인지, 성경을 제대로 해석하고 있는 것인지, 그리고 그들이 성경을 펴놓고 하는 그 말이 과연 신자나 교회에 대하여 맞게 말하고 있는 것인지 분별을 할 수 없게 된 것입니다.

그러므로 한국교회는 성경을 설교하고 신자와 교회의 정체성을 확고하게 해주는 성경적 설교를 회복해야 합니다. 20세기의 위대한 교회역사가로 알려져 있는 라토렛은 "시간과 공간 속에 얽매이지 않은 자신의 정체성을 희생하고 주변의 환경에 순응

하였던 교회들은 결국 자신들이 그렇게 순응했던 시대와 사회, 그리고 기류가 바뀌면서 모두 소멸해 버리고 말았다"고 단언합니다. 그의 대작인 "기독교 확장사" 마지막 부분에서 교회의 장구한 역사를 되돌아보면서 한 이 말은 교회의 정체성을 확고히 지키는 것이 얼마나 중요한 문제인가에 대한 증언이자 경고입니다. 그는 "다만 예수의 유일성에 대한 핵심적인 진리와 역사상 발생한 사건으로서 예수의 탄생과 생애, 가르침, 죽음과 부활에 대한 진리, 그리고 하나님 자신의 계시와 인간의 구속을 위하여 예수를 통해 역사하신 하나님의 사역에 대한 믿음의 진리만이 영속적인 삶을 위해서 필수적인 것으로 입증되었다"고 결론짓습니다.

사도 바울이 철저하게 자기중심적인 말세의 현상들을 지적한 후에(딤후 3장) 하나님 앞과 산 자와 죽은 자를 심판하실 그리스도 예수를 근거로 엄히 명한 말씀도 바로 그것이었습니다. "너는 말씀을 전파하라, 때를 얻든지 못얻든지 항상 힘쓰라. 범사에 오래 참음과 가르침으로 경책하며 경계하며 권하라!"(딤후 4:2). 사도의 이 엄하고 절박한 말씀의 핵심은 결국 하나님의 말씀을 설교하는 설교자의 책임을 이행하라는 것이었습니다. 이것은 디모데만이 아니라, 이 땅의 모든 설교자들이 그리스도가 다시 오실 때 까지 이행해야 할 영원한 책임입니다.

디모데후서 4:1-2

두려워 할 것과
말아야 할 것

　한국교회 지도자들과 생각 있는 교인들은 심한 불안과 두려움에 싸여있습니다. 한국교회는 이제 끝나는 것인가? 교회는 이렇게 몰락하고 마는 것인가 하는 두려움입니다. 이러한 불안과 두려움을 갖게 된 것은 근래에 한국교회가 처한 상황 때문입니다. 수많은 사람들이 교회로부터 등을 돌리고, 교인 수는 급격히 줄어들고 있습니다. 전도가 더 이상 효과가 없는 세상이 되었습니다. 내노라하는 소위 교회지도자들이 연일 사고를 치며 교회의 위상을 끝없이 추락시키고 있습니다. 한국사회는 너나 할 것 없이 교회를 향하여 비난과 조롱과 모욕의 화살을 쏘아대고 있습니다. 결과적으로 목회현실은 나날이 혹독해지고 있습니다. 결국 대부분의 목회자들은 이제는 말씀도, 전도도, 기도도 이 상황을 뒤집기에는 역부족이고, 교회가 시도하는 어떤 대책도 더 이상 통하지 않는다는 무력감과 좌절감에 빠지게 되었습니다. 그리고는 현실과 장래에 대하여 깊은 불안과 두려움에 사로잡히게 되었습니다.

이러한 상황을 인식하고 이제는 한국교회를 새롭게 해야 된다는 절박감을 갖고 여러 단체들과 교회 지도자들이 다양한 시도를 하고 있기도 합니다. 그것만이 한국교회가 처한 위기 상황을 극복하고 다시 살 수 있는 길이라고 믿기 때문입니다. 이러한 시도들은 크게 보아 두 가지 내용으로 요약 됩니다. 하나는 교회의 대사회적인 이미지를 개선해보려는 다양한 시도입니다. 그리고 다른 하나는 교회를 개혁하려는 시도입니다. 이러한 노력은 필수적이기도 하고 이런 일에 앞장서주는 것은 고맙기도 합니다. 그러나 이러한 노력을 하면서 우리가 신중하게 살펴보아야 할 것이 있습니다. 우리는 종종 하나의 문제를 해결하는 과정에 더 큰 문제를 야기하는 경우들이 있기 때문입니다. 교회가 사회로부터 받는 비난과 거부를 극복하려는 방안이나, 교회를 개혁하기 위한 시도들이 자칫하면 교회의 본질을 살려내는 데에는 더 심각한 문제를 야기할 수도 있다는 경계심을 가져야 합니다.

교회가 사회로부터 긍정적인 평가와 좋은 이미지를 갖는 것은 중요합니다. 그러나 그것이 언제나 궁극적인 목적은 아닙니다. 실제로 교회가 이 사회에 어떻게든 좋은 이미지를 주어야 한다는 강박관념에서 나오는 처신들은 또 다른 차원에서 심각한 문제를 야기합니다. 교회가 세상을 향하여 복음과 성경의 진리를 담대하게 선포하는 일을 하지 않게 되기 때문입니다. 교회 밖의 세상이 싫어하는 것이나 사회로부터 책잡히거나 구설수에 오를 만한 말이나 행동을 하지 않게 되는 것입니다. 그 와중에 진리에 근거한 예언자적 선포를 해야 하는 교회의 진정한 본질은 사라지게 됩니다. 자기도 모르는 사이에 세상과 좋은 관계를 유지하여 살아남기 위한 온갖 비위맞추기에 교회의 관심이 집중됩니다. 간음을 법적으로 정당화하여도 세상의 흐름이 그러하다는 명분으로 그에 대한 발언을 하지 않습니다. 동성애 문제에 대하여 언급하면 또 세상이 들고 일어날까봐 몸조심을 하게 됩니다. 성경의 가르침을 강하게 말해야 할 때 또 독선적이라고 비난 받을까봐 두려워서 입조심을 합니다. 복음 전할 돌파구를 연다는 명분으로 정권에 아부하고, 문화적응이라는 이름으로 세상의 흐름과 타협하기도 합니다.

이것은 단순한 이론상의 기우가 아니라, 이미 현실에서 확인하고 있는 사실이기도 합니다. 절망적인 상황에 빠진 교회현실에 대한 두려움 때문에 우리는 두려워하지 않을 것에 대한 두려움을 너무 깊이 갖고 있습니다. 이제야 말로 가장 분명하게 복음과 성경의 진리를 말해야 할 때 지금까지 해온 우리의 처신이 염치가 없어서 입을 다물기도 합니다. 지금 상황에서 그런 선포를 하는 것이 세상의 비위를 거스려서 자칫 불 난 데에 기름을 붓는 일을 하지는 않을까 조심하느라 할 말을 하지 않기도 합니다. 우리는 정말 두려워할 것과 두려워하지 말아야 할 것을 혼동하고 있는 것은 아닌지 살펴보아야 합니다. 두려워하지 않을 것을 두려워하느라고 정말 두려워할 것은 묻어버리는 잘못을 범하고 있는 것은 아닌지 돌아보아야 합니다.

기독교는 어쩌면 다시 핍박의 시기를 맞고 있는지도 모릅니다. 313년에 기독교가 공인된 이래 1,700년 만에 다시 박해의 시기를 맞고 있다는 어느 분의 주장은 어쩌면 사실일 수도 있습니다. 한국교회가 창조론을 믿고 그것을 표명해온 것은 어제 오늘의 이야기가 아닙니다. 백수십년 전 기독교가 처음 들어온 때부터 기독교인들은 천지는 하나님이 창조하셨다고 믿고 말하고 선포해왔습니다. 그러나 지금은 이 나라 TV 방송의 정규 뉴스 시간에 기독교의 창조신앙을 비판하고 조롱합니다. 창조론을 믿는 것이 공직에 임명된 자의 큰 약점이나 결격 사유라도 되는 것처럼 공개적으로 비판하고 따져 묻기도 합니다. 동성애는 잘못된 것이라고 말하면 범법 행위로 처벌할 수 있는 법을 만들려고 합니다.

신자는 무엇을 기준으로 세상에서 살아야 되는지 예수님의 말씀은 분명합니다. "음란하고 죄 많은 세상에서 나와 내 말을 부끄러워하면 나도 아버지의 영광으로 거룩한 천사들과 함께 올 때에 그 사람을 부끄러워하리라"(막 8:38). 우리의 목적은 음란하고 죄 많은 세상에서 예수님과 그의 말씀을 부인하면서라도 어떻게든 타협하여 살아남는데 있는 것이 아닙니다. 오히려 예수님과 그의 말씀을 부인하지 않기 위하여 음란하고 죄 많은 세상에서 살아남기를 포기해야 할 때도 있습니다. 그것을 예수님은 예수님을 따르는 것이라 했고, 자기 십자가를 지는 것이라 했고, 예수님과 그의 복음을 위하여 목숨을 잃는 것이라 하셨습니다(막 8:34-35). 지금 이 상황에서 우리가 정말 두려워할 것은 무엇이고, 두려워하지 말아야 할 것은 무엇인지 분명히 해야 합니다.

정말 두려워할 것과 두려워하지 말아야 할 것을 혼동하지 않아야 합니다. 세상으로부터 받을 비난이나 당할 박해가 두려워서 성경의 진리를 고백하고 선포하는 것을 타협하거나 포기하지 않아야 합니다. 복음을 선포하면 죽여버리겠다는 위협 앞에서 사도들과 초대교회의 성도들이 하나님 앞에 쏟아놓은 기도는 분명하였습니다. "주여 이제도 저희의 위협함을 하감하옵시고 또 종들로 하여금 담대히 하나님의 말씀을 전하게 하여 주옵시며"(행 4:29). 저 사람들에게 받는 생명의 위협 때문에 하나님

의 말씀을 담대히 전하는 일을 포기하지 않게 해주시라는 간구
였습니다. 이것은 세상이 어떻게 뒤집어져도 우리는 우리가 할
일을 하겠다는 결단이기도 합니다.

한국교회, 절망과 소망의 두 얼굴

　작금의 한국교회가 처하여 있는 현실은 "비난 받는 한국교회"라는 한 마디로 요약 할 수 있을 것입니다. 한국사회도, 여론도, 각종의 반기독교 단체들도 교회에 대하여는 욕설 섞인 막말 비난을 쏟아내기를 서슴지 않고 있습니다. 심지어 교계의 어른이라 일컬어지는 교회 지도자들 가운데도 어떤 이들은 하나 같이 한국교회에 대한 비난을 쏟아내는 일에 열을 올리고 있습니다. 그리고 그 비난의 화살들은 대부분 목회현장의 지도자들을 향하고 있습니다.

　그러한 비난과 비판들은 대부분 그럴만한 이유와 근거를 갖고 있습니다. 그래서 대부분의 목회자들은 이 지경으로 모욕적인 비난을 받게 된 현실에 대하여 부끄럽고 면목이 없어 하며 깊은 시름에 잠겨 지내고 있습니다. 물론 어느 기독교연합단체는 자기들의 처신을 공개적으로 비판한 20여개의 신학교와 200명 가까운 신학자들에게 업무를 방해하고 명예를 훼손했으니 10억씩의 손해배상을 하라며 소송을 제기하는 기괴한 행태를 보이기도 하였습니다. 그런가 하면 실정법 위반으로 옥살이를 하거나 그보다 더 치욕적인 지탄을 받으면서도 예수의 이름을 들먹이며 꿋꿋이 자기의 길을 가겠다고 결의를 다지는 뻔뻔스러운 몇몇 대형 교회 목회자들이 있는 것도 사실입니다. 그러나 한국교회의 절대다수의 목회자들은 모욕당하는 기독교가 되어버린 현실에 대하여 공동의 책임과 죄책을 느끼며 좌절하고 괴로워하고 있는 것이 사실입니다.

어떻게 보면 한국 기독교는 이제 헤어날 수 없는 좌절과 절망에 빠져들고 있습니다. 교회가 이전과 같은 교세의 확장과 재정적 풍요를 누리는 세상은 앞으로 상당기간 동안, 아니면 영영 다시 오지 않을 것이란 것은 이제 상식이 되었습니다. 아무리 목 좋은 곳에 건물을 세워놓아도 교인이 저절로 몰려오는 세상은 이미 지나갔다는 것은 누구나 인정하는 현실이 되었습니다. 교회가 잃어버린 공적인 신뢰나 영향력의 실추를 만회하기는 매우 어려운 상황이라는 것도 누구나 인정하는 사실입니다. 많은 신학교들은 닥쳐오는 생존의 위기를 의식하며 돌파구를 찾기 위하여 고군분투하고 있습니다. 이런 점에서 한국교회는 절망적인 상황에 처해있는 것이 분명합니다.

그러나 꼭 그렇게만 생각할 일은 아닙니다. 우리의 안목을 조금만 바꾸어 하나님의 손길이라는 눈으로 이 현실을 들여다본다면 이 절망이 그 자체로 끝장인 것은 아니라는 사실을 발견하게 됩니다. 사실 한국교회의 이러한 절망스러운 상황은 우연히 일어나고 있는 것도 아니고, 그렇다고 단순히 인과응보의 법칙에 따라서 저절로 일어나고 있는 현상도 아닙니다. 마치 반역한 선지자 요나를 폭풍으로부터 물고기 뱃속까지 몰아가시고, 다시 마른 박넝쿨 앞까지 몰아가셔서 결국 하나님께서 의도한 곳에 그가 이르도록 요나에게 집착하셨던 것처럼 지금 하나님은 의도적으로 한국교회를 막다른 길로 내몰고 계시는 것이 분명해보입니다.

하나님에 의하여 막다른 길로 내몰리면서 한국교회와 지도자들은 매우 중요한 사실들을 실감하게 될 것입니다. 무엇보다도, 이제는 단시일에 대형교회가 될 수 있는 세상도 아니거니와, 대형교회라는 사실로 아무데서나 모든 일에 대하여 위세가 통하는 세상도 아니라는 사실을 생생하게 확인하게 될 것입니다. 사실 지난 세월 얼마동안은 대형교회라는 이유만으로도, 혹은 대형교회로 교회를 성장시켰다는 이유만으로도 영웅이 되고 모든 것이 정당화되기도 하였습니다. 그러나 지금은 여러 대형교회들이 무너지고 있고, 대형교회라는 사실 자체만으로도 비난을 받는 세상을 경험하고 있습니다. 또한 교회가 특별한 프로그램을 중심으로 주특기를 개발하여 그것을 특성화함으로써 부각이 되어 위세를 떨치는 것도 이제는 더 이상 먹히지 않는 세상이라는 사실을 확인하게 될 것입니다. 그것이 교회라는 사실 자체로 교회를 비난하는 세상을 우리는 경험하고 있기 때문입니다.

내몰리는 현실 속에서 교회는 결국 한 가지 결론에 이를 수밖에 없게 될 것입니다. 이제 하나님 한 분 붙잡고 제대로나 해보는 수밖에 없다는 결론입니다. 말하자면, 기본으로 돌아가겠다는 결단입니다. 사실 하나님은 한국교회가 이 결론에 이르도록 우리를 몰아가고 있는 것이 분명합니다. 이제는 이런 야심 저런 욕구 다 내려놓고 하나님이 원하시는 대로 신자다운 신자, 교회다운 교회가 되는 일에 모든 것을 걸겠다는 결론으로 우리는 내몰리고 있습니다. 그 일을 위하여 우리는 훨씬 더 가난하게 살고, 훨씬 더 소외와 배척과 모욕을 당하면서 힘들고 고단한 삶을 살기로 작정할 수밖에 없게 될 것입니다. 그러나 그것이 바로 한국교회의 절망의 긴 터널의 끝이 될 것입니다. 그리고 그것이 바로 한국교회의 새 역사의 출발점이 될 것입니다. 그 후에야 이 사회는 다시 한국교회를 신뢰하고 교회에게 영향을 받고자 할 것입니다. 아니 무엇보다도 하나님께서 흡족해 하실 것입니다. 만약 이것이 사실이라면, 서둘러 이러한 결론을 내리고 그 길에 나서는 것이 지혜로운 일입니다. 역사의 흐름이 그리 될 것임을 내다보고 신속히 그 시점으로 옮겨가는 것이 지혜입니다. 아직도 이전의 생각에 빠져서 어떻게든 지금까지의 흐름을 유지해보려고 안간힘을 쓰는 것은 마치 요나가 탄 배에서 쓸모없이 안간힘을 쓰면서 노를 젓는 이방 선원들이나 다를 바가 없을 것입니다.

신자의 목적은 어떻게든 살아남는 데 있는 것이 아닙니다. 어떤 대가를 치르면서라도 신자가 되는 데 있습니다. 교회의 목적은 어떤 수를 써서라도 부흥하는 데 있는 것이 아닙니다. 문을 닫고 망하는 한이 있어도 교회가 되는 데 있습니다. 우리는 지금 그 길에 들어서라는 하나님의 요구에 직면하고 있습니다. 그것이 절망적인 우리의 현실이 담고 있는 놀라운 소망의 메시지입니다. 이렇게 볼 때 한국교회는 절망과 소망의 이중적 상황에 서 있습니다. 현상학적 관점에서 보면 절망이지만, 섭리적 관점에서 보면 소망입니다.

요나서 1:1-2:10

112

신자는

행동한다

신자는

믿는 대로

행동하는 사람입니다

행동하는 신앙

    현대 기독교인들이 잃어버리고 있는 가장 중요한 것 하나를 든다면 그것은 신앙고백일 것입니다. 우리가 신앙을 고백하는 것은 단순히 어떤 말을 진술하는 것과는 다른 일입니다. 진정한 신앙고백이라면 세 가지 조건을 갖추어야 합니다. 첫째, 사실에 대한 내용과 그 내용에 대한 인식이 있어야 합니다. 무엇을 고백하고 있는지 그 내용이 있어야 하며, 그것을 분명히 알고 있어야 한다는 말입니다. 무슨 내용을 말하고 있는가는 관심도 없고 인식도 없으면서 이 말을 백 번하면 병이 낫는다거나, 귀신이 쫓겨 간다거나, 마음이 평안해진다는 생각을 갖고 어떤 진술을 반복적으로 하는 것은 신앙고백이 아닙니다. 그것은 자기 최면이나 염불일 뿐입니다. 둘째는 자신이 진술하고 있는 그 내용에 대한 개인적인 믿음이 있어야 합니다. 이럼으로써 진술하고 있는 내용과 그것을 진술하고 있는 나 자신과의 관계가 분명해집니다. 그래야 단순한 객관적 사실 진술이 아니라, 나의 고백이 될 수 있습니다. 신앙고백은 제3자적 입장에서 어떤 사실을 진술하는 것이 아닙니다. 그것이 나와 무슨 관계인가를 분명히 선언하는 것입니다. 그러므로 사도신경도 "나는 …을 믿습니다"라는 방식으로 말합니다. 진정한 신앙고백이 되기 위한 세 번째 조건은 진술하고 고백한 내용에 대한 전적인 헌신입니다. 그 고백을 수행하기 위하여, 혹은 그 고백을 유지하기 위하여 어떤 대가나 희생도 기꺼이 지불하는 삶을 말합니다. 우리 신앙의 선조들 가운데는 자신의 신앙고백을 부인하지 않기 위하여 목숨을 내놓는 일을 서슴지 않았습니다. 진정한 신앙고백에는 그 고백을 하는 사람의 전적인 헌신이 언제나 수반되는 것입니다. 그러므로 분명한 신앙고백은 그가 어떤 삶을 사는 사람인가를 분명히 알게 합니다.

한국교회에는 진술(statement)만 있지, 고백(confession)이 없는 것 같다는 의견을 사석에서 피력한 외국인 교회사 학자를 만난 적이 있었습니다. 진술은 어떤 사실에 대한 인정이라면, 고백은 자신의 삶을 건 헌신을 수반합니다. 신앙고백이 분명하다는 것은 그는 그것을 위해서라면 목숨을 내어줄 수 있는 것이 분명한 사람이라는 말이기도 합니다. 그러므로 기독교인에게 신앙고백은 생명과 같은 것입니다. 그것을 위해서 살기도 하고 죽기도 할 수 있는 그런 것입니다. 그것은 단순히 하나의 언어행위가 아니라, 하나님과 나 사이에서 일어나는 생사의 사건입니다. 그 고백 때문에 모든 고통을 걸머지며 살아남을 수도 있습니다. 그런가하면 그 고백 때문에 모든 영화를 내려놓고 죽을 수도 있습니다. 그러므로 신앙고백은 신자의 능력입니다. 음부의 권세가 이길 수 없고, 세상이 감당할 수 없는 능력입니다. 참된 신앙고백을 하며, 그 고백대로 살아가는 사람은 여전히 살아계시고 역사하시는 하나님을 삶의 현장에서 뵙게 됩니다. 그것이 신자가 이 땅에서 누릴 가장 큰 위로요, 명예요, 행복입니다.

그러나 수많은 신자들이 신앙고백을 단순히 언어행위로만 여길 뿐, 그것에 신자와 교회의 삶을 걸어야 되는 중요한 일로 여기지 않는 풍조가 만연하고 있습니다. 사실 현대 기독교인들이 잃어버린 가장 중요한 것 가운데 하나가 신앙고백입니다. 신앙고백이 중요한 게 아니라고 당당하게 말하는 기독교인과 기독교 지도자들이 교회 안팎에 널려있습니다. 오히려 신앙고백을 강조하면 교회의 화합과 일치에 장애가 된다고 드러내놓고 말하기도 합니다. 신앙고백을 지나치게 강조하는 것은 교회를 편협 되게 하고 외곬으로 만든다고 소리칩니다. 포용력을 갖고 폭넓은 관계를 맺지 못하게 한다고 불평합니다. 무엇을 믿는가를 신앙의 본질로 삼지 않고, 무엇이 더 현실적으로 실용성이 있는가를 중요한 관심사로 삼는 데서 온 병폐입니다. 신본주의를 버리고 인본주의로 살기 시작하면서 초래된 참상이기도 합니다. 신앙을 고백하는 것과 신앙고백을 가르치는 일들을 대수롭지 않게 여기기 시작하면 결국 신자와 불신자의 구별이 더 이상 의미가 없는 무서운 결과를 몰고 옵니다. 신앙고백을 대수롭지 않게 여기는 것은 결국 교회를 교회가 아닌 것으로 만들고, 신자를 신자가 아닌 사람으로 만드는 결과를 가져옵니다.

선지자 엘리야가 이스라엘 백성을 갈멜산으로 모아놓고 단도직입적으로 요구한 것이 그것이었습니다. "너희가 어느 때까지 두 사이에서 머뭇머뭇 하려느냐? 여호와가 하나님이면 그를 좇고 바알이 하나님이면 그를 좇으라!"(왕상 18:21). 신앙고백을 분명히 하고, 그 고백대로 행동하라는 요구였습니다. 그들의 현실에서 여호와가 하나님이라고 고백하는 것은 바알은 하나님이 아니라는 말이었습니다. 그것은 곧 아합과 이세벨을 등지는 삶을 의미하는 것이었습니다. 그리고 그것은 현실적으로 생명을 포기할 것을 각오하는 것이었습니다. 한국기독교와 신자들도 갈멜산에서 주어졌던 엘리야의 도전 앞에 심각히 자신을 세워야 할 필요가 있습니다. 그리고 그 요구에 머뭇거리지 말고 반응해야 합니다. 그것은 신앙고백을 분명히 하고, 그 고백대로 사는 것입니다. 그것이 설사 현실적으로는 망하는 길이라 하여도 말입니다.

사도 베드로는 예수님이 구주이심과 그의 부활을 증거 하다가 체포되었습니다. 그리고 산헤드린 공회 앞에서 재판을 받은 후 다시는 예수를 증거하지 말라는 위협을 받고 풀려났습니다. 그러나 그 때 사도 베드로의 반응은 매우 단호하였습니다. "(우리를 그렇게 모르겠느냐?) 우리가 하나님 앞에서 너희 말을 듣겠느냐, 하나님의 말씀을 듣겠느냐? 우리는 눈으로 보고 들은 것을 말하지 않을 수 없는 사람들이다!" 사도들은 신앙고백 한 마디를 바꾸지 않기 위하여, 그리고 고백한대로 살기 위하여 기꺼이 목숨을 내놓는 기개로 살았습니다. 그것이 오순절 성령강림과 함께 사도들에게 나타난 즉각적인 변화였습니다. 신앙고백을 지키기 위하여 그들이 고난을 당하고 죽기도 하는 것은 그들의 연약함이 아니라, 그들의 능력이었습니다.

실용적이고 현실적인 명분을 내세우며 이런저런 전략이나 잔재주를 근거삼아 편법으로 신앙생활을 하고 또 교회를 이끌어 가려고 하는 것은 매우 위험합니다. 동시에 그것은 반 신앙적인 범죄이기도 하다는 사실을 우리는 잊지 않아야 합니다. 신자는 믿는 대로 행동하는 사람입니다.

사도행전 4:18-21

고통의 때

이 시대의 사람들을 무엇으로 비유해서 말할 수 있을까요? 이 시대의 사람들을 무엇과 같다고 말할 수 있을까요? 이것은 우리 예수님이 이 땅에 계셨을 때 직접 던지신 바로 그 질문입니다. 질문을 던지신 예수님은 장터에서 놀고 있는 아이들을 비유로 들어 답을 하셨습니다. "아이들이 장터에 앉아 서로 불러 이르되 우리가 너희를 향하여 피리를 불어도 너희가 춤추지 않고, 우리가 곡하여도 너희가 울지 아니하였다." 이 시대의 사람들은 꼭 이 아이들 같다는 것입니다. 아이들은 장터에 모여 두 패로 나누어 게임을 하고 있습니다. 게임에는 그 게임에 참여하는 모든 사람들이 반드시 지켜야만 하는 룰이 있습니다. 그것을 지키지 않으면 게임이 성립되지 않습니다.

이 아이들에게 게임이 지속되게 하는 룰은 이것입니다. 한 쪽의 아이들이 잔치집의 노래를 피리로 불면 다른 쪽의 아이들은 춤을 추는 것입니다. 그리고 한 쪽의 아이들이 초상집의 곡을 하면 다른 한쪽의 아이들은 우는 것입니다. 한 쪽의 아이들이 피리를 불었습니다. 그런데 다른 쪽의 아이들이 춤을 추지 않습니다. 피리를 분 아이들이 묻습니다. "우리가 피리를 불었으니까 너희들은 춤을 추어야 되잖아? 그런데 왜 춤을 추지 않는 거야?" 춤을 추지 않는 다른 쪽의 아이들이 어이없다는 듯 대답을 합니다. "네 잔치지 내 잔치야? 너 좋은데 내가 왜 춤을 춰?" 한쪽의 아이들이 곡을 합니다. 그런데 울어야 할 다른 쪽 아이들이 울지 않습니다. 그래서 항의를 합니다. "우리가 곡을 하면 너희가 울어야 되잖아! 그런데 왜 안울어?" 울지 않은 아이들이 시큰둥하여 답을 합니다. "너희 슬프지 우리 슬퍼? 네가 슬픈데 왜 우리가 울어? 네 자식 바다에 가라앉아 죽었지, 내 자식 죽었어?" 게임은 더 이상 작동을 하지 않고 거기서 끝장이 납니다. 게임을 이렇게 망쳐버린 한 복판에는 지독한 자기중심성과 이기적인 탐욕, 그것이 만들어내는 비정함이 자리 잡고 있습니다. 예수님은 이 비유를 가지고 이 세대의 사람들이 안고 있는 근본적인 문제가 무엇인지를 지적하고자 하셨습니다.

오랜 세월 후 사도 바울은 "너는 이것을 알라. 말세에 고통하는 때가 이르리니" 하면서 이 세대의 이 문제를 더욱 직설적으로 지적하며 들고 나옵니다. 예수님이 말씀하셨던 "이 세대" 는 바울이 여기서 말하는 말세를 포함하고 있고, 바울이 여기서 말하는 말세는 지금 우리가 사는 이 세대를 포함합니다. 사도는 이 세대를 가리켜 고통의 때라고 단정합니다. 그리고는 이 세대 가 드러내는 고통의 양상을 다양하게 열거합니다. 그 중에 몇 가지를 나열하면 이렇습니다. 자기를 사랑하며, 돈을 사랑하며, 교만하며, 비방하며, 부모를 거역하며, 무정하며, 원한을 품으 며, 모함하며, 절제하지 못하며, 사나우며, 배신하며, 조급하며, 자만하며, 쾌락을 하나님보다 더 사랑하며….

고통의 종류도 다양하고, 고통을 유발하는 양상도 다양합니 다. 그러나 자세히 살펴보면 사도가 고발하고자 하는 이 모든 현상에 둥지를 틀고 있는 한 가지 공통된 것이 있습니다. 사람 들의 지독한 이기심입니다. 냉혹하고 매정한 자기중심적 탐욕 입니다. 아이들의 게임에서처럼, 한 사회에도 그 사회가 제대로 작동을 하고 유지가 되려면 그 사회의 일원 모두가 지켜야만 하 는 약속이 있고 룰이 있습니다. 노래를 하면 춤을 추어주고, 곡 을 하면 울어주는 약속입니다. 함께 살고, 더불어 살고, 상대방 을 생각하며 사는 것입니다. 때로는 양보도 하고 때로는 맞추어 주기도 하는 멋스러움입니다. 그것이 무너지면 사회가 성립되 지 않습니다. 사회가 제대로 작동을 하지 않게 됩니다. 그런데 이 세대는 사회가 제대로 작동하기 위하여 모두가 인정하고 지켜야 할 약속이 무너져 버렸습니다. 그래서 사회가 제대로 작동하지 않습니다. 그러므로 세상이 고통 합니다. 이 세대를 살고 있는 모든 사람이 각각의 고통을 걸머지고 살아갑니다. 모두가 자기에게만 사로잡혀 있습니다.

어른이나 아이나, 교회나 정치집단이나 모두가 이 원리에 사로잡혀 있습니다. 그래서 묻고 답합니다. "너 그것은 다른 사람을 헤치는 것이니까 하면 안되잖아? 그런데 왜 그렇게 해?"고통하는 세대의 모두의 대답은 동일합니다. "내가 하고 싶으니까!" 또 묻습니다. "너 이렇게 해야 되는 거잖아. 그런데 왜 안해?" 고통 하는 말세를 사는 이 사회의 사람들의 대답은 모두 동일합니다. "내가 하기 싫으니까!" "만 명도 더 모이던 교회가 싸움통에 천 명도 안남았는데 왜 아직도 싸워? 교회가 없어지겠잖아?" "우리가 이겨야 하니까!" 자기 행동과 처신과 의사를 결정하는 최우선의 절대적인 기준은 언제나 자기 자신의 호불호와 이불리에 달려있습니다. 그야말로 모두가 스스로 자기 인생의 왕이 되어 제 소견에 옳은 대로 살아가고 있습니다. 그러나 그것이 상대방만이 아니라, 점차 나 자신을 죽여가고 있다는 사실을 알지 못합니다. 서로 배의 키를 잡겠다고 싸우는 동안 배는 암초를 향하여 질주하고 있습니다. 마침내 모두 함께 죽을 것입니다.

무엇이 문제인가는 알겠는데 그것을 어떻게 해결할 수 있는가를 모르겠습니다. 문제가 이미 너무 커져버렸기 때문일 것입니다. 아니면 우리가 너무 비겁하기 때문일 수도 있습니다. 그래서 때로는 마음만 답답하고 시름만 자꾸 깊어집니다. 그러나 어떻게든 사회가 돌아가게 해야 합니다. 무서운 자기 집착과 이기적 탐욕을 버려야 합니다. 잔치 집을 위하여 함께 춤추고, 초상집을 위하여 함께 울어주는 기본적인 약속을 지켜야 합니다. 그래야 즐거운 놀이가 다시 작동할 수 있습니다.

누가복음 7:31-32 · 디모데후서 3:1-5

우리에게
필요한 것

사람은 무서운 비판과 날카롭고 예리한 지적을 받을 때보다, 따뜻한 보살핌과 격려를 받을 때 깊은 감동을 하게 됩니다. 그리고 감동 받을 때 의욕도 용기도 힘도 생깁니다. 감정이 메마르고 만사가 오로지 자기중심적이어서, 사람과 사람 사이에 찬바람이 쌩쌩 부는 이런 시대에 정말 필요한 것은 훈훈한 감동입니다. 그리고 우리를 감동케 하는 것은 서로 돌아보고, 서로 격려하는 이것입니다.

사랑의 돌봄, 그리고 깊은 좌절 가운데서도 가능성을 보며 다시 일어나게 하는 격려. 우리가 예수님께 받은 것이 바로 그것이었습니다. 예수님께서는 멀리서 우리를 감시하듯 지켜보시다가 우리가 무엇인가 잘못할 때 매를 들고 갑자기 나타나서 비난하고, 독촉하고, 책임을 추궁하는 분이 아니었습니다. 우리가 예수님께 받은 것은 그런 것이 아니었습니다. 우리가 연약할 때, 힘들 때, 시련을 만났을 때, 좌절에 빠졌을 때, 실패하여 무너져 내렸을 때, 주님은 말없이 우리의 입장으로 들어오셔서 우리의 처지에 함께 있어주신 것입니다. 그래서 히브리서 기자는 예수님을 가리켜 말씀하기를 "그는 우리의 연약함을 체휼하지 아니하는 분이 아니요 모든 일에 우리와 한결같이 시험을 받은 분"이라고 하신 것입니다(4:15). 심지어 우리가 죗값을 치르느라고 그렇게 절망적인 처지에 있을 때마저도 마치 주님도 그런 죄를 지은 자로 오해받을 만한 그런 상황을 걸머지셨습니다. 그러므로 히브리서 기자는 분명하게 한 마디를 덧붙입니다. "그러나 그분은 죄는 없으시다!" 자기 책임도 아니고, 자기 죗값이 아닌데도, 마치 자기 책임이고 자기 죗값인 것처럼 오해를 받으면서도 그렇게 하시는 것. 이것이 예수님의 사랑의 돌보심입니다. 우리가 예수님께 받은 것이 그런 것입니다.

오래전, 목회를 하다가 체력이 바닥나고, 탈진 상태에 빠져서 가족 모두가 긴장하여 위기의식을 느끼며 지낸 때가 있었습니다. 어느 주일인가, 힘들게 예배를 인도하고 내려오는데 중요한 직분을 가진 분이 정색을 하고 똑바로 저를 쳐다보며 말하였습니다. "목사님이 힘들어하시니 교인들에게 은혜도 안되고 덕이 되지도 않습니다. 그러니 힘들어하지 마시지요." 물론 말의 내용이나 판단은 대단히 정확하고 옳은 것이었습니다. 그러나 그분의 그 말은 내가 힘들어하지 않는 것에는 조금도 도움이 되지 않았습니다. 그 일은 지금도 나의 지난 목회사역에 있어서 아픈 추억으로 남아있습니다. 그러나 내가 힘들어 보이면 종종 나를 자기 차에 태우고 이곳저곳 경관 좋은 산길을 데리고 다니거나, 다른 방식으로 나를 격려하곤 하는 교인들이 있었습니다. 이제 목회를 그만 두어야겠다고 혼자 품었던 생각을 포기하고 다시 일어날 힘을 준 것은 바로 그 교인들이었습니다.

너무 부족하여 자주 좌절에 빠지고, 자주 연약함에 빠지고, 큰 실수와 죄악을 범하다가, 나도 내가 싫고 미워서 모든 것을 정리해 버리고 포기해버리려 하고 있을 때, 예수님은 찾아오셔서 "다시 시작해라. 다시 시작할 수 있다. 너는 할 수 있다. 내가 너와 함께 있다." 그렇게 말씀하셨습니다. "너는 망해도 싸다. 네가 저질렀으니까 네가 책임져라." 그렇게 하시지 않았습니다. 이런 예수님을 우리가 경험할 때 마음이 얼마나 감동이 되고, 감격이 되는지… 실은 그런 감동이 우리를 다시 벌떡 일어나게 만듭니다. 다시 무덤에서 끌어내듯이 우리를 일으켜 세웁니다. 예수님은 그렇게 우리를 돌아보시고 격려하시는 분입니다.

그리고 이제는 우리가 서로서로 그렇게 하라고 요청하십니다. 그것을 성경은 이렇게 말합니다. "약속하신 이는 미쁘시니 우리가 믿는 도리의 소망을 움직이지 말고 굳게 잡아 서로 돌아보아 사랑과 선행을 격려하며 모이기를 폐하는 어떤 사람들의 습관과 같이 하지 말고 오직 권하여 그 날이 가까움을 볼수록 더욱 그리하자" 이것을 한 마디로 다시 요약하면 이렇습니다. "서로 돌아보아 격려하라!" 우리가 예수님께 받은 것이 무엇인지를 생각해야 합니다. 그러면 우리도 그렇게 서로 돌아보아 격려할 수 있습니다. 그러기에 히브리서 기자는 이미 3장 첫 마디에서 그렇게 말씀하신 것이었습니다. "우리의 믿는 도리의 사도시며 대제사장이신 예수를 깊이 생각하라!"(히 3:1) 우리가 이 예수님을 만날 날이 얼마 남지 않았다는 사실을 기억하면 예수님처럼 그렇게 서로 돌아보아 격려할 수 있을 것입니다. 그러기에 본문은 그렇게 다음 말을 잇고 있습니다. "그 날이 가까움을 볼수록 더욱 그리하자!"(25절)

무서운 정죄와 매정한 이기주의와 논리 정연한 책임 추궁이 아니라, 새 생명이 약동하는 봄날의 햇살 같이 부드럽고 따뜻한 돌봄과 일으켜 세워주는 격려가 넘쳐나는 나날이었으면 좋겠습니다.

"서로 돌아보아 격려하라."

지금 우리에게 필요한 것은 이것입니다.

히브리서 10:23-25

혼자 살 수 없는 세상

환갑을 오래전에 넘기고 60대 후반을 향하여 가고 있는 분을 잠시 알고 지낸 적이 있었습니다. 그분은 평생을 독신으로 살아오신 분이었습니다. 그러나 자신이 살아온 삶에 대하여 회한도 없고, 지금 살고 있는 삶에 대하여 기죽을 일도 없이 당당히 자신의 길을 가시는 분이었습니다. 그리고 장래에 대하여도 분명한 계획과 자신감을 갖고 있는 분이었습니다. 그런데 그 분이 나와 교제가 깊어지면서 어느 날인가 지나가는 말처럼 내게 한마디를 하였습니다. "인생은 혼자 사는 것이 아니더라구요. 사람은 혼자 살도록 지어진 것이 아니에요. 나는 그것을 너무나 늦게 알았어요! 내가 인생에 대하여 그렇게 자신만만하던 그 젊은 시절에 이 사실을 알았더라면 나도 절대로 평생을 혼자 사는 길을 택하지는 않았을 거예요"

십년도 더 연하인 내 앞에서 눈물을 글썽이며 속마음을 털어 놓는 그분의 말씀을 들으며, 나는 많은 생각을 하였습니다. 헤어지면서 내가 한 마디 하였습니다. "혹시 제가 더 오래 남아있게 되고, 선생님께서 저보다 먼저 천국에 가시게 되면, 제가 뒤치다꺼리는 다 해드릴께요." 나는 그렇게 말하면서도 속으로는 가슴이 뜨끔하였습니다. 그분의 자존심을 건드리는 위험한 말을 경솔하게 쏟았다는 생각이 들었기 때문이었습니다. 그러나 뜻 밖에도 나의 그 말에 그 분은 눈물을 흘리며 고마워했습니다. 다시 한 말씀을 드렸습니다. "앞으로 걱정하지 말고 사세요. 저희 부부가 평생 친구가 되어드릴께요." 나의 따뜻한 한 마디가 그분에게는 십 수 년 동안 해온 기도의 응답이었다 하였습니다. 겉으로는 그렇게 당당하였어도, 마음 한 구석에는 혼자 사는 삶이 가져다주는 왠지 모를 외로움이 벌써 오래전부터 둥지를 틀고 있었던 게 분명해 보였습니다.

그 어른의 말씀처럼 사람은 혼자 살도록 지어지지 않았습니다. 그러나 이 "혼자"라는 말이 단지 혈육이나 가정이 없이 혈혈단신으로 사는 것만을 말하는 것은 아닙니다. 가만히 살펴보면, 친구도 많고, 가족도 많고, 교인도 많은데 마치 혼자인 것처럼 사는 사람들이 있습니다. 스스로 다른 사람과의 관계를 차단하고 혼자서 "당당하게(?)" 사는 것입니다. 그런가하면 본인이 원하는 것은 아닌데도 주위에 있는 사람들이 그를 혼자이도록 버려두는 바람에 고군분투하며 외롭게 사는 사람도 있습니다. 다른 사람에게 관심도 없고, 책임감도 없고, 동질감도 없이 마냥 자기 자신만을 생각하면서 사는 것은 잘못입니다. 사람은 그렇게 지어지지 않았습니다. 남편이 남처럼 느껴지는 외로운 아내들이 있고, 아내가 생전 처음 만나는 사람처럼 낯설게 느껴지는 남편들이 있다 합니다. 같은 집안에 살면서도 부모는 부모대로 배신감과 소외감을 느끼며 세상에 자기 혼자인 것 같아서 외롭고, 자식은 자식대로 버림받은 것 같아서 삶이 서럽고 버거운 사람들이 있다 합니다. 그 오랜 세월을 한 교회에서 지내면서도 줄 것도 없고 받을 것도 없이 사는 이들이 있습니다. 너는 너 살고 나는 나 살고, 네 것 너 먹고 내 것 나 먹는 식으로 제각각 혼자서 살아서는 안된다는 생각을 왜 안하는지 때로는 마냥 답답합니다.

"서로 돌아보아 사랑과 선행을 격려하며 모이기를 폐하는 어떤 사람들의 습관과 같이 하지 말고 오직 권하여 그 날이 가까움을 볼수록 더욱 그리하자."(4:24-25). 혼자 살 수 없는 세상을 혼자 살려고 하지 말고 함께 살라는 말씀입니다. 그러기에 그 짧은 문장을 온통 "서로 돌아봄", "격려함", "함께 모임", "(서로)

권함" 등의 말로 채웠을 것입니다. 이 말들은 서로의 관계를 중요하게 다루는 말들입니다. 이 말씀은 앞부분에서는 돌아보라는 말로, 뒷부분에서는 모이기를 힘쓰라는 말로 주축을 삼고 있습니다. "돌아봄"의 구체적인 내용은 다른 지체의 필요를 알아보는 사랑과 그것을 채워주는 행동을 격려하는 것이고(24절), "모이기를 힘씀"은 서로 협력하고 위로하고 격려를 주고받는 기회를 잃어버리지 않도록 하기 위하여 함께 모이는 것을 힘쓰는 것입니다(25절). "그 날" 곧 주님이 오실 그날이 점점 가까워오고 있음을 알고 사는 이 시대의 우리 신자들에게는 이 말씀이야말로 가장 절실한 권면입니다.

우리 신자들은 주님이 주신 약속을 붙잡고(23절), 주님의 오심을 기다리며 살아야 하는(25절) 사람들입니다. 그러므로 본문은 신자들이 혼자 살 수 없는 세상을 혼자 살려하는 것은 단순히 외로움의 문제가 아니라, 불신앙의 문제라는 사실을 지적하고 있는 것입니다.

히브리서 10:24-25

도덕성 회복과
신앙 회복

한국사회 안에는 이미 반기독교운동을 조직적으로 강력하게 펼치는 그룹들이 일어나고 있습니다. 그리고 이제는 교회 밖의 시민단체들이 교회를 개혁하겠다고 소리를 높이는 상황이 전개되고 있습니다. 그런데 이 나라에서 확산되고 있는 조직적이고 과격한 반기독교적인 운동들이 한국기독교를 비난하면서 내세우는 문제점은 대부분 윤리적, 도덕적인 문제에 집중되어 있습니다. 그들의 비난의 요지는 교회는 신앙단체이기 때문에 일반 세상의 단체들보다 훨씬 더 높고 고상한 도덕수준을 보여주어야 한다는 요구가 아닙니다. 불신세상이 기본적으로 갖추어야 하는 윤리적, 도덕적 수준에도 못미치는 집단이라는 것이 교회에 대한 그들의 불만이고 분노입니다. 이러한 현상은 그동안 한국 기독교인들이 불신 사회에 대하여 보여준 윤리적 실패로부터 기인했다는 점에서 그리스도인들에게 우선적인 책임이 있는 것이 사실입니다. 말하자면, 신자들이 신자가 아닌 것처럼 살고, 상당수의 교회들이 교회가 아닌 것처럼 처신을 해온 결과인 것입니다.

이러한 참담한 현상이 계속되면서 교회를 염려하는 의식 있는 지도자들과 단체들이 한국교회의 도덕성 회복을 위하여 여러 형태의 운동을 펼치고 있기도 합니다. 교회재정의 투명한 운영, 목회세습반대, 구제활동의 확대, 사회복지를 위한 적극적 참여, 교회운영의 민주적 방식도입 등등 다양한 운동들이 펼쳐지고 있습니다. 그리고 이러한 운동들은 모두 한국기독교가 도덕적으로 그리고 윤리적으로 세상의 인정을 받을 만큼 회복되어야 한다는 절박한 현실인식을 바탕에 깔고 있습니다.

그러나 도덕성을 갖추고 사회적 효용성을 충족시키는 특정의 행동양식들을 실천하는 것에 궁극적인 관심이 모아지는 것은 신앙단체인 교회에 또 다른 치명적인 문제를 일으킬 위험이 있음을 알아야합니다. 교회는 단순히 도덕수준이 높은 단체나 혹은 사회구호단체에 머물러서는 안되기 때문입니다. 사실 오늘날의 교회가 도덕적으로 이렇게 비난을 받게 된 근본 원인이 무엇인가를 따지고 들어가 보면, 그것은 그동안 한국교회 신자들의 신앙생활이 잘못된 결과라는 결론에 이르게 됩니다. 신자답게 살지 않고, 교회답게 행동하지 않아서 벌어진 현상인 것입니다. 신앙생활을 제대로 한다면 반드시 도덕성이 뛰어나게 되고, 구제활동이 활발하게 됩니다. 그러나 도덕성이 뛰어나고 구제활동이 활발하게 되면 그것이 교회가 되는 것은 아닙니다. 그러므로 본질과 외형을 분별하는 지혜가 필요하고, 외형이 아니라, 그 외형을 만들어내는 본질을 회복하는 운동이 필요합니다. 교회는 건전하고 민주적인 비영리단체가 되는 것만으로는 부족합니다. 물론 그 정도도 되지 못하여 세상으로부터 질타를 받고 있는 현실이 부끄럽기는 합니다.

출애굽기 1장의 히브리 산파들의 이야기는 이 문제와 관련하여 매우 중요한 사실을 시사하고 있습니다. 히브리 산파들은 이스라엘 여자들에게서 남자 아이들이 태어나면 즉시 죽이라는 애굽 왕 바로의 명령을 받았습니다(15~16절). 그러나 그들은 태어나는 아이들을 죽이지 않았습니다. 히브리산파들이 생명의 위험을 무릅쓰면서까지 왕명을 어기고 남자 아이들을 죽이지 않은 것은 그들이 휴머니스트이어서가 아니었습니다. 생명에 대한 경외심 때문도 아니었습니다. 하나님을 경외하기 때문이었습니다(17절, 21절). 그러므로 하나님은 그들에게 은혜를 베푸시고, 그들의 집을 번성케 하셨습니다(20~21절). 그들이 생명을 죽이지 않았기 때문이 아니었습니다. 하나님을 경외하기 때문이었습니다.

이 사건이 일관되게 우리가 주목하도록 요구하는 것은 분명합니다. 산파들은 하나님을 경외하는 사람답게 사느라고 왕명을 어기는 위험을 감수하면서도 남자아이들을 죽이지 않았고, 그들의 그러한 행동에 대하여 하나님께서 복을 주셨다는 사실입니다. 하나님이 그들에게 복을 주신 것은 생명을 죽이지 않은 것에 대한 반응이 아니라, 하나님을 경외한 것에 대한 반응이었습니다. 그리고 그들이 생명을 죽일 수 없었던 것은 하나님을 경외하는 삶을 살아야 한다는 신앙이 만들어낸 결과였습니다. 히브리 산파들에게 남자 아이들을 죽이고 살리는 것은 도덕성이나 인간존중의 문제가 아니라 바로 신앙의 문제였다고 강조하고 있는 셈입니다. 요셉이 보디발의 아내의 유혹에 말려들지 않은 것도 그의 높은 도덕성 때문이 아니었습니다. 하나님께 죄를 범하지 않아야 한다는 그의 신앙의 발로에서 온 결과라는 것이 창세기 39장의 선언입니다(9절). 외형이 같으면 본질도 언제나 같은 것이 아닙니다.

한국교회는 도덕성이 없어서 문제가 아니라, 신앙이 없어서 문제입니다. 신앙대로 살지 않아서 문제입니다. 다시 말하면 신앙이 잘못된 것입니다. 신앙이 잘못되니 그 결과로 도덕성을 잃게 된 것입니다. 그러므로 한국교회가 전개해야 할 가장 시급한 운동은 신앙 회복 운동입니다. 도덕성 회복에 궁극적 목적을 두면 교회는 마침내 수준 높은 도덕단체가 될 수 있을 것입니다. 사회구호를 궁극적 목적으로 삼으면 교회는 자기희생적인 복지단체가 될 수 있을 것입니다. 그러나 교회는 무엇보다 신앙단체가 되어야 합니다. 그것이 본질입니다. 신앙과 도덕적 행위를 분리시켜서 행위는 중요한 게 아니라는 이원론을 주장하는 것이 아닙니다. 교회가 높은 수준의 도덕성을 갖추는 것이 별 것 아니라는 주장이 아닙니다. 교회가 사회 복지와 구제에 힘쓰는 것이 중요하지 않다는 주장도 아닙니다. 왜 행위를 해야 하며, 그것들이 무엇으로부터 나오는 것이어야 하는가를 분명히 하자는 뜻입니다. 그리고 그 행위들을 만들어내는 그것을 회복하는 데 주력하자는 제안입니다.

한국교회에 시급한 것은 신앙의 본질을 회복하는 일입니다. 신앙이란 무엇인가를 다시 정립하고, 신앙인은 어떤 경우에도 신앙대로 사는 것을 회복하는 운동에 관심이 집중되어야 합니다. 한 마디로 하면, 예수 제대로 믿자는 것입니다. 제대로 된 신앙생활은 높은 수준의 도덕성과 자기희생적 나눔을 수반하게 될 것입니다.

출애굽기 1:15-21

140

한국교회는
핍박 받고 있는가?

한국 교회는 신자의 수도, 대사회적 영향력도 급격히 하락하고 있습니다. 이런 점에서 한국교회는 위기에 빠져있다는 것은 교회 안팎의 모든 사람들이 드러내놓고 하는 말이기도 합니다. 그러나 지금 한국 교회가 직면하고 있는 진정한 위기는 단순히 사회로부터 외면당하는 정도에서 그치지 않습니다. 한국사회 안에는 이미 반기독교운동을 조직적으로 강력하게 펼치는 그룹들이 일어나고 있습니다. 그리고 교회 밖의 시민단체들이 교회를 개혁하겠다고 소리를 높이는 상황이기도 합니다. 그야말로 교회와 교회의 주인이신 하나님께서 능욕을 당하고 있다고 해도 과언이 아닙니다. 단체들만이 아니라, 개인들도 틈새만 보이면 기독교를 비방하고, 멸시하고, 헐뜯을 뿐만 아니라, 때로는 교회에 대한 적대적인 행동들을 취하기도 합니다.

교회에 대하여 돌변해버린 이와 같은 정치사회적 현실에 대하여 많은 그리스도인들은 한국 교회가 핍박을 받고 있다고 분개하기도 합니다. 물론 그런 면이 없지 않습니다. 그러나 지금 한국 교회가 이 사회로부터 받고 있는 이러한 적대감의 근원을 살펴보면 이러한 현상을 통틀어서 핍박이라고 치부해버리기 어렵습니다. 이 나라에서 확산되고 있는 조직적이고 과격한 반기독교적인 운동들은 다분히 그동안 한국 기독교인들이 불신 사회에 대하여 보여준 윤리적 실패가 큰 원인입니다. 말하자면, 신자들이 신자가 아닌 것처럼 살고, 교회들이 교회가 아닌 것처럼 처신해온 것에 대한 세상의 실망과 분노의 표현이라는 것을 부인할 수 없는 것입니다. 그런 점에서 그리스도인들에게 우선적인 책임이 있는 것이 사실입니다. 저들의 이러한 실망과 분노는 어떤 점에서는 자연스러운 것이기도 합니다.

출애굽 3개월이 되었을 때였습니다. 하나님은 이스라엘이 다른 열국과 어떻게 본질적으로 다른가를 공식적으로 선포하셨습니다(출 19:4-6). 온 세계가 다 하나님께 속하였지만, 이스라엘은 열국 가운데서도 하나님의 보물과 같은 존재요, 이스라엘이야말로 하나님께 대한 (다른 열국을 위한) 제사장 나라요, 이스라엘이야 말로 다른 열국과는 구별되는 거룩한 나라라는 공식적인 선언이었습니다. 본문은 얼핏 보아 하나님과 이스라엘 백성 사이에서 이루어지는 선언이지만, 사실은 세상 모든 열국을 향한 공표이기도 하였습니다. 그리고 그 내용은 한 마디로, "내 백성 이스라엘은 그 존재와 삶의 수준과 역할에 있어서 너희 열국들과는 본질적으로 다르다!"는 선언입니다. 이스라엘 편에서는 하나님의 사랑일 테지만, 열국 편에서 보면 하나님의 차별대우일 것입니다. 사도 베드로는 이 내용을 우리 신자들에게로 그대로 옮겨서 우리가 바로 그 이스라엘이라고 적용하였습니다(벧전 2:9).

그러므로 열국과 불신 세상은 자기들은 태생적인 한계로 살아낼 수 없는 삶을 멋지게 살아내는 모습과 자기들은 도달할 수 없는 높은 수준의 거룩한 모습을 이스라엘에게서 보고 싶은 기대를 갖는 것이 당연하게 되었습니다. 하나님의 보배로운 백성이라 불리며 열국 앞에서 구분이 된 이 백성이 그 기대를 충족시켜주지 못할 때 실망하고 분노하는 것은 어쩌면 그들의 당연한 권리가 된 것입니다. 자신들은 그렇게 살기 때문이 아닙니다. 하나님께서 "내 백성은 너희들과 다르다"고 그렇게 차별하여 구별하셨기 때문입니다. 이것은 오늘날 신자들에게도 그리고 교회에도 그대로 적용되는 사실입니다. 세상은 기대를 갖게 되고, 교회는 기대에 부응할 책임을 지는 것입니다. 그리고 신자들과 교회에게서 그 기대가 무너졌을 때 당연히 실망하고, 분노하고, 책임을 추궁하는 것입니다.

지금은 여러 사찰이 아예 기도정가표를 붙여놓고 대신 기도 해주고 돈을 받고 있습니다. 일일 기도는 만원, 일박 철야기도 는 3만원, 수험생기도는 12만원 하는 식입니다. 만약 어느 교회 가 이렇게 기도 정가표를 붙여놓고 목사가 기도를 해준다면 온 나라가 난리가 날 것입니다. 그러나 사찰들이 그렇게 하는 것에 대하여는 아무 말이 없습니다. 그것은 이 사회가 교회를 핍박하 기 때문이 아닙니다. 불교에 대한 종교편향도 아닙니다. "다른 종교는 다 그렇게 해도 너희 기독교는 그런 수준의 종교가 되지 말아달라"는 기대입니다. 기독교는 그런 수준의 종교이어서는 안된다는 신뢰와 기독교의 수준에 대한 기대감의 표출입니다.

한국 기독교는 핍박받고 있다기 보다는 비난 받고 있습니다. 그 비난의 근저에는 적대감보다는 우리의 신자답지 않음과 교 회답지 않음에 대한 실망감에서 오는 분노가 자리하고 있습니 다. 그러므로 세상이 우리를 핍박하므로 우리도 순교의 각오로 뭉치고 대적하여 저들을 무찔러서 이 위기를 극복하려고 해서 는 안됩니다. 세상의 반기독교적 압박에 맞서서 투쟁하기 위하 여 뭉치기 전에, 먼저 우리 자신을 새롭게 해야 합니다. 그리고 이 새롭게함의 초점은 신자답게 사는 모습, 교회답게 처신하는 모습을 세상에게 보여주는 것에 맞추어져야 합니다. 신자답게 사는 모습과 교회다운 처신의 핵심은 이 사회의 주류세력이 되고 싶은 야망과 부와 번영에 대한 집착을 버리는 것입니다. 그리고 고난과 가난, 소외와 모욕에 시달릴지라도 믿는 대로, 고백하는 대로 살아가는 것입니다. 옛날 안디옥에서 그러했던 것처럼, 이 사회가 저절로 우리를 "그리스도인"이라고 부르며 스스로 구별 지어줄 때까지 예수님의 말씀대로 신앙생활을 제대로 하는 것입니다.

출애굽기 19:4-6

혼돈의 시대

지금 이 나라에서는 간통이 실정법상 죄가 아닙니다. 개인의 자유를 보장한다는 이름으로 두 남녀의 불륜을 허용하느라 훨씬 더 많은 사람들을 고통 속으로 몰아넣는 후유증을 지금 여기 저기서 우리는 목격하고 있습니다. 오래지 않아, 한 사람의 간통은 그에 분노한 상대방의 맞불간통을 유발하고, 결국 간통이 보편적 문화가 되어버리는 때가 오지 않을까 걱정이 됩니다.

수년 전, 간통죄 문제를 놓고 열띤 토론이 벌어지고 있던 때였습니다. 법이 이불 속까지 들어와서 간섭을 해서는 안된다며 현직판사가 간통죄를 놓고 헌법소원을 냈단 말을 들었습니다. 간통을 죄라고 한 현행법은 헌법위배라는 것이 그 사람의 주장이었습니다. 그리고 며칠 있다가 간통죄는 정당한가를 주제로 밤늦게 벌어진 TV 토론에서 거침없는 말재주로 열변을 토하는 한 여인의 모습을 보았습니다. 개인위주의 삶으로 나아가는 것은 현대사회의 추세이고, 현대인에게는 무엇보다도 사랑이 가장 중요한 문제가 되는데, 단순히 가정의 일체감을 유지하기 위해서라는 명분을 내세워 간통죄라는 수단으로 그 사랑을 억압하고, 그 사랑을 누리지 못하도록 여자에게 희생을 강요하는 것은 현대사회의 흐름을 거스르는 것이라는 것이 대충의 논리였습니다.

그 이야기를 들으면서 나는 그냥 단순하게 그 여인에게 묻고 싶었습니다. 당신의 배우자가 다른 사람과 그 짓을 하고 다녀도 그렇게 여유 있고, 그렇게 철학적인 냉정한 논리로 포용할 수 있겠느냐고. 당신의 며느리가 당신의 아들이 아닌 다른 남자와 간통을 해도, "그것은 너의 권리니까 잘했다!" 할 수 있고, 당신의 딸이 당신의 사위가 아닌 다른 남자와 은밀히 몸을 섞으며 지내도 "현대사회의 흐름을 따라 사는 자랑스러운 내 딸"이라고 할거냐고. 당신의 배우자가 그래서는 안되고, 당신의 며느리가 그러는 것은 견디기 힘들 거고, 당신의 딸이 그러는 것은 용납 못할 것이면, 다른 사람도 그렇지 않겠느냐고 묻고 싶었습니다.

그러면서 문득, 30년도 더 오래전에 우리 모두의 정신적 지주로서 존경을 받으시던 연로한 교수님께서 강의실에서 수시로 하셨던 성경 말씀이 한 구절 떠올랐습니다. "만물보다 거짓되고 심히 부패한 것은 (사람의) 마음이라. 누가 능히 이를 알리요마는 나 여호와는 심장을 살피며 폐부를 시험하고 각각 그의 행위와 그의 행실대로 보응하나니…"(렘 17:9, 10). 이 말씀은, 인간 자체가 얼마나 거짓되고 부패한 존재인가를 정직하게 인정하고 우리 자신의 생각과 행실을 삶의 기준으로 삼아서는 안된다는 경고였습니다. 인간은 하나님 앞에서 살고 있는 존재임을 의식하고 두려움으로 하루하루의 삶을 살라는 요구입니다. 결국 하나님과의 관계를 삶의 중요한 기준으로 삼고 살라는 것입니다. 나는 이 말씀을 생각하면서 법이 이불 속까지 들어와서 간섭하는 것은 안된다고 했다는 그 판사가 생각났습니다. 하나님의 법은 이불 속이 아니라 사람의 마음속까지 간섭을 하고, 사람과 사람 사이의 신뢰를 지키는 것은 한 사람의 탈선한 이기심을 성취하는 것보다 더 중요한 것이란 말을 해주고 싶었습니다.

그러나 곰곰 생각해보면 그 판사나, 그 여인이 내세운 것과 같은 논리를 내세우며 인생을 살아가려는 사람이 드문 것도 아닙니다. 그러한 원리가 주장되는 것이 유독 그 문제에만 국한되어 있는 것도 아닙니다. 그들의 태도는 어쩌면 이 시대의 시대정신이라고 할 만큼 많은 사람들에게 보편화 되어 있습니다. 그러한 삶의 원리는 이 시대의 삶의 거의 모든 영역을 지배하고 있다고 할 만큼 강력하기도 합니다. 상대주의라는 이름으로, 편의주의라는 이름으로, 실용주의라는 이름으로, 다원주의라는 이름으로, 그리고 자기만족 최우선이라는 명목으로 거의 모든 사람을, 거의 모든 영역에 걸쳐 지배하고 있습니다. 이러한 흐름이 초래하는 현상은 "혼돈"입니다. 가치관의 혼돈, 인생관의 혼돈, 세계관의 혼돈, 인간관계의 혼돈, 신앙의 혼돈… 그리고 삶 자체와 자기 정체성의 혼돈입니다.

결국 각각 제 소견에 옳은 것이 최고의 삶의 기준이 되고, 그것을 추구하는 것이 최선의 삶의 원리가 되는 혼돈입니다. 이러한 시대 상황 속에서 우리에게 결국 남는 질문은, "이 혼돈의 시대에 우리는 무엇을 기준으로 삼고, 무엇을 최고의 원리로 삼고 살아갈 것인가?" 하는 것입니다. "너희는 이 세대를 본받지 말고 오직 마음을 새롭게 함으로 변화를 받아 하나님의 선하시고 기뻐하시고 온전하신 뜻이 무엇인지 분별하도록 하라"(롬 12:2)는 사도 바울의 말씀은 어쩌면 이러한 혼돈의 시대를 살아야 할 우리를 내다보며 하신 말씀일지도 모릅니다.

불순종의 시대

신앙생활을 하다보면 때로는 하나님께서 하시는 일이 참 답답하다는 생각이 들 때가 있곤 합니다. 어느 때는 하나님께서 우리만큼도 세상 물정을 모르시는 것 같다는 불만이 터져나오려 하기도 합니다. 그래서 하나님이 서운하고 야속하고 그러다가 원망스러워지기도 합니다. "하나님이 안계시는 것 같아요. 혹시 계신다하여도 저를 사랑하지 않는 것만은 확실해요. 그래서 이제 교회 그만 다니려고요!" 목회하는 동안 이런 종류의 말을 가끔씩 듣곤 하였습니다. 그들의 불신앙이 아니라, 현실에서 당하는 일을 놓고 하나님께 대하여 느끼는 서운함과 아픔의 표현이었습니다. 어떤 경우에 어떤 말씀들은 받아들이기가 참 어렵고, 어떤 요구들은 순종하고 따르기가 참 힘이듭니다. 상황이

150

이렇게 혹독한데… 순종이란 도대체 무엇인가, 왜 순종을 해야만 하는 것인가, 이런저런 혼란스런 의문에 휩싸이기도 합니다. 더욱이 자기 소견에 옳은 것을 자기 행동 결정의 최우선의 기준으로 삼고 살아가는 것에 익숙해 있는 이 불순종의 시대에는 더욱 그러합니다.

사마리아 땅에서 유대인이 전하는 복음이 받아들여지고 있다는 사실은 물론, 그 복음이 마치 불을 붙인 듯 왕성하게 확장되고 있다는 것은 그야말로 기적이었습니다. 사마리아에서 놀랍게 복음이 확장하는 역사의 선두에 빌립이 있었습니다. 그런데 어느 날 빌립에게 주의 사자가 나타나서 새로운 지시를 내렸습니다. "일어나서 남으로 향하여 예루살렘에서 가사로 내려가는 길까지 가라!" 마치 약도를 손에 쥐어주듯이 지명을 언급하며 사마리아를 떠나서 새로운 곳으로 가라는 그 길은 알고 보니 광야였습니다. 복음은 사람이 있는 곳을 찾아가야 한다는 것은 상식 중의 상식입니다. 그런데 불길처럼 복음이 확장되고 있는 황금어장 같은 현장을 버리고 사람이 없는 광야로 가라는 어처구니없는 명령이 주어진 것입니다. 더욱이 빌립에게 주어진 주의 명령은 가사를 향하여 가라는 방향지시만 있지, 목적지가 어디인지, 가서 무엇을 해야 하는지는 한마디도 없는 참으로 막연한 지시였습니다.

그러나 빌립은 일어나 그 길을 가고 있습니다(행 8:27). 이해할수도 없고, 납득할 수도 없고, 합리적이지도 않고, 효율적이지도 않은 이 명령, 전혀 현실적이지 않아 보이는 바보스러워 보이는 그 명령에 빌립은 순종하고 있는 것입니다. 이 사건을 통하여 본문이 우리에게 하고자 하는 말은 분명합니다. 그리스도인의 순종은 우리에게 주어진 말씀의 내용의 합리성과, 타당성에 근거하는 것이 아니고, 그 말씀을 하시는 그분에 대한 신뢰에 근거한 것이라는 말입니다. 그 말 자체는 이해할 수 없고, 납득할 수 없고, 나만큼도 세상 이치를 모르고 하는 어이없는 말임에도 불구하고 그 말씀을 하시는 그 분에 대한 절대적인 신뢰때문에 그냥 그대로 따라버리기로 작정을 하는 것이 순종이라는 것을 생생하게 보여주고자 하는 것입니다.

순종하여 어리석게도 황금어장을 버리고 광야로 길을 떠난그는 그곳에서 사람 하나를 만나게 되었습니다. 그러나 그는 알고 보니 단순히 사람 하나가 아니었습니다. 이디오피아라는 국가 하나가 거기 가고 있는 셈이었습니다. 그는 이디오피아라는거대한 국가의 제2인자였습니다. 빌립은 성령의 지시를 따라그에게 복음을 전하고 세례까지 주었습니다. 이 내시가 이디오피아에 돌아가서 무엇을 하였을까는 자명합니다. 이 권력자가소위 "이디오피아 복음화"에 앞장섰을 것은 의심의 여지가 없습니다. 그리고 이디오피아에 퍼지기 시작한 복음이 국경을 넘어 아프리카의 다른 지역에까지 확산되어 갔을 것은 불을 보듯 확실한 일입니다. 지금도 심지어 남부 아프리카에 있는 흑인 부족 가운데는 자기들이 크리스천이라는 표현을 "우리는 이디오피아인"이라고 말하는 사람들이 있습니다. 이디오피아 출신이라는 말이 아니라, 이디오피아에서 온 복음을 믿는 사람이라는 의미로 그렇게 말하는 것입니다. 순종해놓고 보니 결국 빌립은 어리석게도 사마리아의 황금어장을 버리고 광야 길로 간 것이 아니었습니다. 사마리아라는 한 동네를 놓고 아프리카라는 대륙을 얻은 것이나 마찬가지였습니다. 이것이 순종의 능력이고 순종의 결과인 것을 이 사건은 암시하고 있습니다.

모두가 자기 소견에 옳은 것을 최고의 판단기준으로 삼고 살아가는 이 불순종의 시대에 우리 신자들이 기억할 것은 이것입니다. 주시는 말씀의 내용이 납득이 되어서가 아니라, 그 말씀을 하시는 그 분에 대한 절대적인 신뢰 때문에 그냥 그대로 하기로 하는 것 그것이 순종입니다. 그 순종으로 평생을 살다가 얼굴과 얼굴로 우리 주님을 만났으면 좋겠습니다.

사도행전 8:26-40

투자와 헌신

투자와 헌신은 무엇인가를 위하여, 혹은 누군가를 위하여 나를 희생한다는 점에서 외형은 동일합니다. 그러나 투자와 헌신은 같은 것이 아닙니다. 반대급부를 전제로 한 희생을 투자라 합니다. 그러나 반대급부에 대한 전제가 없이 자기를 희생하는 것을 헌신이라 합니다. 되돌려 받을 대가를 전제하지 않고 누군가를 위하여 나를 희생할 수 있는 것은 그를 사랑하기 때문입니다. 그 대상을 사랑할 때에만 우리는 아무런 조건 없이 그를 위하여 나의 귀한 것을 선뜻 내어놓을 수 있습니다. 그러므로 투자에는 희생에 대한 반대급부가 전제되어 있고, 헌신에는 상대방에 대한 사랑이 전제되어 있습니다.

예를 들어, 유난히 높은 이자를 주는 은행이 있어서 나의 모든 쓸 것을 포기하며 돈을 마련하고, 심지어 남에게 빚을 얻어서 까지 그 은행에 돈을 갖다 줄 수 있습니다. 그러나 그런 경우 아무도 나를 가리켜 그 은행을 위하여 크게 헌신 했다고 말하지 않습니다. 투자를 잘했다고 말합니다. 높은 이자를 받겠다는 전제 아래 이루어진 일시적인 나의 희생이기 때문입니다. 그러나 자식을 공부시키기 위하여 먹는 것과 입는 것을 절약할 뿐 아니라, 심지어 식당에 나가서 힘들게 일하여 자식의 학비를 대는 어머니를 가리켜 투자를 잘한다고 말하는 사람은 없습니다. 자식을 위한 부모의 헌신이라고 말합니다.

아브라함은 나이 75세가 되어서 난생 처음으로 하나님을 만났습니다. 그리고 25년이 지나서야 평생의 소원 한 가지를 응답받았습니다. 아들 이삭을 얻은 것입니다. 그리고 20년 가까운 세월이 흘렀을 때, 그러니까 하나님을 처음 만나고 45년 가까운 세월이 흐른 어느 날 하나님께서 아브라함을 부르며 찾아오셨습니다. 아브라함을 "시험"하시려고 찾아오셨습니다(창 22:1). 하나님은 아브라함에게서 확인하고 싶으신 것이 있었던 것입니다. 사랑하는 아들 독자 이삭을 번제로 내놓으라는 하나님의 요구가 아브라함에게 떨어졌습니다. 숱한 고민과 번민, 그리고 혼란과 방황이 있었을 것입니다. 하지만 아브라함은 마침내 하나님의 말씀대로 따르기로 최종 결론을 내립니다. 이삭을 데리고 사흘 길을 걸어 정해진 산으로 가서 손발을 묶어서 나무 단 위에 올려놓았습니다. 그리고 그를 죽이기 위하여 칼을 들고 손을 내려쳤습니다. 그 순간 "아브라함아, 아브라함아!" 하나님께서 급히 아브라함을 부르며 나타나셨습니다. "그 아이에게 네 손을 대지 말라. 그 아이에게 아무 일도 하지 말라!" 그의 손을 낚아 채듯 멈추게 하셨습니다. 그리고 하나님은 이 사건을 통하여 아브라함에게서 확인하신 것이 무엇인지를 두 번씩 반복하며 밝히셨습니다(12, 16절). "너는 네 아들 네 독자라도 내게 아끼지 아니하는 사람"이라는 것이었습니다. 그리고 하나님은 감격에 차서 자기 자신을 가리켜 맹세하시면서 까지 아브라함에게 복을 약속하셨습니다(16-18절, 히 6:13-14).

하나님께서 아브라함에 대하여 내리신 결론대로 하면 아브라함은 자기의 가장 귀한 것도 아끼지 않고 하나님께 드리는 사람이었습니다. 한 마디로 하면 그는 헌신의 사람이었던 것입니다. 이 사건으로 그는 하나님께 큰 복을 받았습니다. 그러나 복을 받기 위하여 그렇게 한 것은 아니었습니다. 그는 투자를 한 것이 아니고, 헌신을 한 것이었습니다. 하나님은 그의 헌신을 확인하시고 그에게 복을 약속하신 것입니다. 다니엘의 친구들이 하나님께서 풀무불에서 건져내주지 않으셔도 여전히 하나님 편에 서서 죽을 것이었듯이, 아브라함도 하나님께서 복을 주시지 않아도 여전히 이삭을 아끼지 아니하고 하나님께 드릴 것이었습니다. 이러한 헌신의 가장 깊은 바닥에는 하나님에 대한 사랑이 둥지를 틀고 있습니다. 헌신은 사랑이 만들어내는 열매입니다. 하나님께서는 우리의 헌신을 그렇게 귀하게 여기시고 흥분을 하시며 좋아하십니다. 우리의 헌신으로 하나님께서 어떤 도움을 받으시기 때문이 아닙니다. 하나님께는 우리의 어떤 도움도 필요하지 않습니다. 그런데도 하나님께서 우리의 헌신을 그렇게 기뻐하시는 것은, 그것을 통하여 우리가 하나님을 그렇게나 사랑한다는 것을 확인하시기 때문입니다.

무속신앙에서는 언제나 자기가 받을 대가에 대한 전제가 행동의 원리가 됩니다. 그러므로 내가 무엇인가 희생을 하는 것은 신을 감동시켜 나의 원하는 바를 얻어내기 위한 투자심리에서 나올 뿐입니다. 우리의 신앙이 무속신앙과 본질적으로 다른 것은, 우리의 신앙은 언제나 하나님에 대한 사랑의 표현이 행동의 원리가 된다는 점입니다. 그리고 그 행동은 언제나 나를 아끼지 아니하고 드리는 헌신의 모습으로 나타납니다. 그런데도 오늘날 교회 안에 헌신의 간판을 단 투자가 편만합니다. 교회 안에 무속신앙이 판을 친다는 비판을 듣는 것은 부끄러울 뿐 아니라, 두려운 일이기도 합니다. 그것은 하나님을 사랑하는 것이 아니라, 하나님을 이용해먹으려는 심리에서 나오는 행동이기 때문입니다.

창세기 22:16-18

열심히 기도하는 이유

기도를 열심히, 그리고 많이 해야 한다는 것은 신앙인이면 누구나 아는 일입니다. 그리고 누구나 사모하는 일이기도 합니다. 사실 우리 신앙인들이 기도를 열심히, 그리고 많이 하는 것은 아주 중요한 일이기도 합니다. 새벽기도 하는 것을 그렇게 힘들어 하는 부교역자들에게 나는 가끔 이렇게 말하곤 하였습니다. "하늘의 별을 따오는 재주를 가졌어도, 나는 기도하지 않는 사람은 신뢰하지 않습니다. 기도 없이 하는 모든 일들은 그것이 하늘의 별을 따오는 뛰어난 일이라 할지라도 결국은 헛것이 되고 말기 때문입니다."

그러나 기도를 많이 하거나 혹은 열심히 하는 것 자체가 공은 아닙니다. 그리고 기도를 많이 하는 것 자체가 목적인 것도 아닙니다. 더욱이, 지성이면 감천이라는 원리를 신봉하여 우리의 지성을 쌓기 위한 수단으로 기도를 열심히 하는 것도 아닙니다. 기도가 중요한 것은, 그것 자체가 하나님과의 인격적인 교제요, 하나님에 대한 전적인 신뢰요, 하나님에 대한 철저한 의탁의 방식이기 때문입니다. 그런데도 우리는 자신도 모르는 사이에 우리가 기도를 이렇게 열심히 하고 있다는 사실 자체가 목적인 것처럼 기도를 할 때가 있습니다. 심지어는 단순히 우리의 마음을 통쾌하게 하기 위한 스트레스 해소용으로 기도를 그렇게 열심히 하는 경우가 있기도 합니다.

야고보를 칼로 죽인 헤롯이 이번에는 베드로를 죽이려고 잡아 가두자, 교인들은 마리아의 집에 모여들었습니다. 그리고 베드로를 위하여 간절히 하나님께 기도하기를 시작하였습니다(행 12:5). "그를 위하여 간절히 하나님께 빌었다"는 말은 틀림없이 베드로를 무사히 돌아오게 해주시기를 간절하게 기도하였다는 말일 것입니다. 천사의 기적적인 역사로 베드로는 그 살벌한 경계를 유유히 벗어나 감옥에서 이끌려 나왔습니다. 당연히 베드로는 온 교회가 기도하고 있는 마리아의 집으로 갔습니다. 마리아의 집에서는 여러 사람이 기도에 열중하고 있었습니다(12절). 베드로가 대문을 두드리는 소리를 로데라는 여자 아이가 들었습니다. 로데는 문을 두드린 사람이 베드로라는 사실을 그의 음성을 듣고 확인하고는 문도 미처 열지 못하고 집 안으로 달려들어갔습니다. 그리고 외쳐댔습니다. 베드로가 돌아왔다고. 베드로가 살아 돌아와서 문 밖에 있다고(14절).

로데로부터 베드로가 살아 돌아왔다는 말을 전해들은 집 안의 열렬한 기도꾼들은 로데를 가리켜 미쳤다고 하면서 그의 말을 믿지 않습니다(15절). 그들의 기도가 응답되었음을 확인시켜주는 사람에게 그럴 리가 없다며 오히려 미쳤다고 비방한 것입니다. 문밖에 서 있는 돌아온 베드로의 음성을 직접 들은 로데는 참말이라며 열심히 그들에게 말합니다. 베드로의 안전귀환을 위하여 그렇게 열심히 기도하던 그들은, 이런 상황에서 베드로가 살아 돌아왔다면 그것은 베드로의 천사일 것이라며 역시 자신들의 기도가 응답되었다는 사실을 받아들이지 않습니다(15절). 그것은 불가능한 일이라고 믿고 있는 것입니다. 돌아온 베드로는 문 밖에 서서 계속 문을 두드리고, 마침내 그 소리를 들은 그들이 우루루 대문으로 나가서 문을 열었습니다. 그리고는 거기 문 밖에 베드로가 서 있는 모습을 보았습니다. 자기들이 기도한 대로 헤롯에게 죽임당하지 않고 살아 돌아와서 그렇게 서 있는 베드로를 본 것입니다. 그 순간 그들은 깜짝 놀랐습니다. 어떻게 이런 일이 일어날 수 있었을까, 믿기지 않는다는 듯. 기대하지 않은 일이 일어났을 때 깜짝 놀라는 법이지요. 이것이

160

자신들의 열렬한 기도가 응답된 것이 확인되는 그 현장에서 그들이 나타낸 반응이었습니다.

기도의 응답은 악착같이 믿지 않는, 악착같이 열심히 기도하는 사람들! 이것이 이 사건이 고발하는 이들의 모습입니다. 이 사람들이 시종일관 자기들의 기도응답을 받아들이지 않는 것을 보면, 그들은 베드로를 위하여 열렬하게 합심기도를 시작하는 첫 순간부터 아예 기도응답 같은 것은 기대도 하지 않은 것으로 여겨집니다. 열심히 기도하는 것에 의의를 둘 뿐, 그 기도가 실제로 응답될 것인가에는 관심이 없는 기도. 기도를 많이 하는 것이 목적일 뿐, 그 기도의 응답에 대하여는 오히려 부정적인 전제를 가지고 시작하는 기도. 때때로 목격하는 우리 자신의 모습이라는 생각이 듭니다.

....
사도행전 12:1-17

우리들의 모습

　오래전 아직 목회를 하고 있을 때였습니다. 신도시 아파트 단지에서 방문 전도를 하면서 큰 충격과 상처를 받은 적이 있었습니다. 충격은 교회 때문에 교회에 나가지 않는 사람이 의외로 많다는 사실 때문이었고, 상처는 그런 비난과 아픈 호소에 대하여 아무런 대답할 말이 없을 만큼 우리 교회들이 세상 앞에서 초라해져버렸다는 사실 때문이었습니다. 차라리 앙골라 국경 지역의 시커먼 땅의 시커먼 사람들에게 환영받으며 전도할 때가 더 행복했고, 필리핀 산 속의 그 사람들에게 예수님을 말할 때가 훨씬 보람이 있었다는 생각이 들었습니다. 교회 밖의 세상 단체들이, 이제는 우리가 이 나라의 교회들을 개혁해 주겠다는 기세로 달려들고 있습니다. 교회들이 기껏 취하는 반응은 세상이 달라졌다거나, 우리가 새로운 형태의 핍박을 받고 있다는 궁색한 대답 정도입니다. 이러한 현실을 목격할 때 마다 우리는 참으로 참담해집니다.

사실, 오늘날 우리나라 교회가 이 사회로부터 당하는 불신과 치욕, 그로 말미암아 하나님의 이름이 당하는 능욕, 그리고 우리 스스로의 자존감의 상실 등 우리가 진통을 앓고 있는, 이런 저런 아픔들의 핵심적인 문제는 결국 세상 때문이 아니라, 그리스도인들 곧 교회 때문에 벌어진 일입니다. 관아에 고소를 당한 사람이 야소교를 믿는 사람이면, 포승줄로 묶어서 잡아오지 않고 아무 날 아무 시까지 관아로 나오라는 통지만 보내면 될 만큼 신자들이 신뢰를 받는 때가 있었습니다. 뇌물을 주고 관직을 산 사람이 야소교를 믿는 사람이 많이 사는 지역에 발령이 나면 임지를 바꾸어 달라고 조정에 청원을 할 정도로 신자들이 부정을 용납하지 않는 삶으로 유명한 때가 있었습니다. 백여 년 전, 이 땅에 기독교가 들어 온 초창기 시절의 이야기입니다. 교회가 사회로부터 그렇게 신뢰를 받고 선한 영향력을 행사하던 그때는 비율로 따지면 사람 일만 명을 모아놓고 예수쟁이 손들라면 단 한 명 정도가 손을 드는 때였습니다. 그러나 얼마 전까지만 해도 길가는 사람 너 댓 명만 모아놓고 물어봐도 그 중에 한 명이 손을 드는 판이었습니다. 우리는 지금 교인을 늘리는 일과 교인으로서의 삶을 사는 일이 얼마든지 아무런 관련 없이 이루어질 수도 있다는 생생한 현장을 보고 있습니다.

영혼 구원을 위하여 헌신하겠다며 나선 사람이 사실은 사람들이 교회로 나아오는 데 결정적인 장애물이 되고 있습니다. 교회를 위하여 살겠다고 나선 지도자가 사실은 교인들이 교회를 떠나버릴 만큼 교회 안의 가장 큰 상처가 되고 있습니다. 하나님 나라의 영광을 이루는 일에 앞장서겠다고 나선 교회가 실제로는 하나님의 영광이 드러나는 일에 가장 큰 거침이 되고 있습니다. 우리는 신자와 교회 스스로가 결정적인 모순 덩어리가 되는 현실을 만들며 살고 있습니다. 교회의 본질을 회복하기 위한 몸부림이라며 펼쳐지는 어떤 일들은 사실은 교회의 본질을 회복하는데 결정적인 장애물이 되는 또 다른 형태의 교회 세속화라는 의구심을 갖게 합니다. 이러한 현상을 놓고, 교회가 많아지다 보니 이런 교회도 생기고 저런 교인도 생길 수 있어서 나타나는 부분적인 현상이라고 자위하기에는 우리의 낯이 너무 간지럽습니다. 우리의 양심이 도리질을 하며 너무 큰 소리로 쿵쿵거립니다. 교회지도자와 교회가 오히려 교회의 교회됨에 결정적인 장애물이 되는 이러한 심각한 모순의 근본적인 이유가 무엇일까요?

사도행전 11장 초두는 이런 점에서 우리에게 시사하는 바가 적지 않습니다. 사도 베드로가 이방인 고넬료의 집에 가서 복음을 전하고 세례를 주었습니다. 이것은 복음이 이방인에게도 이르렀으며, 이리하여 땅 끝을 향하여 진군하는 복음의 역사에 또 하나의 획을 그었다고 인정되는 놀라운 사건이었습니다(행 10장). 그것은 복음의 확장에 관심이 있는 모든 사람들의 큰 기쁨이 될 만한 획기적인 사건이었습니다. 베드로도가 예루살렘에 돌아오기 전에 이미 예루살렘에 그 소문이 먼저 와 있는 것을 보아도 이 사건이 얼마나 중요한 사건이었는지 알 수 있습니다(11:1). 그러나 이 소문을 들은 예루살렘의 사도들과 형제들은 이 위대한 사역을 마치고 돌아오는 베드로가 문에 들어서자마자 베드로를 향하여 책망을 쏟아 붓습니다(2절). "힐난했다"는 말은 단순한 질책이나 이의 제기가 아니라, 적대감을 갖고 정죄의 의도로 비난하고 논쟁하는 것을 말합니다. 목숨을 걸고라도 복음을 땅 끝까지 가지고 가겠다고 나선 이 증인들이 알고 보니 땅 끝을 향한 복음진군의 가장 큰 장애물이 되고 있다는 무서운 사실을 이 사건은 고발하고 있습니다. 이들은 왜 이렇게 되었을까요? 본문은 이들이 왜 베드로를 그렇게 힐난했는지를 밝힘으로써 이들의 문제가 무엇인지를 무섭게 부각시키고 있습니다. 그들의 힐난은 왜 이방인들에게도 복음을 전했는가, 왜 이방인들도 구원받게 했는가 하는 것이 아니었습니다. 왜 "할례자로서 무할례자들과 먹었느냐?"는 것이었습니다(3절). 왜 우리의 전통과 관습을 깨뜨렸냐는 것이지요. 결국, 복음의 진군에 인생을 걸겠다고 나선 복음의 증인들이 실제로는 복음 진군의 결정적인 장애물로 전락하는 이 모순된 삶의 근저에는 자신의 전통, 관습, 고정관념, 자신의 경험 등을 하나님의 일보다 더 우선순위에 놓는 사고방식이 둥지를 틀고 있었던 것입니다. 한 마디로 요약하면, 모든 것을 자기중심과 자기이익의 원리에 따라 행하는 것이 이들의 문제였습니다.

그리고 그것은 오늘날 우리의 문제이기도 합니다.

효경 백번 읽고
아비 뺨치기

중국 속담에 "효경 백번 읽고 아비 뺨친다"는 말이 있다 합니다. 효에 대한 지식은 넘쳐나는데, 실제 생활은 그와 반대로 사는 사람을 비웃고 책망하는 말일 것입니다. 그런데 이 말을 듣는 순간 왠지 효경 백번 읽고 효경의 가르침과는 반대로 행동하는 중국 사람의 모습이 아니라, 성경 백번 읽고 성경과는 상관없이 행동하는 우리의 모습이 자꾸 떠올랐습니다.

상당히 오랜 기간 동안 알고 지내온 청년이 있었습니다. 전문대학교를 졸업하고 다시 간호사가 되겠다고 간호대학에 입학하여 좋은 성적으로 졸업하였습니다. 간호사 시험에도 합격하고 이름 있는 대학병원 간호사로 바로 취직이 되었다는 소식을 듣고 나름대로 대견하기도 하고 감사하기도 하였습니다. 그 대학병원에서 직장생활을 행복해하며 지내고 있으려니 했는데, 얼마 후 확인해보니 한 달 만에 그만 두었다는 것이었습니다. 깜짝 놀라서 물어보니, 상사 간호사 때문에 도저히 더 이상 있을 수 없었다는 것이었습니다. 생전 들어보지도 못한 욕설을 퍼붓고, 발로 차기도 하고, 머리를 때리기도 하면서 얼마나 함부로 하는지 견딜 수가 없었다는 것이었습니다. 어떤 신입생 간호사들은 이틀이나 닷새를 못 넘기고 사표를 낸 사람도 있다는 것입니다.

병원 간호사 사회에 그러한 사람이 있다는 것이 마음은 아팠지만 그러나 크게 놀랄 일은 아니었습니다. 정도의 차이는 있지만 그렇게 악한 사람이 어디에나 있다는 것을 익히 들어서 알고 있었기 때문입니다. 그러나 정말 충격이 되고 그러다가 분노가 된 것은, 그 고참 간호사가 예수를 믿는 사람이라는 사실 때문이었습니다. 그 여자는 근무 상황이 아닌 상태에서 만나면, "신앙생활을 잘 해야 한다"며 입버릇처럼 전도를 하고, 또 신앙생활을 이야기한다는 것이었습니다. 그 청년은 그 상사의 그와 같은 이중성 때문에 더욱 그 병원에 있기가 힘들어서 한 달 만에 뛰쳐나왔습니다. 사실 한국교회가 이 사회로부터 조직적이고 노골적인 홀대와 비난을 받게 된 중요한 이유 가운데 하나가 바로 구호만 멋있고, 각오만 비장하지 실제의 삶 속에서 그것을 볼 수 없다는 불만에 있습니다. 세상이 신앙인에게 거는 최소한의 기대만큼도 살아보여주지 않고 있다는 실망감과 배신감에서 온 것입니다. 이것은 억울한 핍박이 아니고 당연한 질책입니다.

야고보는 신자가 보여주는 신앙과 행동의 이중성을 무서운 말로 지적합니다. 야고보는 도를 듣기만 할 뿐 그것을 행하지 않는 것은 자기를 속이는 것이라고 말씀합니다(약 1:22). 그리고 나아가서 그러한 믿음은 죽은 것이라고 합니다(2:17). 효경 백번 읽고 애비 뺨을 치는 자라면 효경에 능통한 것이 아무런 의미가 없습니다. 아니 효경에 그렇게 능통한 것이 오히려 더 큰 값을 치룰 죄가 됩니다. 야고보는 소위 신자가 믿음이 있노라 하고 그 믿음대로 사는 행함이 없다면 그 믿음은 죽은 것이라고 단정을 지어버립니다(2:17). 야고보가 진정으로 하고 싶은 말은, 그것은 믿음은 믿음인데 죽은 믿음이라는 말이 아닙니다. 그것은 네가 아무리 믿음이라고 우겨도 사실은 믿음이 아니라고 말하고 싶은 것입니다. 신자가 아니라는 말인 셈이지요.

효도를 가르치는 효경을 백번씩 읽고 나서 아비 뺨을 치는 자식이나, 매주 예배드리고 성경말씀 읽으면서도 세상의 기본 윤리수준 만큼도 살지 못하는 신자는 둘 다 자기를 속이는 것입니다. 그리고 자기가 읽은 경전의 가르침과, 자기가 예배한 신을 모욕하고 있는 것입니다. 그리고 그 신에게로 나아가려는 다른 사람들의 길을 가로막고 있는 것입니다. 이 나라의 신자들이, 특히 소위 교회 지도자라고 불리는 사람들이 시급히 해결해야 될 문제는 바로 이것입니다.

야고보서 1:22-25

거짓말

사람은 거짓말을 하지 않아야 된다는 것은 인간사회의 보편적인 도덕률입니다. 그러나 하나님의 백성인 신자들이 거짓말을 하지 않아야 된다는 것은 하나님이 주신 계명 가운데 하나입니다. 이 계명은 "나는 너를 애굽 땅, 종 되었던 집에서 인도하여 낸 너의 하나님"이라는 사실을 근거로 하여 주어집니다. 이런 점에서 우리 신자들이 하나님의 백성이기 때문에 다른 사람에게 혹은 다른 사람에 대하여 거짓말 하지 않는 것과 세상 사람들이 그렇게 하는 것은 외형은 똑같아 보일지 몰라도 그 본질은 판이하게 다른 차원이 있습니다. 세상에서 교양과 인품이 있는 사람들이 도덕과 준법 차원에서 다른 사람에 대하여 거짓말 하지 않는 삶을 산다면, 우리 신자들은 신앙적 이유 때문에 거짓말 할 수 없습니다. 우리는 하나님과의 관계를 근거로 그렇게 사는 것입니다.

우리의 거짓말이 죄없는 한 사람에게 억울한 고통과 피해를 줄 수 있습니다. 그런가 하면 죄 있는 사람을 불의하게 그냥 풀려나게 할 수도 있습니다. 때로는 부당하게 한 사람의 평생에 지울 수 없는 치명적인 영향을 끼칠 수 있습니다. 그러나 그것에 그치는 것이 아닙니다. 우리 신자들이 다른 사람에 대하여 진실한 말과 성실한 태도로 사는 것은 그 자체가 하나님과 우리와의 관계에 대한 반영이기도 합니다. 우리가 다른 사람에 대하여 거짓말을 해서는 안되는 것은 그것이 우리를 구원하신 하나님의 은혜에 대하여 우리가 취해야 할 행동이기 때문입니다. 그러므로 우리는 이 계명을 지킴으로써 사실은 우리가 하나님의 백성이라는 사실과 하나님이 우리의 하나님이시라는 사실을 드러내어 증거 하는 것입니다. 그리고 우리의 하나님이 어떠한 분이신가를 드러내는 것입니다.

그러므로 우리가 신자로서 행하는 거짓말은 필연적으로 하나님에 대한 거짓말로 연결된다는 사실을 기억해야 합니다. 하나님 자신이 참되신 분인데 우리는 거짓을 행함으로 스스로 하나님의 백성임을 부인하는 것이 됩니다. 그것은 결국은 하나님이 참되신 분임을 부인하는 것으로 귀결됩니다. 그러므로 이웃에 대하여 거짓말하지 말라는 이 계명을 지키지 않는 것은 결국은 하나님에 대하여 거짓말하는 결과를 초래하게 될 수밖에 없습니다. 이것이 신자로서 우리가 다른 사람들을 거짓으로 대하는 것이 초래하는 치명적인 결과입니다. 그것은 단지 그 사람과의 관계만이 아니라, 하나님과의 관계에 치명적인 손상을 가져오기 때문입니다.

사실 오늘날 한국교회가 이 사회로부터 그리고 심지어 조직적으로 형성된 안티기독교 단체들로부터 지탄과 비방과 조롱을 받는 처지가 되어버린 것도 근원적으로는 우리 신자들이 우리의 삶 가운데서 하나님을 드러내는 일에 실패한 결과라고 할 수 있습니다. 하나님을 많이 말하지 않아서 일어난 일이 아닙니다. 우리의 일상의 생활이 하나님을 반영한 진실한 그리스도인의 삶이 아니어서 일어난 일입니다. 그리하여 결과적으로 하나님의 이름이 이 사회에서 능욕을 당하는 결과를 초래하고 있는 것입니다. 그러한 결과를 초래한 삶의 핵심은 거짓말입니다. 그러므로 한국기독교가 이 사회와 언론으로부터 보이지 않는 핍박을 받고 있다고 불만하기 전에 해야 할 일이 있습니다. 적그리스도적인 세력들에 의하여 기독교가 왜곡당하고 있다고 기분나빠하며 그들을 상대할 아군 그룹들을 세력화하기 전에 우리가 시급히 해야 할 일이 있습니다. 교회 공동체 안에서 그리고 이 사회 안에서 "네 이웃에 대하여 거짓증거하지 말라"는 이 계명을 회복하는 일입니다. 다른 사람들과의 관계에서 하나님의 백성에 걸맞게 진실과 성실과 정직을 회복하는 것입니다. 이것이 우리 신자들에게 시급한 문제임을 알아야 합니다. 그것이 도덕적으로 훌륭한 것이어서가 아닙니다. 우리가 신앙인 이라는 눈에 보이는 증거이기 때문입니다.

특히, 영향력 있는 교회의 지도자들과 권력을 가진 정계의 기독교인 지도자들은 거짓말을 하지 않는 일에 더욱 책임감을 가져야 합니다. 왜 우리의 말을 그렇게 믿지 않느냐고 개탄하기 전에, 우리가 처신을 어떻게 해왔기에 이 지경이 되었느냐고 자탄하는 것이 더 시급해보입니다. 비록 소수일망정 이 나라를 "거짓말… 불신 공화국"이라고 빈정대는 사람들이 있다는 것은 비극입니다. 이 나라의 결정적 권력을 갖고 있는 사람들 가운데 상당수가 교회의 중요한 직분을 가지고 있는 신자라는 점을 생각하면 더욱 그렇습니다.

출애굽기 20:16

정직

    내가 지금 보다 훨씬 젊었던 시절에는 정부의 높은 사람이 TV 뉴스 등에 나와서 하는 판에 박힌 말을 자주 듣곤 하였습니다. "그런 일은 있을 수도 없고, 있어서도 안된다"는 말입니다. 정부기관이나 권력을 가진 인사가 연루된 것으로 여겨지는 부정이나 범법행위로 여론이 시끄러워지면 으레 고위 관료 등이 언론에 나와서 국민을 향하여 하는 말이 그것이었습니다. "그런 일은 있을 수도 없고, 있어서도 안됩니다." 정부나 권력자는 그런 일을 하지 않았다는 것을 강조하는 수사학적 어법이었습니다. 국민 다수가 정부의 책임이고 고위 인사의 소행이라고 심증을 굳히고 있을 때 한 인사가 나와서 그렇게 발표하고 아니라고 잡아떼는 것이지요. 그런 일이 한 세월 반복되면서 국민들은 정부 인사가 그렇게 말하면 그것은 틀림없이 그 짓을 한 것이라고 믿어버리는 풍조가 생겼습니다. 무서운 불신이지요. 그런 불신은 급기야 정부가 하는 일이나 말에 대한 그 시대 다수 국민들의 보편적인 정서로 확산되고 말았습니다. 예를 들어 정부에서 물가는 절대로 올리지 않을 것이니 안심하라고 발표하면 많은 사람들은 곧 물가가 오른다는 말로 알아든게 되었습니다. 그래서 어떤 이들은 발 빠르게 사재기를 하였습니다. 한 때 그런 시절이 있었습니다.

지금은 붕괴했다고 말하는 지난 정권 몇 년 사이에는 "그런 일은 있을 수도 없고, 있어서도 안된다"는 말은 들을 수 없었습니다. 대신 다른 말이 계속 발표되곤 하였습니다. "그런 의도도 없고, 그것은 불법이다. 지금이 어느 시대인데 그런 일을 하겠느냐"는 발표입니다. 그러니 우리가 하지 않았다는 것을 믿으라는 강요처럼 들립니다. 이런 상식적인 것도 모르고 우리를 의심하느냐고 국민을 은근히 깔보는 어법같이 들리기도 합니다. 그런데 고위 당국자나 정치인이 여론이 들끓고 있는 문제를 놓고 그런 발표를 하면 그대로 믿어지지가 않습니다. 오히려 양심으로 보나, 국가의 법으로 보나 그런 짓을 하면 안되는 시대인 것을 알면서도 그 짓을 했다는 말이냐는 반문을 불러일으킵니다. 할 의도도 없었고, 할 수도 없다는 말로 자신의 결백을 주장하려는 그 발표는 오히려 그 짓을 했다는 말로 뒤집혀서 들립니

다. 이전 시대에 속아본 경험 때문에 나타나는 단순한 외상증후
군일까요? 나 혼자만 심사가 꼬이고 생각이 비뚤어진 못된 인
간이어서 드는 생각일까요? 그런데 숱한 사람들이 발표한 것을
곧이곧대로 믿지 않고 있습니다. 해서는 안되는 짓이면 어떤 책
임추궁을 당해도 하지 않아야합니다. 그런데도 실수로 그 짓을
했으면 했다고 인정해야 합니다. 그것이 정직입니다. 왜 우리의
말을 그렇게 믿지 않느냐고 개탄하기 전에, 우리가 처신을 어떻
게 해왔기에 이 지경이 되었느냐고 자탄하는 것이 더 시급해보
입니다.

여러 달 온 나라를 요동치게 만들면서 결국 "국정농단"이라
는 한 단어로 요약되어 버린 이 처참한 사건이 여기저기서 회자
되고 여론이 심상치 않게 돌아가기 시작할 무렵에 정부의 고관
들과 청와대 주인이 언론과 국민을 향해 쏟아내었던 말도 바로
그것이었습니다. "그런 의도도 없고, 그것은 불법이다. 지금이
어느 시대인데 그런 일을 하겠느냐?" 그러나 결국 시간이 가면
서 그들이 그렇게 어이없다는 듯 발뺌을 하고 딴전을 피워댔던
그 일들의 대다수가 사실이었으며, 그들의 말은 의도된 거짓말
이었다는 것이 천하에 드러나고 있습니다.

어떻게든 살아남아야 할 정치판에서야 정직이 치명적인 장애
물이 될지도 모르겠습니다. 그러나 신앙인과 교회는 정직해야

합니다. 이 시대 신자와 교회 그리고 교회 지도자들이 보여주는 다양하고도 참혹한 문제들의 핵심에는 이 문제가 도사리고 있습니다. 정직하지 않은 것입니다. 정치판의 사람들은 살아남기 위해서 때를 따라 정직을 버리는 것이 지혜일지 모릅니다. 그러나 신앙인은, 특히 영적인 지도자라고 자처하는 이들은 살아남지 못할지라도 정직을 택해야 합니다. 사람은 죄 된 본성에 젖어있습니다. 게다가 연약하기 까지 합니다. 자기의 소원과 달리 실수를 범할 수밖에 없습니다. 그러므로 때때로 어떤 상황에서 실수를 범하고 실패하는 것은 어쩔 도리가 없습니다. 그러나 실수한 것을 인정하는 것을 실패해서는 안됩니다. 실수하는 것은 연약한 것이지만, 실수를 인정하지 않는 것은 악한 것이기 때문입니다.

사도 바울은 신자의 언행은 단순히 인간 사이의 문제로 끝나지 않는다고 단언합니다. 그것은 궁극적으로 하나님을 상대로 하는 것이라고 말합니다. "… 주께서 이르시되 내가 살았노니 모든 무릎이 내게 꿇을 것이요 모든 혀가 하나님께 자백하리라… 이러므로 우리 각 사람이 자기 일을 하나님께 직고하리라"(롬 14:11-12). 그곳에서는 절묘한 증거인멸도 통하지 않고, 온갖 이유를 내세운 증언거부나 증인불출석도 통하지 않습니다. 직고하는 것 외에 어떤 다른 편법도 통하지 않습니다. 신자는 자기가 행한 모든 일을 하나님께 직고해야 된다는 사실을 의식하고 살아가는 사람들입니다. 하나님 앞에서 하나님을 상대로 사는 것입니다. 세상 사람의 궁극적 대상은 사람들일지 몰라도, 신자들의 궁극적 대상은 하나님입니다. 세상의 사람들이 도덕과 준법 차원에서 거짓말하지 않는 삶을 산다면, 우리 신자들은 신앙적 이유 때문에 거짓말 할 수 없습니다. 외형은 똑같아 보일지 몰라도 그 본질은 판이하게 다른 것입니다. 신자인 우리에게 지금 절실하게 그리고 시급하게 필요한 것은 무엇보다도 하나님께 직고하는 심정으로 살아가는 정직입니다. 거기로부터 새로운 시작의 틈새가 열리기 시작할 것입니다.

로마서 14:11-12

열정

여리고 외곽 길가에서 평생 구걸을 하며 연명하는 소경 거지가 있었습니다. 오고가는 사람들에게 나사렛 예수에 대한 소문을 들었습니다. 그는 그 예수가 메시야라는 사실을 알아차렸습니다. 그리고 뜻을 정하였습니다. "나사렛 예수라면 내 인생의 문제를 해결할 수 있을 것이다. 나도 나사렛 예수를 만나리라!" 어느 날 많은 사람이 그의 앞을 지나가고 있었습니다. 많은 사람이 지나가고 있는 것을 눈으로 볼 수는 없었지만, 귀로 들을 수는 있었습니다. 그래서 아무 데나 대고 물었습니다. "무슨 일입니까?" 그리고 누군가의 대답을 들었습니다. "나사렛 예수께서 지나가시고 있네!" 그 순간, 그는 버럭 소리를 질렀습니다. "다윗의 자손 예수여, 나를 불쌍히 여기소서!"

그에게는 분명한 믿음이 있었습니다. "나사렛 예수는 곧 메시야이시다." 그랬기에 그는 귀로는 나사렛 예수라고 들었는데, 입으로는 다윗의 자손이라고 소리쳐 부른 것입니다. 이 사람들에게 "다윗의 자손"이란 곧 조상 대대로 기다려온 메시야의 별칭이었습니다. 그에게는 또 다른 분명한 믿음이 있었습니다. "그 분은 내 인생의 문제를 해결하실 수 있다." 그랬기에 그는 자기를 불쌍히 여겨달라며 서슴없이 자신을 그에게 내어놓은 것입니다. 그 믿음을 근거로 그는 오랜 소원과 뜻을 품고 있었습니다. "나도 이 예수를 만나리라!" 그런데 그 오랜 소원과 뜻을 실현할 기회가 온 것입니다. "나사렛 예수께서 지나가시고 있네!" 그가 소리를 지른 것은 그 간절한 소원과 뜻을 실천하는 구체적인 방법이었습니다.

그러나 그 즉석에서 그가 받은 것은 모욕과 함께 큰 좌절이었습니다. "입 다물고 조용히 하라! 네가 낄 자리가 아니다!" 남다른 장애가 있는 이들은 사소하게 보이는 일들에도 큰 상처를 받을 만큼 예민한 법인데… 앞서 가던 여러 사람들이 거침없이 퍼붓는 이 말이 이 사람 소경에게는 어떻게 들렸을지… 거룩한 뜻을 이루겠다고 첫 걸음을 내딛는 순간 자신의 자존심이 깡그리 무너지고, 한없는 모욕감과 분노를 일으키는 현실에 이 사람은 던져진 것입니다. 분노에 차서 실컷 함께 욕을 퍼붓고 끝내버릴 수 있었을 텐데… 아니 그것이 더 쉬웠을 텐데…

소경은 앞서가는 잘난 정상인들이 던지는 굴욕적인 이 말을 들은 체도 하지 않았습니다. 그는 오히려 더욱 크게 소리를 질러댔습니다. "다윗의 자손 예수여, 나를 불쌍히 여기소서!" 그에게 던져진 그 모든 경멸에 찬 말들을 못알아들어서가 아니었습니다. 그는 귀머거리가 아니라, 소경이었습니다. 자신의 뜻을 향하여 나아가는 길에 치명적인 장애가 되는 그 말들을 못들어서가 아니었습니다. 의지적으로 들은 체를 하지 않고 더욱 크게 소리를 지른 것입니다. 예수님을 만나겠다는 뜻을 자신의 자존심 상한 것에 의하여 영향을 받지 않으면서 실천해 나아간 것입니다. 이러한 것을 가리켜 "열정"이라고 합니다. 많은 이들이 열정을 뜨거운 무엇이라고 생각합니다. 그러나 열정은 온도의 문제가 아니라, 의지의 문제입니다. 펄펄 끓는 뜨거움이 아니라, 어떤 장애물에도 불구하고 끝까지 그 길을 가고야 마는 불굴의 의지를 말하는 것입니다. 열정은 흥분이나 열광과는 다른 것입니다.

성가대에서 주님을 찬양하며 영적인 생활에 힘을 쓰겠다는 결심과 함께 새해를 시작한 분이 있었습니다. 두어 달 열심히 성가대원으로 헌신을 하고 있는데, 어느 날 연습시간에 앞에 앉아있던 다른 대원이 불쑥 말을 던졌습니다. "집사님은 목소리가 튀어나고 음이 자꾸 틀려요. 집에서 연습 안하세요?" 그 말에 대한 이 분의 반응은 이것이었습니다. "그래, 목소리 좋고 음 정확한 네가 다해! 이까짓 성가대 안하면 될 것 아냐!" 그리고 그분은 한동안 화를 못삭여 씩씩거리다가 교회를 떠났습니다. 신앙의 연륜이 오랜데도 손님처럼 교회 생활해온 것을 뉘우치고 남은 인생은 제대로 신앙생활을 하겠다며 교회 일에 열심히 봉사하는 분이 있었습니다. 어느 날 교회에서 바자회 행사가 있어서 무급휴가를 내며 교회에 나와서 물건들을 진열하는 일로 봉사를 하고 있었습니다. 그런데, 잠시 후 한 분이 허겁지겁 달려오며 소리를 쳤습니다. "집사님, 그건 그렇게 하는 게 아니예요. 아, 집사님은 그동안 교회봉사를 안해봐서 잘 모르시는구나!" 그분은 분에 차서 한 마디를 쏘아부쳤습니다. "그래 봉사 많이 해본 잘난 네가 다하면 될 것 아냐!" 그리고는 그 길로 떠나가 버렸습니다. 이러한 것은 열정이 아닙니다.

소리치는 소경을 예수님이 부르셨습니다. 그리고 그 군중이 쥐죽은 듯 다 쳐다보는 앞에서 둘만의 대면이 이루어졌습니다. "무엇을 해주기를 원하느냐?" 소경은 즉시 대답하였습니다. "보고 싶습니다." "보아라, 네 믿음이 너를 구원하였느니라." 네가 낄 자리가 아니라는 말과 함께 모욕적인 왕따를 당했던 소경은 즉시 눈을 떴습니다. 그 뿐만이 아니었습니다. 하나님께 영광을 돌리며 의기양양하게 예수를 따르고 있습니다. 인생 대역전이 일어난 것입니다. 그 뿐만이 아니었습니다. 이 사람을 보는 백성은 다 하나님을 찬양하였습니다. 다른 사람들이 하나님을 찬양할 수 밖에 없게 하는 원인이 되었습니다.

거룩한 뜻을 향한 열정의 결국은 그것이었습니다.

누가복음 18:35-43

자식을 제대로 키우고 싶은 부모들에게

신명기 6장은 이스라엘 백성들에게 하나님이 주신 자녀 교육의 대헌장이라고 할 수 있는 말씀입니다. 지금도 유대인들에게는 이 말씀이 자녀 교육을 위한 가장 중요한 지침입니다. 그 내용은 자녀들이 여호와 하나님을 사랑하고 그 말씀을 지키도록 그들을 가르치라는 것입니다. "오늘날 내가 네게 명하는 이 말씀을 네 자녀에게 부지런히 가르치고 집에 앉았을 때에든지 누웠을 때에든지 일어날 때에든지 이 말씀을 강론할 것이며 너는 또 그것을 네 손목에 매어 기호를 삼으며 네 미간에 붙여 표를 삼고 또 네 집 문설주와 바깥문에 기록할지니라!"(신 6:7-9)

그런데 이 말씀을 하시기 전에 마치 전제조건처럼 못을 박아 부모들에게 하신 말씀이 있습니다. "이스라엘아, 들으라. 우리 하나님 여호와는 오직 하나인 여호와시니 너는 마음을 다하고 성품을 다하고 힘을 다하여 네 하나님 여호와를 사랑하라. 오늘날 내가 네게 명하는 이 말씀을 너는 마음에 새기라!" 부모가 해야 될 것들입니다. 그리고나서야 비로소 자녀들에게 그 말씀을 그렇게 가르치라고 하신 것입니다. 부모인 너의 손목에, 미간에, 문설주에, 바깥문에… 하고 이어지는 말씀의 핵심도 결국은 자녀들이 눈으로 확인할 수 있는 부모의 모범을 보이라는 것입니다. 결국 이 말씀이 강조하고자 하는 신앙교육의 요체는 이렇게 요약됩니다. 부모들이 먼저 신앙인의 삶을 살고, 그것을 자녀들에게도 가르쳐서 부모처럼 살게 하라!

부모가 먼저 해야 되는 것입니다. 그러므로 자녀의 신앙교육은 잔소리 교육이 아니고, 시범 교육입니다. 우리 아이들이 살아가야 할 인생전체를 놓고 볼 때 이 땅의 많은 부모들은 자녀를 잘못 키우고 있습니다. 어떻게 하는 것이 결국 수지맞는 자녀교육인지 계산을 잘 못하고 있습니다. 신앙을 희생하면서 얻고자 하는 모든 것은 결국 자녀들의 인생에 유익이 없습니다. 결국 헛것입니다.

신명기 6:4-9

186

담임 목회자들에게

나는 감사하게도 설교를 많이 할 수 있는 교회에서 부교역자
사역을 하였습니다. 전임 전도사 때부터 주일 저녁예배와 수요
예배 설교는 물론 심지어 주일 오전 설교를 거의 정기적으로 하
다시피 하였습니다. 담임 목사님은 예배 사회를 보시고 전도사
인 나는 설교를 한 적도 한두 번이 아닙니다. 나는 전도사 때부
터 그렇게 설교를 잘 했다는 말이 아닙니다. 담임 목사님께서
한국교회를 위하여 잘 준비된 목회자 하나를 키우시겠다는 뜻
을 품고 일부러 그런 기회들을 주셨습니다. 나는 목회현장에서
감당해야 할 교회의 모든 사역들을 경험해보는 배려를 받았습
니다. 그 때 그 많은 설교들을 감당하면서 나는 설교로 몸부림
을 치며 한편의 설교를 완성해내고, 다시 그것을 강단에서 외치

는 경험을 하였습니다. 그러면서 설교에 대한 열정과 확신과 담대함을 갖추어가는 기회를 얻었습니다. 어려운 지역에 있는 크지 않은 교회여서 경제적으로는 늘 어렵게 지내야 했습니다. 그러나 내게 베풀어지는 그 배려가 주는 은혜의 풍성함에 비하면 그것은 사소한 일로 여겨졌습니다. 나는 그런 배려와 열정으로 어린 나를 키우신 그 분을 평생 잊을 수 없습니다.

그 경험 때문에 나는 사역할 교회를 선택해야 할 경우에 어떻게 할 것인지를 놓고 언제나 신학생 설교자들에게 자신 있게 권합니다. 교회가 크고 대우가 좋아서 경제적으로 염려 없이 살 수 있는 교회인데 대신 장년 예배 설교를 할 기회가 없는 교회와, 사례비가 적어서 빚을 얻어야만 먹고 살 수 있는데 대신 장년 설교를 자주 할 수 있는 기회가 있는 교회가 있으면 차라리 빚을 얻어서 먹고 살고 설교를 자주 할 수 있는 기회가 주어지는 교회를 택하여 사역하라는 것입니다. 평생 설교자로 살아야 될 사람으로 자신을 인식한다면, 설교를 할 수 있는 기회를 최우선으로 삼아야 한다는 것이 나의 철학이 되었기 때문입니다. 빚은 돈이 생기면 갚으면 되지만, 훈련이나 경험을 통해서 습득하고 발전할 수 있는 것들은 그 기회가 지나버리면 그것으로 영영 끝이기 때문입니다. 설교는 이론공부만으로 되지 않고, 한순간의 집중적인 노력으로 단시간에 되지도 않습니다. 끊임 없는 경험과 시행착오의 과정을 거치면서 장기간에 걸쳐 형성됩니다.

그러므로 내가 설교학 교수가 되어 목회자들을 상대로 세미나를 할 때도 간곡하게 부탁한 것이 그것이었습니다. 비록 양이 안차고, 또 교인들이 불만을 토로할지라도 장차 어느 곳에선가 하나님의 교회를 책임져야 할 목회자를 키우는 책임을 감당한다는 사명감으로 부교역자들에게 설교할 기회를 많이 주시라는 부탁입니다. 담임 목사는 두 가지 점에서 매우 중요하고도 위대한 책임을 지고 있습니다. 첫째는 담임하고 있는 그 교회를 책임지는 것입니다. 그러나 동시에 다른 한편으로 갖는 매우 중대한 책임이 있습니다. 그것은 단순히 내가 맡고 있는 그 교회만이 아니라, 주님 오실 때까지 계속될 하나님의 교회에 대한 책임입니다. 내가 담임하고 있는 교회가 내가 은퇴할 때까지 건강하고 복되게 잘 자라가게 하는 것으로 담임목사의 책임을 다하는 것이 아닙니다. 모든 교회가 한 하나님의 교회요, 그러므로 모든 교회의 역사가 주님 오실 때까지 잘 진행되어야 한다는 교회관을 가져야 합니다. 그리고 지금 나와 함께 일하는 부교역자들은 언젠가 어디에선가 그 교회의 역사 진행의 한 토막을 책임져야 하는 사람들이란 의식을 가져야 합니다. 그리고 지금 나와 함께 있는 이 사람들이 그 때 그들에게 맡겨질 하나님 교회의 역사 한 토막을 책임지고 그 역사를 이어갈 수 있는 사람으로 내가 준비시킬 책임을 지고 있다는 것을 의식해야 합니다. 이것이 담임목사가 걸머지고 있는 이중적 책임입니다. 말년이 가까운 바울이 디모데에게 "너는 말씀을 전파하라"는 말을 할 때,

사실 바울은 자기 이후의 한 시대의 교회를 책임질 사람으로 디모데를 인정하고 내세우고 있음을 알아야 합니다. 사도가 디모데에게 이렇게 말하며 다음 세대 교회를 책임질 자리에 내세우는 데는 역사속에서 계속 되어야 할 교회에 대한 사도의 깊은 배려와 책임의식이 배어있다는 것을 우리는 어렵지 않게 짐작할 수 있습니다.

나 자신도 목회하는 동안 부교역자들에게 가능하면 설교의 기회를 많이 주고자 하였습니다. 물론 "아무래도 목사님만 못해요" 하면서 부교역자들의 설교에 불만을 토로하는 교인들이 있었습니다. 그 말은 내가 설교를 잘한다는 칭찬의 말이 아니라, "당신이 설교하라"는 압력인 줄을 내가 모를 리 없었습니다. 나는 두세 번에 걸쳐 설교 시간에 교회 앞에 부탁하였습니다. "그나마 이정도 라도 되는 저의 설교를 여러분이 들을 수 있게 된 것은 애숭이 초년병 설교자였던 나의 설교를 참고 인내하면서 들어주었던 교인들이 있었기 때문입니다. 여러분은 지금 그 시절의 들을 것 없는 나의 설교를 참고 들어준 제가 부교역자로 있었던 그 교회 교인들의 덕을 보고 있는 것입니다. 우리 부교역자들도 내가 지내온 만큼 세월이 지난 후에는 지금의 저보다 확실히 더 나은 설교를 하게 될 것입니다. 내가 섬기던 교회 교인들이 저의 설교를 인내하고 들어주며 기다려주어 여러분이 그 열매를 따고 있듯이, 이제는 여러분이 우리 부교역자들의 설교를 인내하며 들어주어야 합니다. 그러면 세월이 지난 후에 어느 교회에선가 여러분이 기다려주고 들어주었던 그 열매를 다른 교회가 다시 누리게 될 것입니다." 그 후로 우리 교인들은 마음에 흡족한 정도야 차이가 있었겠지만 그러나 누가 설교하든지 겉으로 불만을 토로하지 않았습니다. 듣기 힘들어 하지도 않았습니다. 부교역자들의 설교에 이런 저런 트집을 잡지도 않고 잘 들어주곤 하였습니다. 나는 그런 교인들이 너무 고마웠습니다.

부교역자 가운데 사람이 잘못된 이들이 종종 있어서, 담임목사와 교인들의 이런 사려 깊은 배려를 배신하고 오히려 큰 상처와 문제를 일으키는 일들이 일어나기도 합니다. 그런 사람들에 대하여 나도 서운함과 배신감에서 오는 분노를 품고 있습니다. 하지만, 그래도 나는 여전히 담임 목회자들께 나의 부탁을 간곡하게 드리고 싶습니다.

디모데후서 4:2

사랑하는
부교역자 제자들에게

신학교에서 가르치는 것이 신나는 가장 큰 이유는 신학생 한 사람이 단순히 사람 하나가 아니라, 교회 하나라는 사실 때문입니다. 신학생 열 명을 제대로 가르쳐내면, 제대로 된 열 교회가 서는 것입니다. 돌아가신 박윤선 목사님께서도 강의 중에 자주 그런 말씀을 하셨습니다. "우리 교수들은 여러분을 그냥 사람 하나로 보고 가르치지 않습니다. 우리는 여러분 한 사람을 교회 하나로 보고 가르칩니다. 그러므로 지금 우리 말을 잘 들어야 합니다."

그러나 때로는 신학교에서 가르치고 있다는 사실이 한없는 자괴감과 비애에 빠지게 할 때가 있습니다. 우리가 가르쳐서 내보낸 한 사람이 나가서 한 교회를 망쳐놓는 소식을 들을 때입니다. 선생을 잘 못 만나 제대로 배우지 못한 탓이 크겠지만, 그래도 그런 소식을 들으면 선생으로 살아온 교수들의 마음은 미어집니다.

얼마 전에도 그런 일이 있었습니다. 무척 깊이 알고 지냈던 제자 한 사람의 이야기입니다. 자기가 부목사로 있던 교회에 씻을 수 없는 상처를 남기고 교인들 여러 명을 챙겨서 인근에 따로 교회를 세우고 다른 교단으로 소속을 옮겨갔단 소식을 들었습니다. 목사가 되어 갈 곳이 없고, 할 일이 없으면 차라리 길바닥에 나 앉아 들판의 나물을 캐어다 팔아서 연명하는 한이 있어도 그런 짓은 해서는 안 되는 일인데…. 학교에서 배운 사역자의 정신도 그것이라는 것을 모를 리 없건만 그는 배운 바를 저버리고 그 짓을 하였습니다. 선생이었던 나와 우리 교수들은 또 그렇게 배신을 당하였습니다.

비록 이렇게 극심한 방식으로 교회에 소란과 분란을 일으키고 담임 목회자와 교인들을 깊은 상처에 몰아넣는 일은 아니라 할지라도, 부교역자로서 도에 지나게 언행을 하고 처신을 하여 이런저런 문제를 일으키고 있다는 소식은 심심찮게 듣곤 합니다. 어느 때는 부교역자의 잘못된 처신으로 어려움을 당하는 담임 목회자로부터 하소연과 함께 신학교에서 학생들을 똑바로 가르치라는 투의 항의를 받기도 합니다.

부교역자들에게 들어보면 물론 자신의 처신에 대하여 사람마다 이유가 있고 명분이 있습니다. 부교역자들은 오히려 담임 목사님이나 교회의 처사에 서운함과 야속함을 품고 있는 경우도 있습니다. 어떤 사람은 그 교회나 목사님의 목회가 자신이 좋은 목회자로 자라가는 데 별 도움이 안된다는 불만을 품고 있는 경우가 있습니다. 그래서 그 불만이 자신도 모르는 사이에 교회에 물의를 일으키는 언행을 발산하기도 합니다. 어느 때는 담임 목사님의 목회나 교회의 현상이 신학적으로 잘못되어서 신학양심상 가만히 있을 수가 없다는 말로 자신의 처신을 정당화 하는 하소연을 듣기도 합니다.

그러나 부교역자들이 명심해야 할 것이 있습니다. 자신이 어느 교회에 부교역자로 사역을 하고 있는 것은 무엇보다도 그 교회의 유익을 위하여 있는 것입니다. 문제를 바로 잡아 교회에 유익을 끼치기 위하여 다소의 마찰과 소란을 감수할 수밖에 없다는 논리로 문제를 일으키는 언행과 처신을 하는 것이라면, 그것은 어쩌면 자기기만일 수 있습니다. 교회에서는 소란을 피워서 얻을 수 있는 유익보다는 소란으로 당하는 손해가 훨씬 크다는 것은 우리의 경험이 분명히 증거 합니다. 부교역자는 내가 좋은 목회자로 자라가기 위한 발판을 얻기 위하여 그 교회에 있는 것이 아닙니다. 그 교회가 나에게 이용가치가 있는가가 아니라, 내가 그 교회에 이용 가치가 있는가를 먼저 살펴야 합니다. 부교역자는 그 교회를 개혁시키고 잘못된 목사님의 목회철학을 바로 잡아주기 위하여 그 교회에 부교역자로 있는 것이 아닙니다. 담임 목회자와 어떤 점에 있어서는 신학적 입장이 다르다는 것은 그 교회를 떠날 이유는 될 수 있지만, 담임 목회자와 맞서 그 교회를 소란케 할 이유는 되지 못합니다. 그것은 부교역자의 일이 아닙니다. 연약한 것은 별 수 없는 일이어서 차차 강해져야 할 일이지만, 악한 사람이 되지는 말아야 합니다. 연약하여 넘어지고 실수하는 것과 성품이 악하여 일을 저지르는 것은 다릅니다. 무능한 것이야 다른 도리가 없지만, 거짓되지는 말아야 합니다. 어떤 경우에도 비겁하게 핑계대거나 간교하게 술수를 부리지는 말아야 합니다.

이 모든 말들을 합하여 한 마디로 요약해보려니 문득 사도 바울의 말씀이 떠오릅니다. "너희 안에 이 마음을 품으라. 곧 그리스도 예수의 마음!" 신앙공동체 안에서 행하는 각종의 일들을 어떤 마음과 어떤 자세로 수행할 것인가를 길고 자세하게 설명한 다음(빌 2:1-4), 사도는 그 한 마디로 그 모든 것을 요약하였습니다. "너희 안에 이 마음을 품으라 곧 그리스도 예수의 마음!"(2:5).

교회 안에서 담임 목사님이나 교인들과 정말 복스럽고, 아름다운 모습을 유지 하면서 멋지게 사역을 하는 부교역자들이 부지기수인데, 몇몇 소수 때문에 공개적으로 이런 말을 하게 되어서 사랑하는 제자들에게 정말 미안한 마음입니다.

예수를 팔아먹을 사람

해마다 초여름이 되면 6월 말에 돌아가신 선생님 생각이 납니다. 박윤선 목사님입니다. 물론 그 어른은 오랜 세월 동안 교파를 초월하여 이 땅의 수많은 목회자들의 잊을 수 없는 선생님입니다. 저는 합신 졸업을 앞두고 불광동 수양관에서 모인 사은회 전날 밤에 하신 그 어른의 설교를 평생 잊을 수 없습니다. 설교하시다가 발을 잘못 디뎌 한번 넘어지시면서까지 목이 터지게 외치셨던 그 설교 장면은 아마 절대로 잊지 못할 것입니다. 그 설교의 제목이 "예수를 팔아먹을 사람"이었습니다. 물론 그 설교는 이미 테이프로도 발행이 되고, 최근에는 설교집으로도 출간이 되어 널리 알려져 있기도 합니다. 그러나 그 어른이 주님께로 돌아가신 날이 가까워오면 그 설교를 현장에서 들었던 저는 그 분에 대한 그리움과 함께 다시 그 설교 생각에 사로잡히게 됩니다.

그 어른은 설교의 첫 마디를 "사람마다 예수를 팔아먹을 위험성이 있습니다."라는 말로 시작하셨습니다. 그리고는 예수를 팔아먹는다는 것이 무엇인지, 우리가 얼마나 그 짓을 할 가능성이 많은 위험한 존재들인지, 절대로 그런 짓을 하지 않으려는 의식을 가지고 근심하며 사는 것이 얼마나 절실하게 필요한지를 가슴에 불이 붙도록 열렬하게 외치셨습니다. 그분에게 있어서 예수를 팔아먹는 다는 것은 반드시 가룟 유다처럼 현금을 받고 예수님을 누구에게 넘기는 것만을 말하는 것이 아니었습니다. 자기 자신의 야심과 어떤 목적을 위해서 예수님을 내어주는 것이나, 자기의 어떤 이익을 위해서 예수님을 팽개쳐버리는 것이 곧 예수님을 팔아먹는 것이었습니다. 그러므로 실제 목적은 다른 데 있고, 예수는 그것을 위해서 이용만 하는 모습을 질타하셨습니다. 그리고 외식과 정치적인 술수와 거짓과, 성경에 능통하지 않고 대충 교역을 때워나가는 것 등이 바로 예수를 팔아먹는 구체적인 행위들이었습니다.

그분이 이제 슬하를 떠나 목회현장으로 나가는 제자들을 마지막 보는 자리에서 그렇게 단호하고 엄하게 이 문제를 다루는 것은 목회현장에서 그런 일들이 왕성하게 벌어지고 있다는 안타까움과 아픔 때문이었습니다. 그러므로 그분은 이렇게 말씀하셨습니다.

"오늘날 우리들은 특이한 세상에 살고 있습니다. 다시 이러한 세상은 없을 것입니다. 외식이 너무 많고 정치가 너무 많고 거짓말이 너무 많고 이 교계에서 하는 일들을 보아도 너무도 예수님의 말씀을 깊게 느껴보지 못하고, 깊이 알지도 못하고, 예수님의 지시를 깊이 받지도 못하여 명백히 느끼지도 못하면서 자기들 나름대로 그저 이렇게 저렇게 해나가는 이러한 교역이 얼마나 많은 줄 몰라요. 나는 여러분들이 그렇게 안 될 줄을 믿습니다. … 우리는 다른 것은 에누리해도 성경은 못합니다. 하나님의 말씀은 에누리 못합니다. … 말로는 주여 주여 하고, 말로는 성경이 하나님 말씀이라고 하지만, 그 말대로 성경은 하나님 말씀인데 성경을 얼마나 아느냐 할 때에는 이것 문제가 된다 말이예요. 성경을 모르고서 사람이 될 수도 없고, 성경을 모르고서 신자가 물론 될 수 없고, 성경을 모르고서 주님의 일을 전혀 할 수 없는 거예요. 주님의 일을 성경을 모르고 한다면 이것은 가짜요, 이것은 도적놈이요, 이것은 그야말로 예수를 팔아먹는 사악한 일꾼인 것이 분명하지요."

그 어른은 우리가 졸업장이라는 종이조각 하나 가지고 학교를 나가는 것으로 끝난다면 그것은 참 원통한 일이며, 그런 사람이 바로 평생 예수를 팔아먹을 사람이라고 엄하고 단호하게 경고하셨습니다. 우리는 언제라도 예수를 팔아먹을 위험한 사람이라는 것을 늘 인식하고 심히 근심하는 마음의 태도가 늘 있어야 된다는 것을 명심하라고 하셨습니다. 그러면서 강하게 던지신 말씀 한 마디가 지금도 귓전에 생생합니다. "그렇지 않으면 어느 순간에 어떻게 비뚤어질지 모르는 것이 인생이란 말이요!"

　사람마다 예수를 팔아먹을 위험성이 있습니다. 예수를 순종의 대상이 아니라, 이용의 대상으로 여기며 살 위험성입니다. 오늘날 한국교회는 예수를 팔아먹는 사람들, 특별히 교회 지도자들 때문에 혼란을 겪고 있고, 한편으로는 처참할 정도의 능욕을 당하고 있다는 사실을 아무도 부인할 수 없을 것입니다. 예수를 팔아먹을 위험한 존재이면서도, 주님 앞에서 그 사실을 근심하지 않을 뿐 아니라, 예수를 팔아먹는 일을 서슴없이 하고 있으면서도 그것이 당연한 것인 양 두려움도 없고 돌이킴도 없이 계속 그 길을 가고 있는 것이 우리의 근본적인 문제입니다. 이런저런 생각과 죄스러움에 오늘은 박윤선 목사님이 더욱 그리워집니다.

마태복음 26:24-25

제대로 듣기

교실에 들어오신 선생님이 코를 킁킁 거리시며 말씀하셨습니다. "이게 무슨 냄새야?" 그러자 앞자리에 앉아있던 한 학생이 얼른 대답했습니다. "OO가 도시락 까먹었대요!" 그런데 뒤 자리에 앉아있던 한 아이는 급히 일어나더니 창문을 열기 시작하였습니다. 동일한 선생님의 말씀이었지만 두 아이는 서로 판이하게 반응을 한 것입니다. 앞의 아이는 교실에서 음식냄새가 나게 한 아이에 대한 비난으로 선생님의 말씀에 반응을 하였습니다. 뒤의 아이는 선생님이 싫어하시는 냄새를 빨리 없애는 행동으로 반응을 하였습니다. 앞의 아이는 "이게 무슨 냄새야?"라는 선생님의 말씀을 "어떤 놈이야?" 하는 말로 알아들은 것이고, 뒤의 아이는 "창문 좀 열어 냄새를 빼자!"는 말로 알아들은 것입니다.

친구 셋이 길을 가고 있었습니다. 포장마차 앞을 지나면서 한 친구가 말했습니다. "아이, 배고파!" 그 말을 들은 한 친구가 받아쳤습니다. "너는 속에 거지가 들어있냐? 금방 밥 먹었잖아!" 옆에 있던 다른 친구는 말했습니다. "어떻게 하지? 나도 마침 돈이 하나도 없는데…" 이 친구는 배고프다는 친구의 말을 포장마차에 들러 뭘 먹고 싶다는 말로 알아들은 것이었습니다.

어느 해인가 공동의회를 앞두고 우리 교회 중직자 한 분이 제게 건의를 했습니다. "교인들 가운데 이러이러한 말을 하는 사람이 있는데 미리 대책을 세우는 것이 좋을 것 같습니다." 내가 물었습니다. "누가 그런 말을 다 해요?" 잠시 그 분의 숨이 멎는 듯하더니, 한 마디가 터져 나왔습니다. "목사님은 제가 있지도 않는 것을 거짓말로 말하는 것으로 오해를 하시는데요. OOO 집사가 그랬습니다!" 나는 어안이 벙벙하였습니다. 교인이 그런 엉뚱한 말을 하는 것이 어이가 없다는 말이었지, 그분이 거짓말을 하고 있다는 뜻으로 한 말이 아니었기 때문입니다. 그분은 목사인 내가 자기의 말을 신뢰하지 않으며, 자기가 하는 말을 못마땅해 한다는 선입견을 평소에 갖고 있었던 것이 분명했습니다. 그래서 그 날도 나의 말이 곧바로 그렇게 들렸을 것입니다.

상대방의 말을 어떻게 듣는가 하는 것은 때로는 듣는 그 사

202

람이 어떠한 사람인가를 보여주는 표지판이기도 합니다. 그리고 그 사람의 중심에 무엇이 있는가를 드러내주는 게시판이 되기도 합니다. 부정적인 사람은 거의 언제나 부정적인 관점에서 다른 사람의 말을 듣습니다. 비판적인 사람은 거의 언제나 비난하는 입장에서 다른 사람의 말을 듣습니다.

사실, 예수님께서 그의 말씀을 듣는 청중에게 자주자주 느꼈던 답답함도 바로 이런 문제였습니다. 빌라도가 갈릴리 사람들을 죽여서 그 피를 제물로 사용했다는 말을 들은 그 시대의 사람들은 "죽임을 당한 사람들이 무슨 큰 죄를 지었기에 그런 죽음을 당했을까" 하고 생각한 듯합니다. 그러기에 예수님은, "너희는 죽임을 당한 이 갈릴리 사람들이 죽임을 당하지 않은 다른 갈릴리 사람들보다 죄가 더 있는 줄 아느냐?"(눅 13:2)고 반문하신 것입니다. 실로암에서 망대가 무너져 열여덟 사람이 치어죽었다는 말을 들으면서 이 사람들은 "치어죽은 그 사람들은 무슨 큰 죄를 지었길래…" 하는 궁금증으로 생각이 돌아간 듯합니다. 그러기에 예수님은, "실로암에서 망대가 무너져 치어죽은 열여덟 사람이 예루살렘에 거한 모든 사람보다 죄가 더 있는 줄 아느냐?"고 반문 하신 것입니다(4절). 그 말을 듣는 그 사람들은, "우리도 다 죄인인데… 우리도 회개하지 않으면 망하고야 말것이다"는 데로 생각이 돌아가야 했습니다. 그러므로 예수님은 거듭해서 그렇게 말씀하셨습니다. "너희에게 이르노니 아니라, 너

희도 만일 회개치 아니하면 다 이와 같이 망하리라"(3절). "너희
에게 이르노니 아니라, 너희도 만일 회개치 아니하면 다 이와
같이 망하리라"(5절). 망해버린 다른 사람의 이야기를 들으며 그
사람의 죄가 무엇이었을까를 궁금해 하는 데로 생각이 돌아가
는 사람이 있습니다. 그런가하면 자기 자신의 모습을 돌아보며
회개를 떠올리는 사람이 있습니다.

"들을 귀 있는 자는 성령이 교회들에게 하시는 말씀을 들을
찌니라!"는 주님의 말씀은 귀의 종류를 말한 것이 아닙니다. 생
각과 태도와 관계의 종류를 말한 것입니다. 하나님의 말씀이든
지, 사람의 말이든지, 제대로 듣는 귀를 회복하는 것이 중요한
일입니다.

누가복음 13:1-5

따뜻한 마음

"목사는 돌을 집어 먹어도 소화를 시킬 수 있는 사람이 해야 된다!" 목사가 되겠다고 하니 어머니가 그 길을 말리며 하신 말씀이라며 어느 목사님이 들려주신 이야기였습니다. 그 어머니는 아주 오래전에 강원도에서 전심을 쏟아 목회하다가 어느 날 젊은 목사 남편이 세상을 떠나자 쌀 한 바가지 배려도 받지 못한 채 아이들을 데리고 무작정 그 교회를 떠나야 했던 사모님이었습니다. "목사는 돌을 집어 먹어도 소화를 시킬 수 있는 사람이 해야 되는 것이라며 우리 어머니가 목사 되는 것을 말리시더라"는 그 말을 듣는 순간 나는 울컥하며 목이 메었습니다. 목사는 위장이 튼튼해야 한다는 말이 아닙니다. 길바닥의 돌 밖에 집어먹을 것이 없을 만큼 어려운 생활을 각오해야 한다는 말을 그렇게 한 것입니다. 나는 그 어머니의 마음이 가슴에 사무쳐왔습니다.

남편 세상 떠나자 대책도 없이 교회를 떠날 그 때 초등학생이었던 그 아들이 오랜 세월이 지난 후에 다시 대를 이어 그런 길을 가겠다하니 이 어머니의 심정이 얼마나 어렵고 착잡했을지 나는 금방 실감이 났습니다. 당신이 목회의 길에서 당했던 그 서러움과 그 매정함을, 이제는 아들이 또 그 길을 가며 당해내야 할지도 모른다는 생각에 어머니는 아들이 많이 안쓰러웠을 것입니다. 그래서 한 맺힌 가슴을 그렇게 털어놓았을 것입니다. "목사는 돌을 집어먹어도 소화를 시킬 수 있는 사람이 해야된다!" 지난 여름 어느 목회자 세미나에 참석했더니 강사 목사님이 강의 중에 말씀하셨습니다. "교회처럼 인정머리 없는 곳이 어디있습니까?" 말씀이 좀 지나치다 싶었는데, 알고 보니 그 분은 한 교회에서 30년 넘게 목회하신 목사 아버지 밑에서 자라서 결국 자기도 목사가 된 분이었습니다. 아마도 교회 안에서 자라면서 본 것이 많아서 하는 이야기려니 하였습니다.

교회가 매정한 것은 죄입니다. 그것은 악한 죄입니다. 이 경우 "교회"라 함은 대개의 경우 그 교회의 의사결정을 대표하는 중직자들입니다. 그들의 사고방식과 의견이 바로 그 교회의 풍토가 되기 때문입니다. 나 자신의 목회 현장에도 그런 사람들이 있었습니다. 참으로 인색하고 매정하여 다시는 만나고 싶지 않은 몇 사람의 얼굴이 스쳐갑니다. 미움과 증오가 활화산처럼 살아남아서가 아닙니다. 가슴에 한이 맺혀서가 아닙니다. 그냥 그 매몰차고 차가움을 다시 접하고 싶지 않다는 본능적 반응일 뿐입니다. 꼭 교회가 아닐지라도, 사람이 사는 곳이면 무엇보다도 사람들이 따뜻해야 합니다. 차가운 공기야 불을 때어 덥히면 되지만, 사람이 따뜻하려면 그 마음을 덥혀야 됩니다. 마음이 매정한 것은 죄입니다. 매정한 것은 어떤 이유를 둘러대며 그럴듯한 변명을 하여도 하나님 앞에서 죄입니다. 최소한, 한없는 사랑의 빚을 하나님께 지고 사는 그리스도인들에게는 그렇습니다.

어느 토요일 오후, 히브리서 13장의 한 장면이 문득 떠올랐습니다. "오직 선을 행함과 서로 나눠주기를 잊지 말라. 이같은 제사는 하나님이 기뻐하시느니라. 너희를 인도하는 자들에게 순종하고 복종하라. 저희는 너희 영혼을 위하여 경성하기를 자기가 회계할 자인 것같이 하느니라. 저희로 하여금 즐거움으로 이것을 하게 하고 근심으로 하게 말라. 그렇지 않으면 너희에게 유익이 없느니라." 이 말씀을 묵상할수록 생생하게 느껴지는 것과 선명하게 떠오르는 한 단어가 있었습니다. "따뜻함"입니다. 한편의 권리나 다른 한편의 의무를 강조하는 말씀이 아닙니다. 서로의 따듯한 마음과 그로부터 나오는 따뜻한 몸짓을 말하는 것입니다. "좋은 일을 하고 서로 사귀고 돕는 일을 게을리하지 않는 교인들"(16절). "교인들의 영혼을 위하여 정신을 바짝 차리고 보살피는 지도자" 그리고 그 일을 "괴로운 마음이 아니라 기쁜 마음으로 하도록 배려하는 교인들"(17절). 그것이 가능한 것은 이들의 마음이 따뜻하기 때문입니다. 마음이 따뜻한 이들이 서로를 배려하는 모습으로 사는 곳에서는 누구에게나 "따뜻함"이 느껴질 것이고, 당연히 그곳은 모두가 행복한 곳일 거란 확신이 들었습니다. 그리고 그것을 상상하는 것만으로도 마음이 행복해졌습니다.

갈수록 매정함과 자기 욕심으로 피차의 고통이 심해진다는 이 시대에, 우리 신자들에게 필요한 것은 서로를 배려하는 따뜻한 마음입니다. 그리고 우리에게 그것이 가능한 것은, 우리 주님의 따뜻함을 이미 덧입은 성도들이기 때문입니다. 히브리서의 말씀대로 하면 가르치는 자나 배우는 자나 신자는 모두 행동하는 사람입니다. 그리고 그의 행동의 근저에는 서로를 향한 따뜻한 마음이 둥지를 틀고 있습니다. 가정이건 교회건 신자들이 사는 곳이라면 사람들이 따뜻해야 합니다.

히브리서 13:16-17

신자는
오늘을 산다

타임아웃이 되어버리기 전에

지금 하는 것이

슬기입니다

타임 아웃 · Time Out

아주 오래전이었습니다. 한 젊은 부인이 제 정신을 잃고 발악을 하듯 방바닥을 치며 통곡을 하였습니다. "오늘 아침에 그렇게 보내지만 않았어도 이렇게 원통하지는 않을 것을! 너무나 원통해! 너무나 원통해!" 그 여인이 그렇게 통곡하는 데는 사연이 있었습니다. 이 부인은 그 전날 남편과 심하게 다투고 잠자리에 들었습니다. 그리고 아침이 되어 남편이 출근하는데, 화가 나서 출근하는 남편을 일부러 거들떠보지도 않고 그냥 누워있었습니다. 아침마다 아내의 환송을 받으며 출근을 하던 남편은 그 날은 말없이 혼자 챙겨서 출근을 하였습니다. 그런데 아내는 남편이 출근하고 몇 시간이 지나지 않아서, 그가 교통사고로 죽었다는 연락을 받은 것이었습니다. 세상을 떠난 남편을 두고 바닥을 치며 통곡 하는 이 젊은 부인을 만나고 온 우리 교인에게 그 이 야기를 전해 듣고 나도 마음이 휑하니 허탈하였습니다.

살다보면 어떤 일들은 이미 시간이 지나버렸기 때문에 더 이 상 어떻게 할 수가 없는 경우들이 있습니다. 아무리 잘 해도 그 잘하는 것이 아무런 소용이 없는 경우들이 있습니다. 아무리 열 심히 하여도 그 열심이 아무런 유익이 없는 경우들이 있습니다. 마치, 타임아웃이 되어버린 축구장에서 아무리 골대에 볼을 차 넣어도 아무 소용이 없는 것처럼, 주어진 시간이 지나버렸기 때 문에 쓸모가 없는 것입니다. 그런 점에서 보면, "보라 지금은 은 혜 받을 만한 때요 보라 지금은 구원의 날이라"는 말씀은 단순 히 은혜와 구원에로의 초대만이 아닙니다. 지금이 지나면 영영 다시 기회가 없다는 경고이기도 합니다. 은혜와 구원을 베푸시 는 하나님의 자비하심에 대한 설명만이 아닙니다. 지금이라는 기회를 거부하고 나면 그것으로 끝내버리고 말 하나님의 단호 하심에 대한 선포이기도 합니다.

열 처녀 비유는 슬기로운 다섯 처녀와 어리석은 다섯 처녀의 이야기입니다. 다섯 처녀를 슬기롭게 하고, 다른 다섯 처녀를 어리석게 한 결정적인 기준은 무엇일까? 본문은 그들의 무엇을 가리켜 이들이 어리석은 사람들이었다고 말하는 것일까? 많은 사람들이 이 비유는 기름을 준비한 다섯 처녀의 지혜로움과 기름을 준비하지 않은 다른 다섯 처녀의 어리석음의 이야기라고 생각합니다. 이 처녀들의 지혜와 어리석음의 결정적인 요인은 "준비성"있는 삶이라고 하는 것입니다. 사건을 얼핏 보면 그렇게 보이기도 합니다. 그리하여 우리도 슬기로운 다섯 처녀처럼 준비하는 인생을 살아야 된다고 생각합니다.

그러나 이 비유를 자세히 살펴보면 이야기는 달라집니다. 두 종류로 분류된 이 다섯 처녀들은 사실 차이점보다는 공통점을 훨씬 더 많이 갖고 있습니다. 열 처녀 모두 혼인잔치에 초대를 받았습니다. 신랑을 기다리다가 오는 시간이 늦어지자 모두 다 졸았습니다. 그런데도 오지 않자 모두 다 잠을 잤습니다. 신랑의 도착을 알리는 소리가 울려 퍼지자 모두 다 일어났습니다. 그리고 모두 같이 등불을 켜고 길을 떠났습니다. 어느 정도 길을 가다가 다섯 처녀의 등에 기름이 떨어져서 불이 꺼져가기 시작하였습니다. 혼비백산한 다섯 처녀는 이리 뛰고 저리 뛰며 기름을 준비하느라 정신이 없었습니다. 그렇게 하여 마침내 기름을 충분히 준비하여 등불을 밝히며 왔습니다. 결과만 놓고 보면, 슬기로운 다섯 처녀와 어리석은 다섯 처녀 사이에 차이점은 아무것도 없습니다. 그들도 기름을 준비했고, 이들도 비록 늦기는 했지만 결과적으로는 충분한 기름을 준비하였습니다. 그런데도 이 두 그룹의 사람들의 인생의 결과는 하늘과 땅처럼 극단적으로 달라져버리고 말았습니다. 다섯 처녀는 혼인잔치에 들어갔고, 다른 다섯 처녀는 들어가지 못한 것입니다.

그들은 기름을 준비하지 않아서 못들어간 것이 아닙니다. 끝내는 그들도 충분한 기름을 준비하였습니다. 다만, 그렇게 애쓰고 고생해서 기름을 충분히 준비한 것이 아무런 쓸모가 없을 때 그렇게 한 것입니다. 말하자면, 타임아웃이 되어버린 이후에 기름을 준비한 것입니다. 기름을 준비해야 할 때 준비하지 않은 것입니다. 이렇게 놓고 보면, 이 비유는 준비의 문제를 말하는 것이 아니라, 기회의 문제를 말하고 있는 것이 됩니다. 많은 기도가 더 이상 쓸모가 없는 때가 올 수 있습니다. 많은 헌신과 베풂과 용서와 화해와 사랑의 몸짓이 더 이상 아무런 소용이 없을 때가 올 수 있습니다.

너무 늦어버리기 전에, 너무 늦어버려서 슬피 울며 이를 가는 것 외에는 달리 할 일이 없는 상황이 오기 전에 해야 할 일들이 우리에게는 있습니다. 타임아웃이 되어버리기 전에 지금 하는 것이 슬기입니다.

마태복음 25:1-13

216

새롭게 받은 권세

우리가 예수 믿고 구원 받은 사람이라는 것은 사실 엄청난 사건이기도 합니다. 그 자체가 가장 큰 기쁨이기도 하고, 세상을 담대하게 살아갈 가장 확실한 근거이기도 합니다. 그러나 예수 믿고 구원 받은 사람이라는 사실이 우리의 일상생활에서 어느 정도나 비중을 차지하고 있는지 가만히 살펴보면 때로는 참 한심하다는 생각이 들곤 합니다. 구원 받은 사람이라는 사실이 더 이상 흥분거리도 아니고, 더 이상 용기와 담력을 불러일으키는 근거이지도 않아 보입니다. 그것만 가지고는 별 것 아닌 것처럼 여기며 살고 있다는 생각을 하게 됩니다.

돌아가신 나의 아버님은 열일곱 살 청년 때 김용안 목사님이라는 분을 만나 전도를 받고 예수를 믿었습니다. 그리고는 평생 그 분을 못잊어 하셨습니다. 우리 형제들이 어릴 때부터 자주자주 아버님께 들은 말씀이 있었습니다. "너희들은 평생 김용안 목사님의 은혜를 잊어서는 안 된다." 아버님은 예수 믿고 구원받은 사람으로 산다는 것이 얼마나 놀라운 축복인가를 신앙생활을 할수록 분명하게 깨달으셨습니다. 그러자 그 복을 누릴 수 있도록 자신을 예수 믿게 해주신 분이 바로 김용안 목사님이라는 생각 때문에 평생을 그 목사님을 마음에 품고 감사하며 살게 된 것입니다. 그리고 자식들에게도 평생 그 목사님의 은혜를 잊지 말라고 당부하신 것입니다. 그 목사님의 은혜란 바로 예수 믿고 구원 받은 길로 인도해준 그 은혜를 말하는 것이었습니다.

그렇게 예수님을 만난 지 60여 년이 흐른 어느 해 설날 아침 온 집안이 모여 가정 예배를 드린 뒤 아버님은 뜻밖의 말씀을 하셨습니다. "내가 가장 복을 많이 받았다." 왜 그렇게 생각하시는지를 물었더니 다시 대답하셨습니다. "내가 우리 집안에서 처음으로 예수를 믿었다. 그런데 지금은 나의 팔남매 자녀들은 말 할 것도 없고 들어온 사위나 며느리나 손자 손녀들, 그리고 내 동생들의 집안, 심지어 조카들까지 우리 집안 모두가 예수를 믿는다." 그것이 당신이 가장 큰 복을 받았다고 자랑스러워하고 행복해하는 이유였습니다. 모아놓은 재산도 없고, 높은 지위에 오른 적도 없고, 자식 가운데 무슨 장관이나 고급 관료가 나온 것도 아닙니다. 하지만 그분은 예수 믿고 구원받은 것이면 그것이 가장 큰 축복이고, 자랑스러운 것이라고 여기신 것입니다. 그렇게 말씀하시고 2개월 후 그분은 79세의 나이에 하나님의 부르심을 받았습니다. 우리는 우리가 받은 구원을 너무나 하찮게 생각하는 경향이 있습니다. 구원받은 자의 기쁨과 행복과 자랑과 용기를 모두 잃어버리고 다른 곳에만 한눈을 팔면서 불만에 찬 일상을 살고 있는 것은 아닌지 모릅니다.

로마서 8장 35절부터 바울이 쏟아내는 흥분과 담력과 자신감에 찬 외침은 우리에게 많은 생각을 하게 합니다. 바울은 자신이 구원을 받아 그리스도 예수께 붙어 있는 사람이라는 사실이 무엇을 의미하며, 그에게 무엇을 보장하는 것인가를 매우 흥분한 어조로 그리고 결의에 찬 모습으로 외쳐댑니다. 그의 아우성은 그 내용이 너무나 분명하여 굳이 해석이 필요 없을 정도입니다. 그냥 듣는 것만으로도 우리의 가슴을 요동치게 합니다. "누가 우리를 그리스도의 사랑에서 끊으리요. 환난이나 곤고나 핍박이나 기근이나 적신이나 위험이나 칼이랴… 그러나 이 모든 일에 우리를 사랑하시는 이로 말미암아 우리가 넉넉히 이기느니라. 내가 확신하노니 사망이나 생명이나 천사들이나 권세자들이나 현재 일이나 장래 일이나 능력이나 높음이나 깊음이나 다른 어떤 피조물이라도 우리를 우리 주 그리스도 예수 안에 있는 하나님의 사랑에서 끊을 수 없으리라!"

그리스도 예수께 붙어있는 이 구원이 얼마나 귀하고 복된 것인지, 세상의 그 어느 것과도 결코 바꾸지 않겠다는 의지의 표현이기도 합니다. 그런가 하면 자기가 얻은 구원을 위해서라면 세상의 어떤 험악한 일이라도 피하지 않고 당해내겠다는 결단의 선언이기도 합니다. 그리고 그리스도 예수께로부터 자신이 보장받고 있는 것이 무엇인지를 확실하게 아는 자의 확신에 찬 승리의 선언이기도 합니다. 그의 현실이 엄청나게 잘 풀리고 있어서가 아닙니다. 사실 그가 직면하고 있는 현실은 정반대입니다. 환난, 곤고, 핍박, 기근, 적신, 위험, 칼, 그리고 도살당할 양처럼 죽음이 눈앞에 어른거리는 것이 그가 살아가고 있는 현실입니다. 그런데 그는 그렇게 개선장군처럼, 최후의 승리자처럼 당당하고 떳떳하게 외치고 있는 것입니다. 이유는 단 한 가지입니다. 그리스도 예수로 말미암은 구원을 소유하고 있다는 사실입니다. 사도 바울에게 구원은 그리스도께로부터 새롭게 받은 권세입니다.

우리가 예수를 믿고 구원을 받아 그리스도 예수께 붙어있는 사람이라는 사실은 우리로 하여금 이렇게 흥분하게 하고, 삶에 자신감이 넘치게 하고, 승리의 아우성이 터져나오게 하는 것입니다. 그것은 우리가 새롭게 받은 권세입니다. 그런데도 우리는 이렇게 귀한 것을 아무 것도 아닌 것처럼 여기며 뭔가 화끈한 다른 것을 찾느라 두리번거리면서 세월을 허송하고 있는 것은 아닌지 모릅니다. 구원을 소유했다는 사실 만으로도 우리는 이미 충분히 가진 사람이라는 것을 알아야 합니다. 그리고 당당하게 오늘을 살아내야 합니다.

빈 무덤에서 갈릴리로

해마다 부활절이 되면 많은 이들이 고민하는 것이 있습니다. 최소한 오늘 같은 부활주일 아침만이라도 감격스러워지고 흥분이 되고 가슴이 뜨거워져야 할 것 같은데, 사실은 아무런 특별한 느낌도 없고, 저절로 우러나오는 아무런 증상도 없다는 것입니다. 솔직히 말해, 부활절 감사헌금은 얼마를 해야 적당할 것인가 하는 고민만 하나 더 늘어난 것 같기도 합니다. 그래서 감격하고 흥분하려고 애써봐도 여전히 마음은 덤덤하고 냉랭하여 지난주나 오늘이나 별 차이가 없습니다. 그래서 나의 부활신앙은 무엇인가 잘못된 건 아닌가 하고 의심을 품게 되기도 합니다. 목회자는 부활주일이라는 사실을 내세워 예배 분위기를 띄워보고자 하지만 부활주일이라는 사실만으로 예배 분위기가 뜨거워지지는 않는다는 현실을 확인할 뿐입니다. 아마 이것이 다수의 신자들과 목회자들이 부활주일 아침에 겪는 곤혹스러움일 것입니다.

그러나 부활의 현장을 다루고 있는 복음서의 기록들을 자세히 살펴보면, 성경은 우리가 생각하고 기대하고 있는 것과는 매우 다른 방법으로 부활사건을 다루고 있음을 발견하게 됩니다. 부활의 그 현장에 대한 복음서들의 공통적인 증언은 어느 곳에서도 부활을 저절로 우러나오는 흥분과 감격으로 말하고 있지 않습니다. 오히려 그 반대입니다. 예수님이 부활하신 바로 그날 첫 새벽에 예수님을 극진히도 사랑했던 몇몇 여자들은 예수님의 무덤을 찾아갔습니다. 그들은 극진한 정성으로 향품을 준비하여 갔습니다. 향품은 죽은 시체를 위한 것입니다. 그들은 부활은커녕, 여전히 죽어있을 예수님의 시체를 생각하며 찾아간 것입니다. 빈 무덤 앞에서 그들이 보여준 모습은 놀라고, 떨고, 도망하고, 무서워서 말문이 막힌 모습이었습니다. 예수님께서 부활하셨다는 소식을 속속 전해 듣는 제자들이 나타낸 반응을 복음서는 반복적으로 지적합니다. 그들이 믿지 않았다는 것입니다. "듣고도 믿지 아니하니라." "역시 믿지 아니하니라." "믿지 아니함일러라." "그들의 말이 허탄한 듯이 들려 믿지 아니하나…" 제자들이 그 소식을 듣고 흥분하고 감격하고 좋아서 펄쩍펄쩍 뛰면서 "손을 높이 들고 주를 찬양"했다는 말이 아닙니다. 부활 신앙은 감정적 흥분의 문제가 아니라, 의지적 믿음의 문제임을 복음서는 이렇게 역설하고 있는 것입니다.

그러면서 동시에 주어지는 아주 중요한 말씀이 있습니다. 갈릴리로 모이라는 말씀입니다. 빈 무덤을 향해 온 이들에게, 그리고 예수님의 부활을 믿지 못하는 이들에게 계속해서 주어지는 명령은 갈릴리로 모이라는 말씀입니다. 예수님이 잡히시기 전에 제자들에게 하신 말씀은 "내가 죽고 살아난 후에 너희보다 먼저 갈릴리로 가리라"는 것이었습니다. "나는 부활할 것이니 너희들은 갈릴리로 오라. 거기서 만나자"는 말씀입니다. 무덤으로 나아온 이 사람들에게 천사가 다시 다급한 어조로 재촉하는 것도 갈릴리였습니다. "빨리 가서 그의 제자들에게 이르되 그가 죽은 자 가운데서 살아나셨고 너희보다 먼저 갈릴리로 가시리니 거기서 너희가 뵈오리라"(마 28:7). "너희가 어찌하여 산 자를 죽은 자 가운데서 찾느냐? 주께서 갈릴리에 계실 때에 너희에게 말한 것을 기억하라." 마태복음 28장 10절에는, 부활한 주님 자신이 직접 찾아오셔서 말씀하십니다. "무서워 말라. 가서 내 형제들에게 갈릴리로 가라 하라. 거기서 나를 보리라." 온통 갈릴리에 초점이 맞추어져 있습니다. 갈릴리는 부활한 예수님을 만나는 곳, 예수님의 그 부활이 제자들에게 확인되는 삶의 현장으로 제시되고 있습니다.

그런데 갈릴리에 모여 주님의 부활을 확인하는 사람들에게 주어지는 마지막 명령이 있습니다. "그러므로 너희는 가라"는 명령입니다. "너희는 온 천하에 다니며"라는 명령입니다. 매일매일의 삶의 현장이 부활을 확인한 자로서 살아야 하는 부활신앙의 구체적인 현장으로 주어지고 있습니다. 그러므로 사도 바울도 고린도전서 15장에서 부활에 대한 긴 말씀을 이러한 결론으로 마감하고 있습니다. "그러므로 내 사랑하는 형제들아 견고하며 흔들리지 말며 항상 주의 일에 더욱 힘쓰는 자들이 되라." 예수님의 부활을 확인한 사람들, 그래서 자신도 부활할 것을 확인한 사람들은 부활을 소유한 사람처럼 그렇게 살기로 결단하고 오늘을 살 것을 요구하는 것입니다. 그것이 부활신앙의 능력이고 요구입니다.

부활신앙은 생각만 해도 저절로 우리의 마음이 뜨거워지고 감격스러워지는 감정의 문제가 아닙니다. 예수님의 부활과 그로 말미암은 나의 부활을 의지적으로 고백하고 인정하는 것입니다. 그에 대하여 견고하고 흔들리지 않는 믿음을 갖는 것입니다. 그리고 부활을 믿는 사람으로서 지금 이곳 곧 오늘을 살아가는 것입니다. 이것이 성경이 말하는 부활신앙입니다.

마가복음 16:1-14

친구

　대학졸업하고 군에 갔다 온 다음 해, 나는 남서울교회 지하실에 막 둥지를 튼 합동신학교에서 공부를 시작하였습니다. 시골에서 올라온 터라 아는 이도 없고, 신학이란 아무 것도 몰라서 끼일 자리도 없었습니다. 한 학기 내내 앞자리 앉아 강의만 듣고 말없이 그렇게 학교를 오갔습니다. 여름 방학 끝나고 2학기가 지나가고 있는데, 어느 날 웬 덩치 우람하고 얼굴 새까만 한 반 학생이 옆에 다가왔습니다. 말을 걸어주고, 이것저것 궁금해하고, 이리저리 끼어주고… 그렇게 가까운 사이가 되고 맘을 나누는 친구가 되어갔습니다. 그 친구가 대학 때부터 가까운 또 다른 친구가 있어서 우리는 자연히 셋이 되었습니다.

그리고 세월이 흘러 35년. 그 세월 동안 우린 함께 먹고 함께 자고 함께 쏘다니는 세월이 쌓여갔습니다. 그러다보니 때론 신학적 안목이 달라도, 취향이 달라도, 입맛이 달라도, 생각이 달라도, 서울목사로 가고 지방목회자로 가고 교수로 가면서 사는 바닥이 서로 달라도, 의견과 주장하는 바가 때론 달라도, 그것이 친하게 함께 놀며 지내는데 문제가 되지 않고 장애도 되지 않았습니다. 뭐라고 해도 이해가 되고, 나 같았으면 하지 않을 생각과 행동을 해도 그냥 이해가 되고 용납이 되는 데까지 함께 왔습니다. 우리는 서로 깊은 정이 든 것입니다.

나이 들어갈수록, 정든 사람이 있어야 살맛이 난다는 것을 알게 됩니다. 우린 서로를 정든 사람이라고 여겨줍니다. 아내들도 그렇게 여기며 함께 먹고 즐거워합니다. 우린 늙어갈수록 이 아까운 세월을 아끼는 맘으로 기회가 없으면 만들면서라도 자주 만나고 싶어 합니다. 나는 친구들의 그 따뜻한 맘결과 배려 때문에 행복합니다.

안병욱, 김형석, 김태길. 앞의 두 분은 대중 사상 강연으로, 마지막 분은 글로 한 시대 한국 대중에게 큰 영향을 끼친 분들입니다. 나는 고등학생 때부터 이 분들의 강연을 쫓아다니며 들었습니다. 김형석 교수가 최근 98세가 되어 하신 강의를 들었습니다. 이제 세상 떠날 날도 가까워 오는데 그동안 너무 열심히 일만 하며 사느라 서로 정들고 살만큼 만나지도 못하고 살았으니 이제라도 서로 만나며 살자고 안 교수님이 제안을 해왔다는 것입니다. 김 교수님은 좋은 생각이다 싶어 일 년에 네 번이라도 셋이서 만나며 살자고 연락하였더니 김태길 교수님이 그렇게 생각이 없느냐며 반대하더라는 것입니다. 이제 살날이 얼마 남지 않아서 하나씩 떠나갈 텐데 지금 그렇게 만나서 정이 들어 버리면 가는 사람이야 괜찮지만 남은 사람이 그 슬픔을 어떻게 감당하겠냐고, 나중에 혼자 남는 사람은 어떻게 살라고 그러느냐고 나무라더라는 것입니다. 그러면서 그냥 이렇게 떨어져서 살다가 가자고 하더라는 것입니다. 남는 사람 맘 아플 것 생각하여 늘그막에 정드는 일 하지 말자는 김태길 교수의 말을 들으니 그렇겠다 싶어 일 년에 네 번 만나는 계획을 없던 일로 하였습니다. 그렇게 만나지 못한 채 얼마 안 있어 김 교수님 떠나고, 그리고 얼마 안 있어 다른 한 분 떠나 이제 자기 혼자만 남았단 이야기를 들었습니다. 만나고 싶은 마음 간절한데도 혼자 남을 사람 맘 아플 것을 생각하여 그것을 참으며 만나지 않겠단 것은 이미 깊은 정이 든 마음일 테지요.

우리 셋은 새파란 청년 때부터 정들기 시작하여 그 정이 무르익고 깊어지고 농익어서 이제는 누가 세상을 떠나 헤어져도 그간 누린 정이 충분하여 괜찮을 듯싶은 그런 사이가 되었습니다. 나이 이만큼 살아보니, 사람은 업적으로 사는 것이 아니란 걸 알겠습니다. 해놓은 일 되씹는 보람만으로는 사람이 살기에 부족합니다. 사람은 돈이 많으면 살 수 있는 게 아니란 걸 살아 보니 알겠습니다. 돈만 있으면 외로움도 잊을 수 있는 건 늙어서는 통하지 않습니다. 사람은 옆에 정든 사람이 있어야 사는 법이란 걸 알아갑니다. 목적이 같으니, 사상이 같으니, 경제 수준이 비슷하니, 아파트 넓은 평수가 같고, 신학사상이 같고, 목회하는 교회 규모가 비슷하니… 그런 건 조건이 아닙니다.

내 아버지는 왜정 때 소학교 밖에 나오지 않았습니다. 아버지는 우리가 늘 준모 아저씨라 부르는 어른과 친하게 지냈습니다. 준모 아저씨는 대학교 출신입니다. 그분은 그 시절 도청의 높은 분이어서 늘 검은 색 "찌푸차"를 타셨습니다. 나중엔 그 지역 선거관리를 책임지는 분이었습니다. 그분이 우리 아버지를 종종 찾아오셨습니다. 두 분이 다소곳이 앉아서 담소를 하셨습니다. 제 아버지는 그분께 "예수 믿고 교회 다녀" 하고 권하시곤 했습니다. 한 번은 그분이 아버지께 하시는 말씀을 들었습니다. "내가 도청에 있을 때 차를 타고 나가면 직원들이 늘 나한테 절을 했는데, 도청 떠나고 보니 그 사람들은 나한테 절을 한 게 아니더라고. 내 차한테 절을 했어." 높은 자리 떠나니 대하는 태도가 달라지는 사람들에게 느끼는 서운함이었을 것입니다. 아주 어릴 때 들었는데 지금도 그 말씀을 하시던 준모 아저씨 모습이 생생합니다.

말년의 사도 요한은 "사랑하는 가이오, 내가 참으로 사랑하는 자"를 생각하며 편지를 쓰다가 붓을 내던지듯이 이렇게 말하며 편지쓰기를 멈춥니다. "내가 네게 쓸 것이 많으나 먹과 붓으로 쓰기를 원하지 아니하고 속히 보기를 바라노니 우리가 대면하여 말하리라." 사도의 말이 내게는 이렇게 들립니다. "편지 몇 줄 쓰는 것 가지고는 양이 차지 않는다. 너의 얼굴을 보고 싶다." 사도 바울은 임종을 코앞에 두고 디모데에게 보내는 편지의 마지막을 이렇게 마무리합니다. "너는 겨울 전에 어서 오라"(딤후 4:21). 사도의 이 말 역시 보고 싶다는 말로 들립니다. 정든 두 사람의 아름다운 모습이 선하게 떠오릅니다.

사람은 나이 들어갈수록, 정든 사람이 있어야 살맛이 나는 법입니다. 엄격한 신학이나 철저한 신앙생활은 다른 사람과 정들어가는 것을 결코 방해하거나 금하지 않습니다. 어느 선배 목사님의 지론처럼, 우리가 같은 신학의 울타리 안에 있고, 같은 교단의 울타리 안에 있다면 우리는 서로 정이 들어가야 합니다. 만나는 것이 반가워야 합니다.

명의

마치 교회를 비난하는 일에 경쟁이라도 붙은 것 같은 느낌이 들곤 합니다. 한국교회를 말하는 사람이면 거의 모두가 조롱에 찬 비아냥과 분노에 찬 비난으로 열을 올리기 때문입니다. 사회도 여론도 반기독교 단체들도, 교회 안의 신자도 교회 밖의 불신자도, 심지어 교회의 어르신이라고 불리는 지도자들까지도 교회에 대한 비난과 가슴 섬뜩한 막말을 쏟아내기에 몰두하고 있는 것처럼 느껴질 때가 있습니다. 그러나 교회를 마음껏 비난하고 교회는 이제 끝나버렸다는 식으로 속 시원하게 최후 판정을 내리는 것이야 누가 못하겠습니까? 그런 상태에 빠진 교회를 아직도 애정을 갖고 어떻게든 치유하며 되살려보려는 것이 어렵지요. 정당한 비평을 반대하는 것이 아닙니다. 정당한 비평은 사람을 정신 차리게 하고, 사리를 분별하게 만들어줍니다. 그리고 그러한 비평에 애정이 달라붙으면 거기서 생명이 싹트게 됩니다. 그러나 비난은 비평과는 다릅니다. 비난에는 분노가 자리 잡고 있고, 비평에는 합리적 논리가 자리 잡고 있습니다. 분노에는 감정이 작동하고, 논리에는 이성이 작동합니다.

명의는 진단을 잘 하는 것만이 아니라, 절망적인 환자를 어떻게든 살려내고야 말기 때문에 명의입니다. 의학적으로는 가능성이 전혀 없는데도 살릴 길을 찾아보려고 신음하며 애쓰는 것은 그의 의술 때문이 아닙니다. 망가지고 있는 환자의 생명에 대한 애착심과 책임감 때문입니다. 자신의 치료가 아무런 효험이 없는 환자를 만나면 밥맛도 잠도 없어지고, 그러다가 그냥 그대로 죽여 내보내게 되면 감당할 수 없는 죄책감과 고통에 한동안 시달린다는 어느 명의의 말을 TV에서 들은 적이 있습니다. 명의는 의술에 대한 집착 때문에 되는 것이 아니라, 환자의 생명에 대한 애착 때문에 된다는 것을 나는 그 때 알았습니다. 명의의 심장에는 환자의 고통에 대한 책임감과, 그의 생명에 대한 애착이 뿌리를 박고 있습니다.

최소한 자기 자신을 교회 지도자라고 여기시는 분들에게 간곡하게 애원하고 싶은 것이 있습니다. 제발, 혹독한 대가를 치르며 신음하는 이 나라 교회에 대하여 예리하고 탁월한 심판자에서 한 걸음 나아가서 깊은 애정과 고뇌를 품은 명의가 되어

달라는 것입니다. 그래야 진정한 지도자입니다. 명의는 니코틴 중독으로 말기 폐암에 걸려서 찾아온 환자에게 그렇게 담배를 피워댔으니 죽어도 싸다고 말하는 법이 절대로 없습니다. 아무리 그가 죽어 마땅한 짓을 하여 그렇게 되었어도, 일단은 살려내기 위하여 전력을 쏟아 붓습니다.

한국교회가 사방으로부터 우겨 쌈을 당하듯이 안팎으로부터 모욕과 공격을 받으며 이렇게 처절한 처지에 이르게 된 절대적인 원인은 우리 스스로에게 있다는 것은 이제 누구나 인정합니다. 그동안 신자는 신자답지 않게 살아왔고, 교회는 교회답지 않게 살아온 결과입니다. 그리고 이 모든 사태의 원흉은 교회의 지도자들이라는 것을 누구도 부인할 수 없습니다. 그러므로 무슨 말을 들어도 답할 말이 없고, 무슨 비난과 책임추궁을 받아도 면목이 없을 뿐입니다. 그러나 세상이라면 몰라도 교회 안에 있는 신자와 지도자들은 그럼에도 불구하고 어떻게든 이 교회를 살려보려는 애정을 품어야 합니다. 만약 우리 하나님께서 우리가 무슨 잘못을 저질렀으며, 그러므로 어떻게 그 대가를 지불해야 하는가를 규명해주고 책임을 묻는 것으로 끝나셨더라면 우리는 모두 심판 가운데 죽었을 것입니다. 그러나 예수님은 우리가 무슨 죄를 저질렀는지를 지적하실 뿐 아니라, 그 자신이 우리를 살려내기 위한 대안을 내셨습니다. 그 대안이 바로 대신 죽는 것이었습니다. 우리를 향한 애정 때문이었습니다. 그래서 우리가 살아난 것입니다.

사도 바울은 고린도 교회가 얼마나 다양한 모습으로, 어떻게 철저하게 잘못되었는지 잘 알고 있었습니다. 그는 꾸짖고 책망하였습니다. 그러나 그것이 전부가 아니었습니다. 그러므로 그는 후에 그 교회에게 이렇게 말합니다. "이 외의 일은 고사하고 아직도 날마다 내 속에 눌리는 일이 있으니 곧 모든 교회를 위하여 염려하는 것이라. 누가 약하면 내가 약하지 아니하며 누가 실족하게 되면 내가 애타지 아니하더냐… 주 예수의 아버지 영원히 찬송할 하나님이 내가 거짓말 아니 하는 것을 아시느니라"(고후 11:28-31).

막다른 길로 내몰리고 있는 한국교회 신자들과 신음하는 지도자들에게는 비아냥과 비난이 아니라 애정 어린 비평과 고뇌에 찬 대안이 필요합니다. 죽을병에 걸린 것을 알면서도 애착심과 책임감 때문에 어떻게든 살려보려고 덤벼드는 명의가 필요합니다.

고린도후서 11:28-31

선언적 개혁주의자와 실천적 개혁주의자

내가 유학 중일 때 지도 교수님께서 나를 앉혀놓고 수시로 하셨던 말씀을 잊을 수가 없습니다. 우리가 개혁주의자라는 것은 반드시 두 가지 방면으로 입증되어야 한다는 말씀이었습니다. 첫째 "우리는 무엇을 가지고 있는가?" 곧, 우리는 어떤 신학전통 그리고 교회전통에 서 있는가로 우리가 개혁주의자라는 것이 입증되어야 한다는 것입니다. 둘째는 "우리는 무엇을 하고 있는가?" 곧, 우리의 현재의 삶이 우리는 개혁주의자라는 것을 입증해야 한다는 것이었습니다. 결국 우리에게는 우리가 물려받은 신학의 내용과 지금 살고 있는 삶이라는 두 기둥으로 우리는 개혁주의자라는 사실을 입증할 책임이 있다는 말씀이었습니다. 나는 그 말씀을 들을 때마다 가슴에 꼭꼭 새겨 넣곤 하였습니다.

내가 그 어른의 이 가르침을 지금도 잊지 못하고 떠올리는 것은, 우리는 무엇을 가지고 있는가만 내세워 우리가 개혁주의자라는 사실을 강조하는 모습을 너무 자주 목격하기 때문입니다. 그러다보니 개혁주의는 주로 우리가 얼마나 성경적이고, 깊이 있고, 수준 높은 신학을 견지하고 있는 사람들인가를 부각시키는 자화자찬으로 끝나버리는 경우가 허다합니다. 그것이 더 심화되면 칼끝을 다른 사람들에게 돌려 매섭게 몰아붙이고 비판하고 그러다가 조롱하며 비난하는 데로 나아갑니다. 입을 열거나, 글을 쓰거나 첫 마디를 한국교회에 대한 비난으로 시작하는 몇몇의 사람들을 나는 알고 있습니다. 그들의 말과 글의 핵심은 언제나 한국교회가 얼마나 반개혁주의적인가를 지적하고 개탄하는 것이 주를 이룹니다. 그러나 그들이 그렇게 감동하고 열광하고 또 자랑스러워하는 개혁주의를 그들의 일상의 삶속에서 눈으로 볼 수 있는지는 잘 모르겠습니다. 사실 그들의 그런 행태 자체가 이미 그들은 진정한 의미에서 개혁주의자가 아니라는 증거이기도 합니다.

우리는 자신도 모르는 사이에 개혁주의를 외치는 선언만 있지 실천은 없는 개혁주의자가 되고 있습니다. 그리하여 남을 향한 매서운 비판과 매정한 정죄만 있지, 자기를 후려치는 자기성

찰이 없고, 자기를 뜯어고치려는 아픈 몸부림은 없게 됩니다. 눈에 보이는 우리의 그러한 모습을 보며 어떤 부류의 사람들은 이제는 완전히 새로운 교회가 나타나야 된다고 단언합니다. 그리고 그 길은 정통신학에서 떠나는 것이라고, 정통신학으로는 안된다고 자신 있게 주장하기 시작하였습니다. 지난 십수년 동안 각광을 받으며 등장한 소위 이머징 교회 운동의 핵심적인 주장 가운데 하나도 바로 이것입니다. 그들의 말처럼 정통개혁신학이 새로운 시대에는 적용력이 없어서 일어난 문제가 아닙니다. 개혁주의의 실패나 한계 때문에 빚어진 현상이 아닙니다. 오늘날의 개혁주의자들의 실패와 한계가 빚어낸 결과입니다. 그리고 그 실패의 핵심에는 개혁주의자들이 개혁주의를 실천하지 않은 것이 둥지를 틀고 있습니다. 신학의 내용에는 감동하지만, 그 신학을 주장하는 사람들의 삶을 보고는 돌아서버리는 것입니다.

개혁주의라는 이름으로 우리가 가지고 있는 소중한 전통의 내용이 무엇이고, 가치가 무엇이며, 그 요구가 무엇인지를 확인하고 보존하고 전수해야 합니다. 우리는 그러한 신학전통에 서 있음을 확고하게 주장하고 선언하는 것은 필수적인 일입니다. 나는 이러한 입장에 서 있는 사람을 가리켜 나름대로 선언적 개혁주의자라고 부르곤 합니다. 그러나 그것만으로는 반쪽짜리 개혁주의자가 된다는 사실을 알아야 합니다. 그것이 개인의 일상의 삶이든지, 목회자의 목회 방식이든지, 노회든지, 총회든지, 지금 어떻게 살고 있는가, 어떤 사고방식과 원리로 일들을 처리하고 진행하는가, 어떤 가치관을 갖고 일관되게 살아가는가, 무엇을 최우선의 기준으로 삼고 일들을 결정하는가를 보고 우리가 개혁주의자라는 사실을 알 수 있어야 합니다.

이런 점에서 진정한 개혁주의자와 개혁주의 해설자는 엄밀히 구별해야 합니다. 지금 우리에게 필요한 것은 개혁주의 해설가가 아닙니다. 개혁주의 실천가가 필요합니다. 나는 이러한 사람을 가리켜 나름대로 실천적 개혁주의자라고 부르곤 합니다. 선언적 개혁주의자에서 머무르지 말고 실천적 개혁주의자의 자리로 나아가야 합니다. 개혁주의를 말하는 사람과 개혁주의를 행하는 사람은 같은 사람이어야 합니다. 그 때에 우리는 두 방면으로 입증되는 진정한 개혁주의자가 될 것입니다.

신앙이 단절된 시대

여러 해 전이었습니다. 평소에 존경하며 따르는 선배 목사님께서 혼자말로 중얼거리듯이 내게 말씀 하셨습니다. "앞으로 우리가 가지고 있는 신앙을 주제로 다음 세대와 대화가 될 수 있을지 걱정이예요." 신앙의 세대 간 전수가 단절되고 있음을 염려하는 신음소리로 들렸습니다. 사실 신앙이 한 세대에서 다음 세대로 전수되어야 한다는 것은 하나님의 일관된 뜻이었습니다. 그것은 "나는 너희 하나님이 되고 너희는 내 백성이 되리라"는 말로 요약된 언약관계의 핵심의도 가운데 하나이기도 합니다. 그러므로 출애굽 이후 약속의 땅에 들어가기 전까지 그 백성의 아버지들에게 일관되게 하신 말씀의 핵심은 "너희 자손에게, 자손의 자손에게" 여호와 신앙을 전수하라는 것이었습니다. 이스라엘 백성이 가나안에 들어가기 전 모압 평지에서 모세가 품었던 가장 큰 염려도 그들이 여호와 신앙을 잊어버리지 않을까 하는 것이었습니다. 평생 그 백성과 함께 살던 여호수아가 죽기 전에 품었던 가장 큰 근심도 바로 그것이었습니다. 그리고 여호수아가 죽은 후에 모세와 여호수아의 염려는 현실이 되고 말았습니다. 여호수아가 죽은 후 여호와 신앙이 전수되지 않은 "그 후에 일어난 다른 세대"(삿 2:10)라는 말로 이름 붙여진 세대가 350년 이상 엮어가는 역사가 바로 사사시대입니다.

여호와 신앙이 전수되지 않으면 그냥 그것으로 그치는 것이 아닙니다. 반드시 불신앙과 하나님에 대한 배역이 전수됩니다. 불신앙이 전수된 세대가 이끌어가는 역사가 얼마나 참혹한가는 사사기를 보면 금방 생생하게 확인할 수 있습니다. 한 가정에서도 여호와 신앙이 전수되지 않고 불신앙과 하나님에 대한 배역이 전수될 때 얼마나 비참한 상황이 초래되고 마는가를 우리는 우리 주위에서도, 성경에서도 자주 볼 수 있습니다.

아하시야 왕은 선지자 엘리야가 한창 활동하던 시대에 이스라엘을 통치한 왕이었습니다. 그는 할아버지가 이스라엘의 왕 노릇을 시작하여 아버지를 거쳐 3대째 이스라엘의 왕위에 오른 사람입니다. 그의 할아버지는 오므리 왕이고 그의 아버지는 아합 왕입니다. 오므리는 그동안 이스라엘의 모든 왕들 가운데 하나님 앞에서 가장 악한 왕이었다는 판결을 받은 사람입니다. 그의 아버지 아합은 아버지의 기록을 깨고 다시 그동안의 모든 이스라엘 왕들 가운데서 가장 악한 왕이라는 신기록을 수립한 사람입니다(왕상 16장). 그의 아들 아하시야는 단 2년 통치하고도 그의 아버지만큼 악한 왕이라는 판정을 받으며 가장 악한 왕 공동기록보유자가 되었습니다(왕상 22장). 이스라엘 왕실의 가문에서 하나님에 대한 불신앙과 여호와 신앙에 대한 반역이 3대에 걸쳐 전수된 것입니다.

사실 오므리와 아합은 정치적으로 외교적으로 큰 성과를 거두면서 나라를 융성하게 하는 업적을 쌓았습니다. 그러나 그 업적을 위하여 그들이 택한 삶의 방식은 하나님 앞에서 가장 악한 자들이라고 판정을 받을 만큼 철저하게 불신앙적이고, 반신앙적이었습니다. 아하시야는 자신의 문제를 하나님을 무시하고 다른 이방신을 의지하여 해결하려 하다가, 하나님으로부터 세 번 씩이나 경고를 받았습니다. 그럼에도 불구하고 그는 끝까지 불신앙과 배역으로 고집을 꺾지 않고 자기 길을 가다가 하나님이 말씀하신 대로 죽고 말았습니다. 삼대에 이어지는 이 왕들은 영적으로는 가장 처참한 시대를 만든 것입니다. 아하시야가 아들이 없어서 망정이니 그에게 아들이 있었으면 아마도 4대째 불신앙이 전수되었을 것입니다.

자신을 소위 교회 지도자라고 여기며 이런 저런 일들에 나서고 있는 이 시대의 교회지도자들은 다음세대의 교회지도자들에게 무엇을 전수하고 있는지 두려움으로 자신의 처신을 살펴보아야 합니다. 우리 귀에 들려오는 교회연합단체장 선거에 동원되었다는 금권 타락선거니, 교회단체의 지도자들이 권력기관 이곳저곳을 찾아다니며 펼친다는 이런 저런 부정한 로비 활동이니, 한 교회 안에서 일어나고 있는 이런 저런 모양의 패거리 야합과 분열이니 하는 것들은 다음세대에 전수되어서는 안되는 일들입니다. 그리고 신앙인의 가정에서 아버지들은 그리고 어머니들은 지금 자녀들에게 무엇을 전수하고 있는지 두려움으로 살펴보아야 합니다. 신앙이 전수되지 않으면 반드시 불신앙이 전수되고 만다는 사실을 두려움으로 인식해야 합니다.

이 시대 신앙인들이 직면한 가장 심각한 문제는 여호와 신앙의 세대간 전수가 단절되고 있다는 사실입니다. 하나님을 두려워하고 하나님을 전적으로 신뢰하는 여호와 신앙을 어떻게 다음 세대에 전수할 것인가에 우리의 고민과 기도와 희생과 투자 등 모든 것을 모아야 할 때입니다. 그리하여 다음 세대에도 하나님을 전적으로 신뢰하며 하나님을 두려워하는 신앙이 전수되게 해야 합니다. 하나님을 두려워 하지 않는 사람은 결국 모든 것을 두려워하게 됩니다. 그러나 하나님을 두려워하는 사람은 하나님 외에는 아무 것도 두려워하지 않게 됩니다.

열왕기상 22:51-53

바둑 잡자고 집에 불 지르는 죄

"내가 전 재산을 날리고 망할지라도 반드시 너를 망하게 하고 말겠다!"라며 분노에 가득차서 소리를 지르는 사람을 본 적이 있습니다. 우리말에는 "너 죽고 나 죽자!"는 무서운 말도 있습니다. 받은 상처나 쌓인 원한을 갚기 위하여 그 일에 나의 목숨을 거는 일은 정말이지 어리석은 일입니다. 더욱이 신앙의 이름으로 그렇게 하는 것은 악한 일입니다.

창세기 34장은 야곱 일가가 행한 무서운 복수극을 기록하고 있습니다. 그들이 세겜에 머무르고 있을 때입니다. 야곱이 레아에게서 난 딸 디나가 그 땅의 추장 세겜에게 강간을 당합니다.

이 일로 말미암아 야곱 가문에는 큰 근심과 분노가 들끓게 됩니다(7절). 디나에게 마음을 빼앗긴 세겜은 자기의 아버지를 동원하여 야곱을 찾아와서 디나와의 결혼을 간청합니다. 그리고 두 족속 사이에 통혼을 통한 연합을 제안합니다. 여러 가지 특혜를 베풀겠다고 약속하기도 합니다.

디나의 사건으로 분노와 복수심에 불타고 있는 야곱의 아들들은 결혼을 간청하는 세겜과 그 아비 하몰에게 조건부로 결혼을 승낙합니다. 그들의 모든 남자가 할례를 받으면 디나를 아내로 주고 두 민족이 하나로 연합하겠다는 것이었습니다(15–16절). 자기들의 종교적인 규례를 내세운 결혼 조건이었습니다. 그러나 이것은 종교적 유산을 지키기 위한 신앙심에서 나온 것이 아니었습니다. 상대의 남자들을 한 번에 몰살해버리려는 계략이었습니다. 하몰과 그의 아들 세겜은 야곱의 아들들이 제안한 결혼 조건을 흔쾌히 받아들입니다. 그리고 모든 남자들이 다 할례를 받도록 주민들을 설득합니다. 그들에게는 그들대로 또 다른 꼼수가 있었습니다(22–23절). 실상은 자기의 결혼 때문이면서도 겉으로는 민족 연합이니 경제부흥이니 하는 구실을 내세워 할례를 받도록 자기 백성을 속였습니다. 그리고 야곱의 아들들에게는 온갖 특혜와 호의를 약속하였습니다. 그러나 사실은 결혼을 한 다음 그들의 재산을 빼앗을 계략을 품은 속임수였습니다. 그러면서 한편으로는 야곱의 아들들에게 자기들이 결정적으로 속아 넘어가고 있습니다. 이렇게 서로의 잇속을 위하여 속고 속이는 난장판을 벌이고 있는 것입니다. 이것이 부패한 인간의 본성이기도 합니다. 그래서 사도 바울은 악한 사람들과 속이는 자들은 더욱 악하여져서 속이기도 하고 속기도 한다고 말씀하였습니다(딤후 3:13).

야곱의 아들들은 할례의 고통이 가장 심하여 활동이 불가능한 것으로 알려진 할례 제3일에 세겜 부족을 기습하여 부족의 모든 남자들을 몰살해버립니다. 세겜 한 사람에 대한 복수를 그 성의 모든 남자들에게 갚아버린 것입니다. 그리고 분노와 복수심에서 쏟아져 나온 살인과 약탈의 현장을 만들어 버린 것입니다. 할례는 하나님께서 축복의 언약과 신실하심의 징표로 주신 것입니다. 그러나 야곱의 아들들은 할례를 자기의 원한을 갚는 수단으로 역이용하였습니다. 뿐만 아니라, 이방 족속들에게 조건만 맞으면 연합할 수 있다고 말함으로써 자기들의 목적을 달성하기 위해서는 이방인과 합해서는 안된다는 하나님의 명령도 얼마든지 던져버릴 수 있다는 자세를 표명한 것이었습니다. 그들은 누이 디나가 더럽힘을 당한 것에 대한 복수에만 집착했지, 그 통쾌한 복수를 위하여 사실은 하나님을 얼마나 더럽히고 있는지를 생각하지 않았습니다. 이방족속 세겜은 야곱의 딸 디나를 더럽혔지만, 하나님의 백성 야곱일가는 하나님을 더럽힌 것입니다.

결국, 벼룩 한 마리 잡자고 집에 불을 지르는 악을 행한 셈이 되어버리고 말았습니다. 그런데 이런 식의 일들이 오늘날 우리 신앙인들에게도 얼마든지 일어나고 있다는 사실을 우리는 잊고 살 때가 있습니다. "신앙"이라는 깃발을 치켜세워서 불신앙의 행위를 마음껏 저지릅니다. "하나님"이라는 간판을 내세워 하나님을 모독하고, "교회의 유익"을 위한다는 명분을 내세워 교회를 교회가 아닌 것으로 만들어 버립니다. 그렇게 하는 한 가운데는 자주자주 자신의 욕심이나 혹은 자기가 받은 상처에 대한 분노나 혹은 사리사욕과 한풀이 등이 자리를 잡고 있습니다. 그 벼룩 한 마리 잡자고, 하나님이라는 집에 불을 지르는 것입니다.

야곱의 일가는 디나 사건을 계기로 차라리 자기들의 모습을 깊이 돌아봐야 했습니다. 사실, 디나가 그런 일을 당한 것은 어떻게 보면 야곱의 실수로 말미암아 온 결과였습니다. 야곱은 세겜에 오래 머물러 있지 않아야 했습니다. 하나님께서 야곱에게 돌아오게 하겠다고 약속한 곳, 그리고 야곱에게 돌아가라고 말씀하셨던 곳은 세겜이 아니었습니다. 그는 벧엘로 돌아가야 했습니다(31:3, 13). 그러나 그는 웬일인지 6-9년 정도를 세겜에 머물러 있은 것입니다. 디나 사건은 사실 하나님의 말씀을 온전히 순종하지 않음으로서 그것이 화근이 되어 벌어진 일이었습니다. 자기의 개인적인 야심을 채우기 위하여 신앙을 버리고 타협하는 것은 언제나 악한 일입니다. 동시에, 자기의 야심이나 개인적인 욕구를 충족시키기 위하여 하나님이나 신앙을 앞에 내세우는 꼼수를 쓰는 것도 동일하게 악한 일입니다. 신앙적인 명분을 앞세우고 그 뒤에 숨어서 마음껏 불신앙적인 일들을 자행하고 있지는 않은지 두려움으로 살펴보아야 할 일입니다.

창세기 34장

요즘 생각

　우리 동네에는 호수가 내려다보이는 주변 경관을 즐기며 품위 있는 드립 커피를 마실 좋은 카페가 있습니다. "카페 융"입니다. 즉석에서 구워 녹차 아이스크림을 얹은 와플은 정말 기분을 좋게 합니다. 그런데 귀한 손님 오셨기에 모시고 오랜 만에 찾아갔더니, 아뿔싸! 없어져 버렸습니다. "영업 종료 안내" 팻말만 덩그러니 문에 붙었네요. 덕분에, 미국 간 우리 새끼들 오면 쓰려고 차곡차곡 아껴두었던 나의 적립금 일만 육천 원도 졸지에 헛것이 되어 버렸습니다. 가만 보니 옆집에 있던 "LORO" 스낵 집도 없어졌습니다. 타로점 집이 그 옆에 들어왔는데 한 아주머니가 점은 안치고 텅 빈 가게 안에 서서 애꿎은 화분에 물만 주고 있네요.

살기가 많이 어려워진 게 분명합니다. 이 사람의 어려운 살아가기가 저 사람의 살기를 어렵게 만듭니다. 그 사람의 살기 어려운 것이 또 다른 사람의 살기를 어렵게 합니다. 그렇게 어려운 살아가기는 마치 도미노처럼 이어집니다. 우리의 살아가기는 모두가 이렇게 얽혀있습니다. 그런데 왜 우린 그걸 모르고, 저 사람을 궁지에 넣어야 내 살기가 편해진다고 믿고 그 헛되고 부질없는 제 욕심 챙기기에만 진력하는 걸까요? 어느 기관에선가 36개 국가의 청소년들을 대상으로 설문조사를 한 결과라는 뉴스를 얼마 전에 보았습니다. 청소년들이 다른 사람과 더불어 사는 능력을 알아보는 설문이었다네요. 한국의 청소년이 주위의 다른 사람과 더불어 살아갈 수 있는 능력은 36개국 가운데 35등 이었다네요. 부모들에게 자기의 자녀가 다른 사람과 더불어 살아가도록 가르칠 의향이 있는지 설문조사를 하였답니다. 한국의 부모가 자기 자식이 다른 아이들과 더불어 살아가는 것을 중요하게 여기고 그것을 자녀에게 가르칠 의향은 36개국 중 꼴등이었다고 합니다. 유치원에 가기 전부터 경쟁에서 이기는 일에 모든 것을 거는 사회의 부모들이니 당연하겠단 생각이 들었습니다.

이 나라 정치현실이 주는 스트레스는 도를 넘고 있습니다. 너는 내 편이 아니니 네가 하는 모든 것은 잘못됐고, 넌 내 편이니 네가 하는 모든 것은 다 괜찮고… 그것이 가능할까요? 정치꾼들이 나누어놓은 편 가르기에 휘말려서 늘 그들을 대신한 대리전에 동원되고 있단 생각을 하면 자존심이 상하지 않나요? 싸움은 그들이 내세운 논리에 놀아나는 우리들이 편을 갈라 대신해주고, 정치꾼들은 유권자끼리 싸움만 붙여놓고 뒤로 빠져서 구경한 다음 잇속만 챙긴다는 생각을 하면 억울하지도 않나요? 누구라도 잘못했으면 지적하고 비판하며, 누구라도 잘하는 짓이면 인정하고 칭찬하는 균형과 공평, 그리고 객관적 분별 의식이 우리의 보편적인 상식이 될 날은 영영 없는 것일까요? 정치꾼들이 말도 안되는 논리와 수가 빤히 보이는 거짓말로 무조건 자기편을 들어달라고 하면, 그것을 혼내주어서 그런 짓을 엄두도 내지 못하도록 해야 되는 것 아닌가요? 최소한 종교지도자들은 그래야 되는 것이 아닌가요? 그래야 이편에 섰건, 저 편에 섰건 결과적으로 모두가 다 행복하게 잘 살게 되는 길이 열리는 것 아닌가요? 사회가 너무 매서워지고 있고, 너무 매정해지고 있습니다. 잔인함과 결별해야 할 텐데, 점점 잔인함에 친숙해지고 있습니다. 이기는 자의 여유로움과 지는 자의 호탕함이 주는 멋스러움을 우리는 점점 등 뒤로 던져버리고 있다는 느낌입니다. 이기는 자는 방자함으로, 지는 자는 원한으로 모두가 표독스러운 표정을 지으며 서로를 노려보는 무서운 세상이라는 생각이 듭니다. 나는 이 만큼 살아서 다행인데, 우리 자식들이 살아야 할 세상은 어쩌고, 갓 태어난 저 손주 녀석들 세대가 살아야 할 세상은 어쩌나, 겁이 날 때도 있습니다.

하나님의 구속사는 각 개인의 복지를 넘어, 하나님 나라 공동체 건설을 지향하고 있는데, 우리의 강단은 이기심 가득한 개인 복지와 개인 성공 외치기를 벗어나지 못하고 있습니다. 이제쯤은 모두 함께 얽혀서 사는 공동체로 그의 복된 나라를 이루어가야 된다는 사실을 힘써 설교해야 합니다.

문 닫은 카페 융이 아무래도 맘이 짠해서 간판이라도 다시 한 번 볼 양으로 하던 일 멈추고 가서 안을 들여다보니, 앗싸! 휑한 가게 안에 사장님이 혼자 물건을 정리하고 있네요. 문을 밀고 들어가 화들짝 놀라는 주인에게 말을 걸었습니다.

"그간 손해는 안 보았어요?"
"많이 손해봤지요!"
"어제 왔더니 없어져버렸기에, 너무 서운해서 다시 한 번 와봤어요!"
"감사합니다!"
"어디를 가든 잘 사세요!"

우린 둘 다 울 뻔 했습니다. 감사하다며 꾸벅 절을 하는 사장님을 뒤로 하고 터벅터벅 돌아와 앉으니, 마음은 여전히 쓸쓸하고 짠합니다.

커피집 문 닫았는데, 왜 교회 문 닫는 목사들 생각이 문득 날까요? 여기저기서 더 이상 버틸 재간이 없어 교회 문을 닫았단 소식이 자꾸 들려옵니다. 혼자 중얼거려집니다. "그 지경인데 낼 힘이 남아있지도 않겠지만, 그래도 어떻게 힘을 내보세요." 그리고 성경 한 구절이 떠오릅니다. "각각 자기 일을 돌아볼 뿐더러 또한 다른 사람들의 일을 돌아보아 나의 기쁨을 충만케 하라!" 사도 바울의 이 말씀을 순종할 길을 어떻게든 찾아봐야 할텐데… 이래저래 수심만 깊어지는 세월입니다.

빌립보서 2:4

아직도 남겨 놓으신 기회

　구약의 요나서를 대하면 첫 장면부터 매우 큰 충격을 받게 됩니다. 여호와의 말씀이 요나에게 임하였습니다. 죄악의 도시 니느웨 성으로 가서 하나님의 말씀을 외치라는 것이었습니다. 하나님의 뜻이 무엇인지, 이제 해야 할 일이 무엇인지, 모든 것이 아주 확고하고 분명하게 하나님으로부터 직접 주어지고 있습니다. 거기에는 모호함도 없고, 애매함도 없습니다. 그러나 요나는 니느웨가 아닌 다시스라는 도시를 목적지로 정하고 길을 떠납니다. 다시스는 니느웨와 거의 정반대 방향에 있었고, 거리도 니느웨까지의 거리보다 몇 배만큼 멀리 떨어진 곳이었습니다. 말하자면 요나는 하나님의 말씀과 그의 뜻을 정면으로 거부하고 불순종의 길을 택한 것입니다. 그러나 한 인간이 하나님의 말씀을 거부하고 불순종의 길을 갔다는 이 사실이 충격적인 것은 아닙니다. 사실, 에덴동산에서 있었던 그 사건 이후 하나님께 불순종하는 인간의 모습은 너무나 낯익은 모습이기도 합니다.

요나서의 첫 장면이 우리에게 충격적인 것은 그 인물이 요나라는 사실 때문입니다. 요나는 불신자도 아니고, 초신자도 아니고, 평신도도 아니고, 하나님의 선지자이기 때문입니다. 온 세상 사람이 다 하나님을 불순종해도 선지자는 목숨을 내놓고라도 하나님께 순종한다는 것이 모두가 알고 있는 사실이요, 또 기대입니다. 그렇기 때문에 선지자인 것입니다. 그런데 요나 선지자는 그렇게 확실한 하나님의 명령을 정면으로 거부하고 불순종의 길을 가버리는 사람으로 우리 앞에 등장하고 있습니다. 사실, 이 장면 이후에 요나서에서 펼쳐지는 모든 장면이 은연중에 강조하는 것은 선지자 요나 외에는 모두가 하나님께 순종하고 있다는 사실입니다. 바다의 바람도 하나님께 순종하여 큰 폭풍을 일으킵니다. 도망가는 배위에서 벌어진 범인색출을 위한 제비뽑기에서도 제비가 하나님의 뜻에 따라 요나에게 뽑힙니다. 바다 속의 큰 물고기도 하나님께 순종합니다. 그리하여 요나가 바다에 던져질 지점에서 기다립니다. 그리고 떨어지는 요나를 삼킵니다. 그리고 사흘 후에 육지에 토해놓으라 하니 그대로 합니다. 불신 이방인인 니느웨 사람들도 굵은 베 옷을 입고 순종합니다. 박넝쿨도 순종하고, 박 넝쿨을 갉아먹은 벌레도 순종합니다. 생물과 무생물을 막론하고 요나서에 등장하는 모든 피조물이 하나님께 순종합니다. 오직 하나님의 선지자인 요나만 불순종합니다. 그는 불순종할 뿐만 아니라, 자기의 뜻대로 하지 않는 하나님께 분노하며 따지고 항의합니다. 요나는 이방인 선원들에게도 "네가 어찌하여 그렇게 행하였느냐?"고 질책을 당합니다. 요나가 그렇게 어이없는 행동을 하고, 오히려 화를 내고 분노하는 이유는 간단합니다. 지독한 자기중심성입니다. 자기의 생각과 판단은 언제나 맞는 것이고, 자기의 주장대로 일이 진행되어야 한다는 자기 자신에의 몰입입니다.

한국교회에는 목회자가 가장 심각한 골칫덩어리이고, 교회가 신앙생활의 가장 치명적인 장애물이라는 말이 회자되고 있습니다. 이것은 요나서의 첫 장면을 능가하고도 남는 충격이기도 합니다. 물론 상당부분은 기독교에 반감을 가진 일부 사람들이 퍼뜨리는 악의에 찬 공격인 것은 사실입니다. 그러나 그러한 비난과 조롱이 절대로 근거 없는 낭설이라고 우기고 아무 일 없는 것처럼 무시해 버릴 수도 없는 현실이라는 것도 사실입니다. 폭풍이 몰아치는 배 위에서 하나님의 선지자 요나를 비난하던 이방 선원들처럼 이 사회가 목회자들과 교회들을 비난하고 있습니다. 충격적이게도, 어쩌면 우리는 현대판 요나들인지도 모를 일입니다. 교회 때문에 교회에 나가지 않는 사람이 점점 더 늘어가고 있습니다. 이전에는 한 교회가 문제를 일으키면 다른 교회로 옮겨갔는데, 이제는 아예 교회에 발길을 끊고 신앙생활 자체를 중단하는 사람이 늘어가고 있습니다. 아니, 분개하여 아예 개종을 해버리는 사람도 적지 않다 합니다.

내가 저지르지 않았지만 책임을 져야 되는 일들이 있습니다. 요즘 한국교회를 향하여 안팎에서 퍼부어지는 막말 욕설과 지독한 모욕은 우리 모두에게 특단의 결단을 요구하고 있습니다. 이 마당에 정작 필요한 것은 회개의 심한 통곡과 혀를 깨물면서라도 제대로 해보겠다는 결단에서 나오는 실천입니다. 강단에서 말 몇 마디 바꾼다고 될 일이 아닙니다. 누구누구를 비난하며 핏대를 올려 의분을 토한다고 될 일도 아닙니다. 내가 바로 그 사람이고, 내가 바로 그 범인이라는 자책으로 굵은 베옷을 입고 가슴을 쥐어뜯으며 얼굴을 땅에 대고 하나님 앞에 엎드려야 합니다. 그것이 바로 책임을 통감하는 회개입니다. 그리고 모든 것을 잃을지라도 해서는 안되는 일은 안하고, 어떤 대가를 지불하고라도 해야 되는 일은 하겠다고 하나님 앞에서, 교회 앞에서, 그리고 막말로 욕하며 비난하는 세상 앞에서 우리 자신의 존재를 걸고 새로운 실천을 수행해야 합니다.

그것이 감사하게도 하나님께서 아직도 우리에게 남겨놓으신 기회입니다. 우리가 그렇게 사랑하고 아끼는 이 땅의 교회와 교인들에게 그리고 이 사회에 우리는 그렇게 새롭게 등장해야 합니다. 그것이 긍휼이 많으신 하나님이 아직도 우리에게 펼쳐놓으신 소망입니다.

선생

　나는 졸업한 제자들에게 선생님이라고 불리는 것을 좋아합니다. 선생의 자격이 있어서가 아니라, 그 말이 더 정겹게 느껴지기 때문입니다. 우리 세대만해도 학교를 졸업한 후에 불러보는 선생님이라는 말은 깊은 감회와 정감이 서린 특별한 단어였습니다. 그러나 이제는 선생이라는 말에 대한 어감이 많이 달라졌습니다. 요즘 학생들에게는 자기를 가르쳤던 분을 선생님이라고 부르며 회상하는 것이 별다른 감흥을 불러일으키는 것 같지 않습니다. 학교 선생님이나 입시학원 선생님이나 다를 바가 없어 보입니다. 선생과 제자가 아니라, 강사와 학생 사이가 되었습니다. 내가 돈 내고 나 배울 것 배우고 끝나면 되는 거래 관계처럼 되어버린 느낌입니다.

그러나 곁에 손잡고 함께 있지 않아도, 눈앞에 얼굴 마주 보고 있지 않아도, 그 어른을 떠올리기만 해도 가르침이 되는 선생님을 가슴에 품고 산다는 것은 참으로 놀라운 축복입니다. 그 선생님 생각이 나면, 이렇게 살지 말아야지 하고 자기성찰이 되고, 그 선생님을 떠올리면 나도 그렇게 살아봐야지 하고 격려가 되는 어른을 우리가 사는 동안 다만 한 두 분이라도 마음에 품고 살 수만 있다면 그것은 참으로 복된 일입니다. 한쪽에서는 요즘 세상에는 존경할만한 스승이 없다고 탄식을 합니다. 다른 한편에서는 요즘 세상에는 스승을 존경하는 학생이 없어서 선생하기가 팍팍하고 힘들다고 불평을 합니다. 아마 양쪽 모두의 탓일 것입니다. 스승의 날이 되면, 한쪽에서는 선생들이 또 촌지를 받지나 않는가 의심의 눈초리를 치켜뜹니다. 그 비난과 모욕이 싫어 선생들은 아예 학교 문을 닫고 공휴일로 정해버립니다. 혹시 방학중이라 하여도 스승의 날이 되면 모두 학교에 모여 그 날을 함께 보내는 것이 마땅한 도리일 것입니다. 그런데 이 나라에서는 학기 중인데도 그날이 되면 선생과 학생이 만날 기회를 갖지 못하도록 학교 문을 걸어 잠그고 하루를 쉬는 학교들이 있습니다. 이것은 아무리 고쳐 생각해도 정상은 아닙니다. 아니 비극입니다.

첫 아이를 낳아놓고 우리 부부가 약속했던 것이 몇 가지 있습니다. 그 중의 하나는 절대로 아이들 앞에서 학교이건 교회이건 아이들의 선생님을 홍보거나 욕하거나 비난하는 일을 하지 않기로 한 것입니다. 그리고 그 약속을 아이들 셋이 다 클 때까지 지켰습니다. 부모가 그렇게 욕하고 무시하고 비난하는 선생님을 아이가 존경하거나 신뢰할 리가 만무하고, 그것은 결국 아이를 죽이는 것과 마찬가지라고 생각했기 때문이었습니다. 물론 어느 때는 내가 보아도 정말 선생님답지 않아서 화가 나는 그런 선생님들도 있었습니다. 입 밖에 터져나오려는 선생님에 대한 비난과 증오심을 억누르기가 쉽지 않은 경우들도 있었습니다. 그러나 혹시 나의 아이가 나 때문에 선생님을 무시하고 함부로 여기게 될까봐 꾹꾹 참곤 하였습니다. 나의 마음이 자비롭거나 나의 인격이 훌륭해서가 아니었습니다. 그 선생님을 생각해서도 아니었습니다. 나의 아이를 위해서였습니다.

"가르침을 받는 자는 말씀을 가르치는 자와 모든 좋은 것을 함께 하라"(갈 6:6)는 사도 바울의 말씀이나, "너희를 인도하는 자들에게 순종하고 복종하라 그들은 너희 영혼을 위하여 경성하기를 자신들이 청산할 자인 것 같이 하느니라. 그들로 하여금 즐거움으로 이것을 하게 하고 근심으로 하게 하지 말라 그렇지 않으면 너희에게 유익이 없느니라"(히 13:17)는 히브리서의 말씀은 교회뿐만 아니라, 교회 밖의 학교에서도 선생과 제자가 어떻게 처신을 해야 하는가에 대하여 중요한 교훈을 줍니다. 분명한 것은 선생은 선생의 도리를, 학생은 학생의 도리를 하라는 것입니다.

선생들은 학생들이 순종하고 복종하는가, 즐거움으로 그들을 인도하도록 하는가를 판단해보고 그들이 그 조건을 충족시키면 그들의 영혼을 위하여 경성하는 선생이 되라는 말이 아닙니다. 동시에 학생들은 선생들이 학생들의 영혼을 위하여 경성하고 자기들이 학생들의 영혼을 위하여 대신 청산해야 된다는 심정으로 가르치는지 살펴보아서 그렇게 하면 그들에게 순종하고 복종하고 또 그들이 즐거움으로 가르치는 일을 하도록 학생의 도리를 하라는 말도 아닙니다. 학생은 선생이 선생다운지 따져보고, 선생은 학생이 학생다운지 따져본 후에 조건을 충족시키면 그때 선생으로서 혹은 학생으로서 할 도리를 하라는 말씀이 아닌 것입니다. 선생의 조건을 충족시키고 있는가는 선생이 자기에게 따져봐야 되는 것이고, 학생의 조건을 다하고 있는가는 학생이 자기에게 따져봐야 되는 것일 뿐입니다. 자기 자신의 할 바를 제쳐두고, 서로 상대방에게 제대로 하라고 따지고 요구하느라 정신을 쏟다가 끝내는 비난과 싸움으로 등을 지고 마는 경우가 많은 것은 커다란 비극입니다. 많은 교회의 목회자와 교인 사이의 갈등과 상처의 근원도 바로 여기에 있습니다.

사람이 살면서 선생과 제자로 한 평생 인연을 맺고 애틋한 정을 나누며 살아간다는 것은 놀라운 축복입니다.

히브리서 13:17

성경 문맹의 시대

역사적으로 성도들의 성경 문맹 현상이 가장 극심했던 때는 중세시대입니다. 중세시대에는 사제들만 성경을 소유할 수 있고, 성경을 읽을 수 있었습니다. 평신도가 성경을 소유하는 것은 현실적으로 불가능할 뿐만 아니라, 불법이기도 하였습니다. 또한 교회에서 이루어지는 모든 설교는 신도들이 알아들을 수 있는가와 상관없이 반드시 라틴어로만 해야 했습니다. 라틴어를 읽을 줄도, 말할 줄도 모르는 사제들도 라틴어로만 설교를 해야 했습니다. 신도들은 성경이 아니라, 사제가 교회의 이름으로 해주는 말씀만 들을 수 있었습니다. 그리고 그들은 그것이 성경말씀이라고 믿어야 했습니다. 교회만 성경을 가질 수 있고,

교회가 하는 설교는 성경말씀이라고 믿어야 했기 때문입니다. 그러니 그 시대의 신도들은 실제로 성경에 대하여는 문맹일 수밖에 없었습니다. 종교개혁이 가능하게 한 가장 큰 요인은 성경을 신도들에게 돌려주었다는 점일 것입니다. 성경에 눈이 뜨이게 한 것입니다.

그러나 오늘날은 누구나 자기의 언어로 된 성경을 얼마든지 가질 수 있습니다. 그리고 자기의 말로 행해지는 설교를 얼마든지 들을 수 있습니다. 그러나 설교자들이 성경 말씀을 말해주지 않기 때문에 결국 성경에 대하여 문맹이 되는 아이러니를 경험하고 있습니다. 중세교회는 성경말씀을 갖지 못하고 알아듣지 못하게 하여 신도들을 성경문맹으로 만들었다면, 오늘날은 설교자들이 성경말씀을 말해주지 않아서 교인들이 성경문맹이 되고 있습니다.

성경의 내용에 대하여 문맹이 되게 할 뿐 아니라, 교인들에게는 성경책 자체가 낯설게 하는 상황이 전개되고 있습니다. 지금은 교인이 몇 사람만 모이는 개척교회도 화면에 설교 본문과 설교중 인용하는 모든 성경구절을 띄워주는 것이 보편화 되고 있습니다. 이것이 주는 유익도 있습니다. 성경을 찾느라 설교의 흐름을 단절시키는 일 없이 속도감 있게 설교를 진행할 수 있습니다. 설교의 다이나믹한 흐름도 끊어지지 않고 성경을 인용하며 설교할 수 있기도 합니다. 설교 시간과 예배 시간을 효율적으로 사용할 수 있다는 장점도 있습니다. 그러나 모든 성경 구절을 화면에 띄워주는 과잉친절의 결과로 성도들은 점점 성경책이 낯설어지기 시작하고 있습니다. 화면에 띄워주는 글자만 따라 읽으면 되다보니, 신앙생활을 오래하여 나름대로 성경에 대한 상식을 갖게 된 경우나, 제자훈련이나 성경공부 그룹 혹은 성경 읽기 그룹에 속하여 훈련을 받는 교인 외에는 성경 어느 책이 어디에 나오는지 순서도 모르고, 앞뒤의 문맥을 알아갈 기회도 없습니다. 그러나 이제 막 신앙생활을 시작한 초신자가 곧 바로 교회의 성경공부 그룹에 참여하여 성경을 전체적으로 배우는 경우는 흔하지 않습니다. 회심하고 처음 교회출석을 한 이후 오랜 세월을 성경책을 한번 찾아볼 기회도 없고 앞뒤를 살펴볼 기회도 없이 그렇게 교인 생활을 하는 사람은 세월이 지난 후에도 성경이 낯선 책이 될 것이 확실합니다.

성경에는 문맹이라고 할 만큼 성경에 익숙하지 못한 사람이 일상의 삶과 교회 안의 생활에서 신앙적인 분별력을 가질 수 없다는 것은 필연적인 결과입니다. 그러니 매사를 신앙적인 원리와 분별을 기준으로 판단하고 처신하지 않게 될 것입니다. 이것은 신자 개인의 삶을 위해서는 물론, 목회자의 목회를 위해서도 바람직하지 않은 일입니다. 교회가 어려운 문제에 부딪혀 분열이 일어날 때 교인들은 성경의 원리에 따라 처신하지 않고, 각

자의 소견에 옳은 대로 처신을 하게 될 것입니다. 그리하여 교회는 걷잡을 수 없는 혼란에 빠지게 될 것입니다. 또한 이단의 유혹이나 공격에 대하여도 스스로의 판단으로 대비하지 못하고 쉽게 유혹에 빠지게 될 것입니다. 실례로 근래에 한국교계를 극심하게 어지럽히고 있는 신천지 이단은 성경으로 말한다는 미명 아래 터무니없는 황당한 성경해석을 들이밀고 있습니다. 그러나 많은 교인들이 오히려 그것을 심오한 말씀이라며 쉽게 휘말리고 있습니다. 신앙적이고 성경적인 분별력을 갖추지 못하고 있기 때문입니다. 교인들이 성경적인 분별력을 갖추지 못하고 있는 가장 큰 원인은 성경 본문을 말하는 설교를 듣지 못했기 때문일 수 있습니다.

아모스 선지자가 그렇게 처절하게 지적했던 말씀의 기갈 현상은 바로 오늘날 우리가 경험하고 있는 것과 같은 시대를 두고 한 말씀 일 수도 있습니다. 성경책은 어디에나 나뒹굴고 있는데, 정작 그 책 안에 주신 하나님의 말씀은 들을 수 없는 시대를 우리가 만들고 있는 것입니다. 그리고 그에 대한 가장 큰 책임은 이 시대의 설교자들이 걸머져야 할런지도 모릅니다. 강단에서 말씀의 회복과 말씀의 부흥이 일어나게 하는 것이 이 시대를 사는 우리의 급선무입니다.

....
아모스 8:11-13

평생의 기도

십수 년쯤 전부터 제가 품고 있는 소원이 있습니다. 처음 1-2년 동안은 거의 매일 새벽마다 그 소원을 품고 기도하였습니다. 지금도 종종 그 소원을 품으며 기도하곤 합니다. 우리 주님을 얼굴과 얼굴로 뵙게 되는 그 순간까지 그것은 저의 평생의 기도제목이 될 것입니다. 첫째는 하나님께 대하여 민감한 사람으로 사는 것입니다. 그래서 저는 그렇게 계속 기도하였습니다. "영적인 일에 대하여, 하나님의 손길에 대하여, 하나님의 뜻에 대하여, 아니 하나님 자신에 대하여 민감하게 하옵소서." 하나님께서 찾아오신 것이 분명한데, 하나님께서 내 귀에 대고 세상이 떠나가게 큰 소리로 말씀하시는 것이 분명한데, 그것을 알아채지 못하고 감각 없이 사는 나 자신을 보곤 했기 때문이었습니

266

다. 목회를 하면서 보니, 상당수의 교인들이 자주자주 그렇게 살고 있었습니다. 다른 사람은 지금 하나님이 그에게 말씀하고 있고, 하나님의 손이 지금 그에게 임하고 있는 것이라고 다 알아차리는데 본인만 귀가 먹은 듯 듣지 못하고, 눈이 먼 듯 보지 못하고, 감각이 없는 듯 알아차리지 못하는 교인들이 종종 있었습니다.

둘째 소원은 하나님께 민첩한 사람으로 사는 것입니다. 그래서 저는 그렇게 계속 기도하였습니다. "신령한 일에 대하여, 하나님의 뜻에 대하여, 하나님께 대하여 민첩하게 하옵소서." 하나님이시라는 것을 알아차렸으면서도 이런저런 이유와 명분을 내세우며 계속 미적거리다가 결과적으로는 그것을 알아차린 효과가 아무 것도 없이 그냥 지나가 버리는 경우가 종종 있었습니다. 들었으면서도 못 들은 척, 보았으면서도 못 본 척, 하나님이라는 것을 감지했으면서도 전혀 모르는 척 딴전을 피우며 그렇게 살아버리는 것입니다.

내가 이 두 소원을 품고 기도하기 시작한 것은 사람 셋의 모습으로 자신을 찾아온 하나님을 대하는 아브라함의 모습을 보면서 받은 충격 때문이었습니다. 현장의 아브라함에게는 단지 길을 지나가는 사람 셋이 나타난 것뿐인데 그는 즉각 그가 하나님임을 알아보고 붙잡아 끌며 집으로 모셔 들이고 은혜를 구하는 민감함을 가지고 있었습니다. 그리고 이어지는 본문은 아브라함이 하나님을 대접하기 위하여 얼마나 민첩하게 움직이고 있는가를 여섯 번에 걸쳐 의도적으로 강조하고 있습니다. "곧", "달려나가", "급히", "속히", "달려가서", "급히". 이러한 아브라함을 하나님은 어떻게 대하셨고, 어떻게 복을 주셨는가 하는 것이 창세기 18장의 남은 이야기입니다.

영적인 민감성은 눈치나 특별한 은사에서 오는 것이 아닙니다. 그것은 영적인 분별력의 문제입니다. 영적인 분별력은 하나님의 말씀을 깊이 사모하고, 하나님을 뜨겁게 사랑하는 사람에게 은혜로 주시는 지혜에서 오는 것입니다. 그러므로 지식과 지혜는 같은 것이 아닙니다. 지식은 자기가 노력하여 성취한 정보의 양이라면, 지혜는 분별력입니다. 지금은 무엇을 말해야 할 때이고, 무엇을 말하지 않아야 할 때인가, 지금은 무엇을 붙잡고 무엇을 내려놓아야 할 때인가, 지금은 돌에 맞을지라도 일어나 말을 해야 할 때인가, 억울해서 분통이 터질지라도 입을 다물고 골방에 들어 앉아 있어야 할 때인가를 분별하는 지혜인 것입니다.

그리고 영적인 민첩성은 두둑한 배짱이나 화끈한 성격에서 오는 것이 아닙니다. 그것은 영적 결단력의 문제입니다. 영적 결단력은 하나님을 전적으로 신뢰하는 사람에게 은혜로 주시는

용기에서 오는 것입니다. 하나님의 하나님 되심에 대한 절대신
뢰는 하나님이 망하게 하시는 것이면 망하는 것이 잘되는 것이
고, 하나님이 죽게 하시는 것이면 죽는 것이 잘되는 것이라고
받아들일 수 있게 합니다. 그런 사람은 무엇이든지 하나님과 관
련된 일이라는 것을 확인하게 되면 앞뒤 계산을 맞춰볼 필요 없
이 민첩하게 그것을 행할 수 있게 됩니다. 하나님께서 나를 해
롭게 하실 리가 없다는 것을 믿기 때문입니다.

　자기 자신의 이해관계에 대하여는 민감하고, 자신의 잇속을
챙기는 일에는 민첩한 이 시대의 우리 신자들과 우리의 교회들
이 시급히 회복해야 할 것은 바로 하나님께 대하여 민감하고,
하나님께 대하여 민첩하게 되는 그것입니다.

자녀를 위하여
부모가 치를 대가

목회를 하면서 한 때 가까이서 알고 지냈던 의사 한 분이 있었습니다. 환자들이 끊임없이 찾아와서 기다리는 소문난 서울대 출신 의사 선생님 이었습니다. 내가 목사인 것을 안 이후부터 그 분은 나를 깍듯이 대하며, 진료비를 받지 않았습니다. 알고 보니 장로님의 아들이었습니다. 그런데 그분 자신은 교회를 잘 나가지 않을 뿐 아니라, 믿음도 없었습니다. 남의 믿음을 함부로 판단해서 하는 말이 아니라, 그분 자신이 그렇게 말하였습니다.

한번은 장로인 자기 아버지를 두고 마치 남의 말을 하듯 한 마디를 툭 던졌습니다. "우리 아버지는 이상한 사람이에요!" 다

270

소 황당하여 어색한 표정을 짓고 쳐다보는 나에게 그 분은 무슨 뜻인지 사연을 털어놓았습니다. 자기가 고3일 때는, "대학에 가야 하니까 교회를 쉬고 공부에 전념하라"고 하시더니, 그 이후 다른 고3 아이들에게는 "고3 수험생이니까 교회에 더 열심히 나와서 신앙생활을 잘 해야 한다"고 하더라는 것입니다. 자기 아들에게는 대학에 가기 위하여 교회에 나오지 말고 공부하라고 해놓고, 남의 아들에게는 그렇게 하지 말라고 하는 아버지의 이중적인 모습을 보면서 그 의사 선생님은 "우리 아버지는 이상한 사람"이라고 빈정댄 것이었습니다.

그 의사 선생님은 서울대학교를 졸업하였습니다. 그러나 장로 집안의 불신자 아들이 되었습니다. 저절로 간절하게 하나님께 매달리게 될 만큼 어려운 고3 시절에도 하나님을 찾지 않고 책상 앞에만 앉아서 지낸 사람이, 이제는 무엇이나 마음대로 할 수 있는 자유천지가 눈앞에 펼쳐지는 대학시절에 교회를 찾을 리가 만무하지요. 그의 아버지인 장로님은 아들이 공부를 최우선으로 삼게 한 대가로 서울대학교 출신 의사 아들을 얻었습니다. 그러나 아들이 서울대에 들어가기 위하여 신앙을 희생하게 한 대가로 불신자 아들을 얻었습니다. 심은 대로 거둔 것이지요. 신앙을 팔아 서울대학교 입학을 사는 것보다, 차라리 서울대학교 입학을 팔아 신앙을 사게 하는 것이 아들이 평생 살아갈 인생을 위해서는 훨씬 더 유익하다는 것을 그분은 알아야 했습니다. 아버지는 돌아다니며 그 아들을 자랑스러워할 것이지만, 정작 불신자 아들은 돌아다니며 장로 아버지를 가리켜 "이상한 사람"이라고 비웃고 있는 줄을 알기나 하는지… 그 의사 선생님이 교회에 나가지 않을 뿐 아니라, 불신자로 인생을 살고 있는 진짜 원인이 어디에 있는지 알만 하였습니다. 그리고 누구에게 그 책임을 물어야 될 것인지도 알만 하였습니다.

많은 그리스도인 부모들이 품는 소원 가운데 하나는 자녀들이 하나님 보시기에 사랑스러운 사람으로 자라는 것입니다. "우리 아이가 하나님 보시기에 사랑스러운 사람으로 살게 해주십시오"하고 밤낮 기도하는 부모들이 적지 않습니다. 그러나 많은 부모들이 하나님께 사랑스러운 자녀를 갖기 위하여 부모가 치러야 할 대가에 대하여는 관심이 없어 보입니다. 하나님께 사랑스럽다는 것은 무엇보다도 하나님을 최우선 순위에 두고 살고, 무엇보다도 하나님이 원하시는 일을 하면서 사는 것을 전제로 합니다. 그리고 부모는 그것을 허용해야 합니다. 그것이 자녀가 하나님께 사랑스러운 사람이 되기를 원하는 부모가 해야 할 일입니다. 그러므로 자녀가 하나님께 사랑스러운 사람이기 위하여 부모는 많은 것을 포기해야 할 때가 있습니다. 때로는 자녀가 하나님께 사랑스러운 사람으로 인생을 살도록 하는 것이 부모에게는 많은 아픔과 부담을 감수하는 것을 의미하기도 합니다.

누가복음 2장 뒷부분은 예수님의 열두 살 어릴 적 이야기를 기록하고 있습니다. 부모가 열두 살 된 아들 예수를 데리고 유월절 명절을 지키려고 예루살렘에 갔다가 돌아오는 길에 아들을 잃어버렸습니다. 사흘 만에야 겨우 아들 예수를 찾아냈는데, 그는 성전에 앉아서 선생들과 말씀을 토론하는 일에 몰두해 있었습니다. 아들의 이 어이없는 모습을 보고 어머니 마리아는 책망하듯, 짜증내듯 한 마디를 하였습니다. "아이야, 어찌하여 우리에게 이렇게 하였느냐? 보라 네 아버지와 내가 근심하며 너를 찾았노라!" 당돌하고도 황당한 대답이 열두 살 아들로부터 되돌아왔습니다. "어찌하여 나를 찾으셨나이까? 내가 내 아버지 집에 있어야 될 줄을 알지 못하였나이까?" 마리아의 서운한 마음이 얼마나 깊었을까를 짐작하는 것은 어려운 일이 아닙니다. 이러한 생각을 갖고 그렇게 자라가는 아들 예수를 놓고 본문은, "예수는 그 지혜와 그 키가 자라가며 하나님과 사람에게 더 사랑스러워 가셨다"고 결론을 내리고 있습니다. 그리고 어머니 마리아는 아들의 이 말, 어쩌면 부모인 자기들에게는 상처가 되었을 법한 아들의 그 말을 가슴에 담았습니다. 아들이 하나님께 사랑스럽기 위하여 어머니는 혼자서 아들에 대한 서운함을 삭이고 그를 하나님께 내어놓아야 했습니다.

그 이후, 이 아들이 하나님의 편에 서서, 하나님의 뜻을 행하며 하나님께 사랑스러운 사람으로 살아가도록 하기 위하여 이

어머니는 말로 다 할 수 없는 많은 아픔과 여러 부담들을 말없이 견뎌내야 했습니다. 미친 사람으로 판명난 아들을 찾으러 그곳으로 가야 했습니다. 3년 쯤 후에는 온갖 모욕과 고통을 당하며 죽어가는 아들을 말없이 지켜보는 고통을 견뎌내야 했습니다. 이 어머니는 하나님께 사랑스러운 길을 가는 아들을 위하여 언제나 아들에 대한 자신의 바램이나 야심을 내려놓고 뒷자리에 물러서고, 우선순위에서 제껴지는 생활을 몸에 배이게 살아야 했습니다.

자녀가 하나님께 사랑스러운 사람이기를 원하는 부모는, 자녀에게 하나님이 최우선순위가 되도록 많은 것들을 내려놓는 대가를 지불해야만 한다는 사실을 알아야 합니다.

누가복음 2:42-52

설교가 쓸모없는 시대

설교할 기회가 자꾸 없어져 갑니다. 주일 밤 예배를 없애는 교회가 늘어가고, 수요 예배도 다른 것으로 대체하는 교회가 늘어갑니다. 예배가 자꾸 없어지니 당연히 설교가 없어져갑니다. 그런가하면 교회가 자꾸 없어지는 바람에 설교할 곳이 자꾸 없어져 갑니다. 얼마 전에도, 이제 교회의 문을 닫는다는 제자 목사님의 글을 읽었습니다. 엊그제도, 고생만 하다가 이제 한계에 이르러서 도리 없이 교회의 문을 닫는다는 후배 목사님의 말을 들었습니다. 설교할 기회가 없어지고, 설교할 곳이 자꾸 없어져 가니, 설교는 점점 쓸모없는 것이 되고 있습니다. 그런데도 설교에 목숨을 걸어야한다고 아우성치고, 설교를 잘해야 한다며 애를 쓰는 우리의 몸부림이 마치 허공을 향해 헛발질을 하는 것처럼 허망하게 생각되어 깊은 시름과 회의에 사로잡히게 됩니다. 그러나 어떻게 보면 설교할 곳이 없어져 가니 설교가 쓸 데 없는 것이 되는 것이 아닙니다. 쓸모없는 설교가 난무 하니 결국 설교할 곳이 없어지는 결과가 온 것입니다.

설교는 단순히 주일 예배의 30분짜리 순서 하나에 그치는 것이 아닙니다. 설교는 단순히 목사의 수많은 일 가운데 한 항목인 것이 아닙니다. 설교를 제대로 하기 위하여 진력하는 설교자는 그의 삶과 사역의 곳곳에서 그 정신이 배어나게 됩니다. 그것이 자신과 교인들에게 은혜가 되어 교회에 활력을 불어넣게 됩니다. 사실 설교를 잘한다는 것은 두 가지 조건을 충족하는 설교를 두고 하는 말입니다. 첫째는 강단에서 본문 말씀을 제대로 선포하는 것입니다. 이것이 안되면 설교는 본문을 이탈하게 됩니다. 둘째는 강단을 내려와서는 치열하게 자신이 선포한 말씀대로 일상을 살아냄으로써 강단에서 선포한 말씀이 옳다는 것을 입증해내는 것을 말합니다. 이것이 안되면 설교는 단순히 말장난에 가까운 연설이 될 뿐입니다. 설교에 대한 한국교회 교인들의 불만은 크게 세 가지로 요약됩니다. 첫째는 설교에서 본문 말씀을 들을 수 없다는 불만입니다. 둘째는 설교자가 자기가 설교한 대로 살지 않는다는 불만입니다. 셋째는 설교자가 자기가 설교한 대로 목회를 하지 않는다는 불만입니다. 결국 잘하는 설교, 우리가 회복해야 할 설교는 강단에서는 본문을 말하고, 강단 아래의 일상에서는 선포한 말씀대로 살기 위하여 몸부림 치는 것입니다. 설교는 연설인 것이 분명하지만, 그러나 단순히 연설에 그치는 것이 아닌 연유가 여기에 있습니다. 히브리서 4 장의 하나님의 말씀은 살아있고 운동력이 있다는 말씀이나, 하나님의 말씀은 혼과 영과 관절과 골수를 찔러 쪼개기까지 한다는 말씀이나, 하나님의 말씀은 마음의 생각과 뜻을 판단한다는 말씀은 모두가 말씀의 선포와 순종을 전제하고 있다는 사실을 알아야 합니다.

설교가 예배의 성패를 좌우하고, 설교가 목회자의 모든 사역을 좌우합니다. 설교에 은혜 받지 못하니 교인이 모이지 않고 오히려 떠나갑니다. 설교에 은혜 받지 못하니 교인들이 세상일에 사로잡혀 영적인 일에 무관심하게 됩니다. 그러므로 설교할 곳이 점점 없어져 가는 이 시대에 가장 시급한 것은 설교의 부흥입니다. 교회의 부흥이란 사실은 말씀의 부흥입니다. 그리고 말씀의 부흥을 이루는 근본적인 주체는 우리의 설교입니다. 그러므로 교회들이 문을 닫는 시대라고 하여, 설교가 점점 무력해지는 현실이라 하여, 설교에 대하여 낙심해서는 안됩니다. 설교를 무엇으로 대체해야 하는가를 고민하지 말고, 오히려 설교의 부흥을 위하여 더욱 몸부림쳐야 합니다. 하나님의 말씀이 강단에서 힘 있게 선포되면 교회는 흥했고, 그렇지 않을 때는 교회가 병들었으며, 병든 교회는 그 사회가 암흑의 시대로 접어드는 요인이 되었다는 것은 지난 이천 년 동안의 교회 역사를 살펴보면서 우리가 얻는 중요한 통찰입니다. 한 시대가 암흑기에 접어들었을 때 거기에는 반드시 잠든 교회가 있고, 잠든 교회가 있는 곳에는 잠든 교인들이 있고, 잠든 교인들이 있는 곳에는 반드시 잠든 강단이 있다는 말이 있습니다. 그러므로 오늘날 우리가 직면하고 있는 모든 문제의 근본적인 해결책은 강단이 깨어나는 것입니다.

모든 설교자들은 장소가 어디가 되든지, 규모가 얼마가 되든지, 내가 서는 강단에서는 말씀의 능력을 나타내는 설교자가 되고야 말겠다는 결단으로 설교에 진력해야 합니다. 하나님의 말씀을 내려놓고 우리가 할 수 있는 일이란 하나님을 점점 더 크게 반역하고, 교회를 점점 더 깊은 수렁에 몰아넣는 것 외에 아무 것도 없습니다.

히브리서 4:11-13

찌르는 사람과
함께 있어주는 사람

　돌아가신 내 아버지께서 어릴 때부터 우리 8남매에게 자주 하신 말씀은 이것이었습니다. "너희들은 목회에 거침이 되지 말아라. 목회에 거침이 되는 일에 가담하지를 말아라." 이 말씀은 우리가 어른이 되어서도 여전히, 그것도 자주 들어야 했던 말씀이었습니다. 나도 자식을 키우게 되자 나의 자녀들에게 할아버지께 배운 것이라며 어려서부터 이것을 가르쳤습니다.

　목회를 해보니 교인들은 두 가지 유형으로 구분되었습니다. 목회자와 대척점에 서서 주로 반대하고 트집 잡으며 목회자를 찌르는 교인들이 있습니다. 그런가하면 목회자를 옹호하며 함께 있어주는 사람들이 있습니다. 물론 목회자에게는 이 둘 모두 유익을 줍니다.

　교인들 모두가 목회자와 함께 있어주는 사람들이어서 언제나 편들어주고 찬성해주고 떠받들어주면 목회가 순탄하고 효율적이고 또 교회 분위기도 좋을 수 있습니다. 그러나 상황이 그렇게만 지속된다면, 목회자도 죄 된 본성을 가진 인간이어서 어느 대목에 이르러서는 교인들을 대하는 언사가 달라지고, 처신이 방자해지곤 합니다. 자신이 마치 하나님인 것처럼 행동하여 망할 곳으로 가게 되는 것입니다. 그때 목회자가 하는 사역들에 대하여 이런저런 이유를 대며 반대하고 또 목회자를 찔러대는 교인들이 있어서 목회자로 하여금 아파하게 하고, 더 기도하게 하고, 매사에 더 신중하게 하고, 그리하여 도리 없이 겸손하게 합니다. 찔러대는 사람들은 그렇게 목회자에게 유익을 줍니다.
　그러나 교인 모두가 목회자와 대척점에 서고 목회자를 찔러대는 사람이 되면, 목회자도 질그릇처럼 연약한 존재여서 깨어져 무너져 내리고, 결국 목회 자체를 못하게 되고 맙니다. 그때 함께 있어주는 교인들이 있어서 힘을 얻고 지탱하면서 여전히 목회의 길을 갈 수 있게 됩니다. 함께 있어주는 이들은 그렇게 유익을 줍니다.

　결국 목회자에게는 찌르는 교인이나, 편들어주는 교인이 다 유익하고 다 필요합니다. 그런데도 장로인 내 아버지는 평생 교인으로 살아가야 할 당신의 자식들에게 찔러서 유익을 주는 역할을 하지 말고, 함께 서있어 줌으로 유익을 주는 교인이 되라고 가르치셨습니다. 그리고 나도 내 자식들을 그렇게 가르쳤습니다. 그러나 이러한 가르침은 곰곰 생각해보면, 사실 매우 위험한 요소를 그 안에 담고 있기도 합니다. 목회자이기 때문에 무조건 맹종해야 된다는 잘못된 신앙체질을 고착시킬 위험을 안고 있습니다. 그런가 하면 정당한 판단과 신앙양심을 갖고 반대하는 이들을 목회자를 찌르고 반대하는 부정적인 체질의 사람으로 낙인을 찍어버릴 위험도 있습니다. 전자나 후자나 결국 교회와 신자와 목회자 전부를 망칠 매우 위험한 일입니다.

그럼에도 불구하고 목회자로서는 찔러서 유익을 준 교인들보다는, 함께 있어줌으로 유익을 준 교인들이 더 애틋한 마음으로 기억이 되는 것은 부인할 수 없는 사실입니다. 아마도 찔러서 유익을 준 사람들이 "나만이라도 목회자를 반대하고 가시가 되어드려서 모두가 찬성함으로 목사님이 잘 못될 위험을 막고 목사님에게 유익을 드리는 역할을 해야겠다"는 생각에서가 아니라, 목회자와 그가 하는 일이 맘에 들지 않거나 감정적으로 싫어서 반대하고 찌르는 경우도 적지 않기 때문일 것입니다.

바울은 자기의 서신들 첫머리에서 자주자주 어떤 사람들을 떠올리며 기도와 축복과 감사의 제목으로 드러내어 말하곤 합니다. 그런데 그 모두가 그의 사역에 함께 있어줌으로 유익을 준 사람들입니다. 로마서의 마지막 장에서 사도 바울은 스무 명도 훨씬 더되는 사람들의 이름을 일일이 나열하면서 그들이 어떻게 자신의 목회사역에 함께 서 있어주는 사람들이었는지를 회상합니다. 그리고 이 사람들을 귀히 여기고, 이 사람들에게 문안을 해달라고 부탁을 하며 거대한 책 로마서를 마무리합니다. 그들은 사도의 가슴에 새겨진 잊을 수 없는 사람들이었던 셈입니다.

인생의 연륜이 길어지고, 목회사역의 연조가 깊어질수록 이런 사람들이 가슴에 남아있는 목회자라면 아무리 힘든 길을 지내왔어도 목회자로 평생을 사는 보람이 있을 것입니다. 세월이 지난 후, 함께 하나님의 나라와 눈에 보이는 교회를 섬겼던 영적인 지도자에게 이런 사람으로 기억되고 감사의 제목이 되는 교인이라면 그것은 놀랍고 감동적인 복일 것입니다. 훈훈하고 애틋한 마음으로 가슴에 새겨지는 잊을 수 없는 교인들이 있는 목회자로, 그리고 목회자에게 감사와 축복의 제목이 되어 가슴에 새겨지는 교인으로 우리가 살 수만 있다면, 그것은 우리가 이 땅에서 함께 교회를 세워가면서 목회자와 교인으로서 누릴 수 있는 가장 큰 행복일 것입니다.

로마서 16:1-16

목사는
공공의 적인가?

어디 가서 교회목사라고 말하면 불신자들도 예를 갖추어 대하는 때가 한 때 있었습니다. 한국교회 초창기에는 어디 가서 신자라고만 해도 그를 일단은 믿을 만한 사람이라고 인정해주는 것이 보편적인 현상이었습니다. 그러나 지금은 상황이 뒤집어져 버렸습니다. "그 사람 예수 믿는 사람이야!"라는 말은 그 사람은 믿을만하다는 뜻이었는데, 지금은 빈정대고 모욕하는 말이 되어버렸습니다. 심지어 교회의 공사나 혹은 다른 일들을 맡길 때는 신자가 하는 업체에는 맡기지 말라는 말이 돌기도 합니다.

목사에 대한 부정적인 인식은 그야말로 하늘을 찌를 듯합니다. 목사는 교회만이 아니라 한국사회에서도 골칫덩어리로 여겨지는 세상이 되고 말았습니다. 목사에 대한 비난과 조롱과 모욕이 교회 안팎 여기저기에 넘쳐나고 있습니다. 그리고 그 강도도 점점 더 세어지고 있습니다. 교회를 개혁해야 한다는 몇몇의 주장들을 들여다보면 사실 그 핵심은 목사에 초점이 맞추어져 있습니다. 이제 이 사회에서 목사는 마치 공공의 적이 되어버린 것 같다는 생각이 들기도 합니다. 목사에 대한 사회의 인식이 이 지경에 이른 데는 그동안 줄기차게 도덕적, 인격적, 법적 그리고 신앙적 비난의 한복판에서 표적이 되어온 몇몇 스타목사들의 영향이 결정적이기도 합니다. 비리와 범죄로 비난 받으면서도 그것을 멈추지도 않고, 회개도 하지 않으면서 뻔뻔스럽게 자기의 길을 가는 몇몇 목사들의 모습이 언론에 부각되곤 합니다. 그 모습이 수많은 사람들의 실망과 분노를 쌓고 있는 것입니다. 그 와중에 수많은 착한 목사들이 똑같이 목사라는 칭호로 불린다는 이유로 억울하게도 그들과 똑같이 공공의 적으로 간주되고 있습니다. 그리고 하나님은 세상에서 모욕을 당하고 있습니다. 사도 바울은 "하나님의 이름이 너희 때문에 이방인 중에서 모독을 당하는도다"며 탄식하셨는데, 바로 그 일이 오늘날 한국사회에서 일어나고 있습니다.

그러나 "한국교회 목사들은…" 하고 목사들을 비난할 때 우리는 조심해야 합니다. 그 사람이 큰 교회 목사이거나 혹은 유명한 사람이기 때문에 그가 한 행동이 당연히 한국교회 모든 목사들의 표본이나 대표가 된다고 전제하는 것은 잘못입니다. 사실 15만 명 다된다는 한국교회의 목사들 가운데 절대 다수는 목사답게 그리고 신자답게 살고 목회해보려고 고생하는 착한 사람들입니다. 그들은 공공의 적이 아니라, 공공의 유익을 끼치며 소박하게 살아가는 신앙인 지도자들입니다. 목사들 가운데 자신의 사례비가 너무 많아서 그 내역이 밝혀지는 것이 싫은 사람은 극소수입니다. 절대다수의 목사들은 사례비가 너무 적어서 그것이 밝혀지면 당할 창피가 두려운 사람들입니다. 절대다수의 목사들은 은퇴사례를 더 받기 위하여 교회에 억지고집을 부리거나 추잡한 흥정을 벌이기는커녕 아예 은퇴사례 자체를 받을 수 없는 사람들입니다. 한국의 5만여 교회 가운데 100명 이상 모이는 교회는 15% 미만이라는 통계만 보아도, 대부분의 교단에 미자립 교회가 80% 이상이라는 사실만 보아도 현실을 짐작할 수 있습니다.

나의 말을 오해하지 말아야 합니다. 일부의 목사가 못된 짓을 하는 것이니 상관없다는 말이 아닙니다. 그것은 그 사람들의 잘못이고 다른 목사들은 책임도 관계도 없다는 말도 아닙니다. 우리는 공동의 책임이 있습니다. 살다보면, 내가 저지르지 않았지만 책임을 져야 하는 일들이 분명히 있습니다. 그럼에도 불구하고, 몇몇의 사고뭉치 목사들이 벌이는 행각을 놓고 그 사람에 대한 비난으로 시작하여 곧이어 그가 목사라는 점을 부각시키고, 그것을 같은 목사라는 칭호를 가지고 있다는 이유로 모든 목사에게 적용하여 모든 목사가 그렇다고 단정을 짓고는, 이제는 목사라는 직임을 그런 것으로 규정짓고 비난하는 것은 정당한 처사가 아닙니다. 목사라는 직임을 갖고 있는 것 자체가 사회에서 부끄러움이 되고, 어디 가서 목사라는 것을 밝히는 것이 거리낌이 되며, 사고가 터질 때마다 같은 목사라는 이유로 언제나 막연한 죄책감에 사로잡혀서 살아가는 교회와 사회는 정상이 아닙니다. 지금 비난의 대상이 되고 있는 몇몇 목사로 불리는 사람들이 공공의 적이 되고 있는 것은 이해할 만합니다. 그러나 목사라는 직임이 공공의 적이어서는 안됩니다.

다시 졸업시즌이 되었습니다. 해마다 이때가 되면 나는 심한 우울증을 앓곤 합니다. 3년 동안 데리고 지내다 이제 손에 졸업장 한 장 쥐어주며 길을 떠나보내는 저들이 가는 곳이 어디인지를 알기 때문입니다. 참으로 혹독한 현장입니다. 잘 가르치고 잘 갖추어주지는 못했지만 부디 공공의 적이 되지 말기를 기대해봅니다. 하나님 아버지의 이름이 세상에서 모독을 받게 하지 말고, 그 길을 목사답게 끝까지 잘 가기를 빌어볼 뿐입니다.

로마서 2:24

286

힘들고 지친
이 땅의 목회자들에게

　나는 담임목사라 불리며 목회현장에서 상당한 세월을 보냈습니다. 지금은 목회자를 양성하는 신학교에서 이십년 가까이 소위 선생으로 살고 있습니다. 이렇게 지내다보니 험악한 사역현장에서 안간힘을 쓰느라 힘들고 지친 이 땅의 목회자들이 미안하고 안쓰러운 마음으로 떠오르곤 합니다. 뭔가 힘이 되고 위로가 되어 줄 수 있다면 좋을 텐데… 그러다가 문득 광야의 로뎀나무 아래 쓰러져서 좌절과 허탈에 빠져 죽음을 생각하다 잠들어 있는 엘리야가 떠올랐습니다. 그리고 힘들고 지친 이 땅의 목회자들과 이 사람 엘리야 이야기를 나누고 싶어졌습니다.

　엘리야는 특이한 시대 상황 가운데 특이한 방식으로 등장한 선지자였습니다. 그가 보냄을 받은 현장은 왕권에 의하여 이방신 숭배가 압도하고 있는 곳이었습니다. 그리고 아버지 왕과 아들 왕이 왕권을 세습하며 이스라엘 역사상 그 유례가 없는 악을 행하는 시대였습니다. 왕실도, 백성도, 시대의 풍조도, 그에게는 모두가 생명의 위협이 될 뿐인 상황으로 그는 보냄을 받았습니다. 그러나 그는 참으로 영웅적으로 그의 사역을 수행해 내었습니다. 목숨의 위협을 받으면서도 아합 왕과 이세벨을 정면으로 대항하였습니다. 한 번의 기도로 비가 오지 않게도 하고 오게도 하였습니다. 갈멜산에서는 불을 내리고 바알의 선지자들을 무찔렀습니다. 그는 손바닥만한 구름 조각을 보면서 이미 하나님이 약속하신 소나기가 쏟아지는 것처럼 행동하는 믿음의 사람이었습니다. 그는 한 때 그런 사람이었습니다.

그러나 그렇게 영웅적으로 사역을 수행해낸 바로 다음 순간 일이 터졌습니다. 지금까지 자기의 보람이고 영광이고 존재의 미였던 사역지도, 동역자도, 백성도 모두 던져버리고 혼자서 광야로 도피하여 허탈에 빠져 나무 아래서 죽음을 생각하다 쓰러져 잠들어 있습니다. 선지자는 이제 하나님마저도 포기해버리려 합니다. 이 때 지금까지 이 선지자를 계속 위험하고 힘든 사역지로 보내시기만 하시던 하나님이, 이제는 자신의 천사를 이 선지자에게 보내십니다. 아니, 하나님 자신이 이 선지자를 찾아오신 것이라고 해야 할 것입니다. 하나님은 지쳐서 쓰러져 잠들어 있는 선지자를 위하여 숯불에 구운 떡과 한 병 물을 준비하시고 선지자를 어루만지십니다. 그리고 그에게 말을 걸어오십니다. "일어나서 먹으라."(5절). 어떤 음성과 어떤 어투로 이 말이 그의 입에서 나왔을까는 능히 짐작하고도 남음이 있습니다.

절망에 빠진 고독한 선지자와 하나님과의 광야 나무 아래 대면이 이렇게 이루어지고 있습니다. 지친 선지자는 그것을 먹고 다시 쓰러져 잠들고, 하나님은 똑같은 동작, 똑같은 말로 이 선지자 곁에 다시 찾아오십니다. "일어나 먹으라. 네가 갈 길을 다 가지 못할까 하노라."(6-7절). 이 선지자를 향한 하나님의 의도가 이미 배어나오고 있습니다. "네가 갈 길을 다 가지 못할까 하노라." 하나님은 이 사람을 여전히 가게 하려 합니다! 하나님이 광야 나무 아래의 이 고독한 선지자를 찾아와 시작하시는 대면을 통하여 확인되는 것은 분명합니다. 하나님이 이 사람 엘리야와 동행하고 있다는 사실입니다. 하나님이 무엇보다도 이 사람에게 확인시키시고 싶은 것이 바로 이것이었습니다. "너는 혼자가 아니다! 내가 너와 동행하고 있다!" 엘리야가 나무 아래 주저앉아서 털어놓은 불신앙에 찬 불평들에 대하여는 한 마디 언급도 없습니다. "여호와여 넉넉하오니 지금 내 생명을 취하옵소서. 나는 내 열조보다 낫지 못하니이다."(4절). "내가 만군의 하나님 여호와께 열심이 유별하오니 이는 이스라엘 자손이 주의 언약을 버리고 주의 제단을 헐며 칼로 주의 선지자들을 죽였음이오며 오직 나만 남았거늘 그들이 내 생명을 찾아 빼앗으려 하나이다."(10절). 이것은 하나님에 대한 불신앙에 찬 불평이 아니라, 인생이 너무 힘든 종의 신음소리인 줄을 하나님은 아셨음일 것입니다.

결과적으로 엘리야는 고독한 사람이 아니었습니다. 무엇보다도 먼저 그는 하나님이 동행하시는 사람이었습니다. 그가 가장 힘들어서 이제 그만하고 싶고, 그만 살고 싶을 만큼 깊은 침체와 좌절에 빠졌을 때, 그는 혼자가 아니었습니다. 하나님이 동행하고 있었습니다. 하나님은 힘들고 지쳐 절망 속에 나자빠져 있는 자신의 종에게 이 사실을 확인시키고 싶으셨습니다.

이 사건의 결말이 어떻게 끝나는지 우리는 잘 압니다. 하나님은 아무 일 없었다는 듯이 엘리야에게 말씀하십니다. "네가 온 곳으로 다시 돌아가라."(15절). 그리고 하나님이 진행하시는 역사 진행의 중요한 몫을 그에게 다시 맡기십니다(15-16절). 그리고 나서 엘리야가 회리바람과 함께 세상을 떠나는 순간까지 그에게 찰싹 달라붙어 함께 다닐 제자요 후계자인 엘리사를 붙여주십니다(19-21절).

험악한 사역 현장에서 지치고 쓰러진 이 땅의 힘든 목회자들에게 엘리야가 해주고 싶은 말이 이것일 것입니다. "당신은 혼

자가 아닙니다. 당신은 효과도 없고 쓸모도 없는 사역자인 것이
아닙니다. 당신은 하나님이 위로하고 싶고, 맡기고 싶은 일이
여전히 있는 하나님의 사람입니다."

열왕기상 19:3-21

광풍 속에서 만난 주님

아무리 더워도 집안에 있는 에어컨 스위치만 누르면 금방 찬 바람이 나옵니다. 그래서 시원합니다. 우리는 당연히 생각합니다. "에어컨은 참 편리한 것이구나!" 내가 필요하면 언제라도 가서 스위치만 누르면 거기 그렇게 대기하고 있다가 나의 필요를 채워주기 때문입니다. 에어컨은 우리의 편의용품입니다.

그런데 예수님에 대해서도 에어컨처럼 그렇게 생각할 때가 있습니다. 나에게는 예수님이 계시니까 나는 더울 일이 없어야 되고, 괴로울 일이 없어야 되고, 문제가 척척 해결되어야 한다고 생각하는 것입니다. 예수님을 필요하면 언제라도 찾아가 버튼을 누르면 되는 에어컨과 같은 편의용품으로 대하는 태도입니다. 그러므로 내가 예수님과 함께 있고 예수님이 내 안에 계시는 것이 분명한데, 그럼에도 불구하고 괴로움이 닥칠 때, 우리는 예수님이 나와 함께 계신다는 사실에 대하여 의심을 품기 시작합니다. 예수님이 나와 함께 계신다면 그런 일이 일어나서는 안된다고 생각하기 때문입니다. 물론 예수님은 나를 보호해 주시고, 형통케 하시고, 안전하게 하시기 위해서 나와 함께 계시기도 합니다. 그러나 그것이 전부가 아닙니다. 예수님은 언제라도 버튼만 누르면 우리의 문제를 해결해주는 그런 용품으로 우리와 함께하시는 것이 아닙니다.

그러므로 우리가 예수님을 모시고 있고, 예수님이 우리와 함께 계신다는 것은 무엇을 의미하는가? 우리가 그렇게 말할 때 우리는 내심 무엇을 기대하고 있는가? 이것을 분명히 하는 것은 신앙생활을 하는 데 매우 중요합니다. 예수님이 우리와 함께 계시는 가장 중요한 이유는 우리가 예수님의 참 모습을 알아가도록 자신을 우리에게 나타내시려는 것입니다. 그리하여 우리가 예수님과 더 깊고 차원 높은 인격적 관계를 맺도록 하시려는 것입니다. 우리에게 예수님의 모습을 드러내시기 위해서 때로는 어려움을 물리치기도 하십니다. 그러나 많은 경우에는 우리가 안 당해도 괜찮을 어려움을 일부러 당하게도 하십니다. 예수님의 관심과 목적은 우리의 필요를 채워주려는데 있는 것이 아니고, 우리가 예수님을 제대로 알아서 더 깊은 관계로 들어가게 하려는 데 있기 때문입니다. 우리의 관심은 어떻게 하면 내가 예수와 함께 있기 때문에 형통하게 될 것인가에 있지만, 예수님의 관심은 어떻게 하면 이 친구가 나와 더 깊은 인격적 관계를 맺게 할 것인가에 맞추어져 있습니다. 그러므로 예수님이 함께 계시기 때문에 내게 불편한 어떤 일도 일어나서는 안된다고 고집하는 것은 믿음의 극히 초보적인 단계입니다. 예수님을 마치 에어컨처럼 우리의 필요를 채워주는 편의용품처럼 여기는 태도입니다. 그것은 예수님과의 관계가 더 깊은 경지에 들어가는데 있어서 거침이 됩니다.

마가복음 4장의 광풍사건은 이 사실을 잘 보여줍니다. 하루의 사역이 끝나자 바다 건너편으로 가자는 예수님의 제안을 따라 제자들은 예수님을 배에 계신 그대로 모시고 저무는 바다를 떠났습니다(36절). 그리고 곧바로 이어지는 다음 절의 기록은 그 배에 광풍이 불어 닥쳐서 모두가 생명의 위험에 직면했다는 것입니다(37절). 틀림없이 마가는 예수님이 우리와 함께 있고, 내가 예수님을 모시고 있으므로 내가 하는 모든 일이 순탄하고 어려움이 없을 것이라고 기대하는 것은 잘못이라는 것을 이렇게 지적하였을 것입니다. 예수님을 "배에 계신 그대로" 모시고 떠난 길인데도 그 자리에서 제자들은 생명을 위협하는 광풍을 만났습니다. 그들은 혼비백산하였습니다. 혼쭐이 났습니다. 그리고 예수님에게 황당하다는 듯이 "이러실 수 있냐"며 분노어린 불평을 쏟아내었습니다. 그러나 그 광풍사건의 결과로 제자들은 예수님에 대한 눈이 다시 번쩍 뜨였습니다. 이전에는 알 수 없었던 놀라운 예수님의 모습을 광풍 속에서 드디어 알게 되었습니다. 그래서 그들은 경이로운 눈빛으로 말하였습니다. "저가 뉘기에 바람과 바다라도 순종하는고!"(41절) 제자들은 자기들의 선생님이신 예수님이 바람과 바다, 그리고 모든 피조물들도 그의 말씀에 순종해야 하는 메시야이심을 이렇게 해서 확인하게 된 것입니다. 이것이 그들이 광풍 속에서 만난 주님이었습니다.

우리가 신앙생활을 한다는 것은 필요에 따라 예수님을 잘 써먹는 것을 두고 하는 말이 아닙니다. 예수님과 나날이 더 깊은 관계를 맺어가는 것을 두고 하는 말입니다. 활용이 아니라, 관계입니다.

마가복음 4:35-41

삶으로 드리는
예배

성경은 예배를 단순히 하나의 신앙공동체가 정한 시간에, 정한 장소에 모여서 드리는 의식으로만 이해하고 있지 않다는 사실을 주목해야 합니다. 성경은 신앙 공동체가 흩어져서 살아가는 현장에서의 삶 자체를 가리켜 하나님께 드리는 예배로 제시합니다. 로마서 12장 2절 말씀은 "너희는 이 세대를 본받지 말고 오직 마음을 새롭게 함으로 변화를 받아 하나님의 선하시고 기뻐하시고 온전하신 뜻이 무엇인지 분별하도록 하라"고 하십니다. 다름 아닌 우리의 일상생활을 두고 하는 말씀임은 의심할 여지가 없습니다. 그런데 1절 말씀은 이러한 삶을 가리켜 "너희 몸을 하나님이 기뻐하시는 거룩한 산제사로 드리는 것"으로 말씀합니다. 우리의 몸을 하나님께 드리는 제사로 말씀하는 것입니다. 그리고 곧 이어서 이것은 다름 아닌 우리가 하나님께 드릴 예배라고 말씀합니다. "너희의 드릴 영적 예배니라." 이 내용을 요약하면 이런 말이 됩니다. '우리의 몸을 드리는 제사가 있다. 그것이 바로 하나님께 드리는 영적예배이다. 그렇게 몸을 하나님께 드리는 영적예배의 구체적인 내용은 이것이다. 우리가 일상의 삶에서 이 세대를 본받지 않고 마음을 새롭게 하여 하나님의 선하시고 기뻐하시고 온전하신 뜻을 따라 사는 것이다.'

결국 성경이 제시하는 예배는 의식 혹은 예전으로 드리는 예배(요 4:23-24)와 삶으로 드리는 예배(롬 12:1-2)가 있으며, 성경은 이 두 예배를 우리가 하나님께 드려야 할 예배로 제시하고 있는 것입니다. "삶으로 드리는 예배"란 생활현장에서도 수시로 시간을 내어 예배시간을 가져야 된다는 말이 아닙니다. 일상의 삶을 하나님 앞에서 하나님께 드리는 자세로 살아야한다는 말입니다. 칼빈은 "하나님의 영광을 위한 예배"를 매우 강조합니다. 그에게 있어서 하나님의 영광을 드러내는 수단이요, 하나님을 영화롭게 하는 수단이 바로 예배입니다. 그리고 그가 제시하는 예배의 종류는 "교회 안에서 드리는 예배"와 "생활의 현장에서 자기의 삶으로 드리는 예배"입니다. 그러므로 예배자에게는 삶의 모든 영역이 하나님께 드리는 예배입니다. 교회 안에서 예배시간에 드리는 예배와 흩어져서 살아가는 삶의 현장이 독립된

별개의 것이 아닙니다. 주일날의 교회 안과 주간의 교회 밖이 똑 같이 예배의 현장일 뿐 아니라, 둘은 필연적으로 깊은 상호 관련을 맺고 있습니다. 의식으로 드리는 예배의 성패가 삶으로 드리는 예배의 성패와 깊이 관련되어 있습니다. 삶으로 드리는 예배의 성패가 의식으로 드리는 예배의 성패와 서로 얽혀 있습니다. 의식으로 드리는 예배에서 삶으로 드리는 예배를 성공할 힘과 근거와 지침을 얻는가 하면, 삶으로 드리는 예배에서 의식으로 드리는 예배로 돌아갈 근거와 이유를 확인합니다.

이사야서 1:11-17의 말씀은 삶으로 드리는 예배에 실패하면서 의식으로 드리는 예배로 모든 것을 떼우고 스스로 만족에 빠지는 신자들의 행태가 얼마나 하나님을 분노하게 하는 두려운 일인가를 생생하게 보여줍니다. 삶으로 드리는 예배에는 관심이 없으면서 때를 따라 열심히 드리는 의식으로 드리는 예배를 하나님은 거부할 뿐 아니라 그것을 예배로 인정도 하지 않으신다는 사실을 무섭게 경고합니다.

근래에 한국교회가 직면하고 있는 가장 치명적인 위기는 삶의 현장에서 드리는 예배, 곧 삶으로 드리는 예배의 실패와 그로 말미암은 후유증일 것입니다. 교회 안팎에서 터져 나오는 교회와 교인들에 대한 작금의 신랄한 비난들은 사실 의식으로 드리는 예배에는 여전히 열심인데, 삶으로 드리는 예배는 철저히 실패하고 있는 우리의 모습에 대한 실망으로부터 비롯된 것이기도 합니다. 그리스도인들이 삶으로 드리는 예배로 말미암아 그 사회로부터 인정을 받은 정도를 놓고 보면 한국인 4-5명당 한 사람이 그리스도인이라는 지금이 조선인 1만 명에 한 사람 정도가 그리스도인일 때보다 훨씬 못 미치고 있다는 사실에 우리는 충격을 받아야 합니다.

우리에게 시급한 것은 예배갱신 운동이 아니라, 예배회복 운동입니다. "삶으로 드리는 예배"의 회복 말입니다.

로마서 12:1-2

시대의 징조

　예수님은 이 시대의 징조를 알아차리고, 그 징조에 부합하는 처신을 하는 것이 얼마나 중요하고도 시급한 일인가를 매우 단호하고 긴급한 어조로 말씀 하셨습니다(눅 12:54-59). 예수님은 시대의 징조를 무슨 신비한 경험이나 초자연적인 현상을 두고 말씀하시는 것이 아니었습니다. 구름이나 바람의 방향만 보고도 그날의 기상을 미리 알아차리고 자연스럽게 그에 맞게 반응하며 살듯이, 일상의 삶의 현장에서 일어나는 이런저런 일들 가운데서 이 시대를 향한 하나님의 메시지를 감지하는 영적 분별력을 말하는 것이었습니다. 그것은 일상에서 일어나는 일들을 제3자의 입장이 아니라, 하나님의 메시지를 받는 당사자의 입장에서 해석하는 지혜를 말하는 것입니다. 그러므로 시대의 징조를 알아차리지 않는 것은 무식이나 무감각의 문제가 아니라, 하나님을 외면하고 모르는 체 하는 외식의 죄라는 것이 예수님의 결론이었습니다. 예수님이 강조하시는 이 시대가 계속 말해주고 있는 징조의 핵심은 하나님의 심판이 임한다는 것과 그러므로 그 심판이 임하기 전에 긴급히 회개해야 한다는 것이었습니다.

예수님이 시대의 징조를 말씀하고 있는 바로 그때, 두어 사람이 나서며 충격적인 보고를 하였습니다. 빌라도가 갈릴리 사람 여러 명을 잔인하게 죽여 그들의 피를 제물에 섞은 사건이었습니다. 이 사건을 보고한 사람들의 의도가 빌라도의 악함을 드러내려는 것일 수도 있고, 죽음 당한 사람들의 죄를 강조하려는 것일 수도 있습니다. 아무튼 분명한 것은 그들은 이 사건이 자기 자신들에게는 무슨 의미가 있는가라는 관점에서 보고 있지 않다는 것입니다. 이렇게 함으로써 이들은 사실 예수님이 지금 하시는 말씀에 전혀 귀를 기울여 그 맥락을 따라가고 있지 않다는 사실이 드러난 셈입니다. 말씀은 듣되 자기 편한대로, 자기 생각대로 듣는 것입니다.

그러나 충격적이게도 예수님은 이 사건은 빌라도는 얼마나 악한 인간인가를 말하는 것도 아니고, 빌라도에게 저렇게 참혹한 죽음을 당한 사람들의 죄를 드러내는 것도 아니라는 것을 분명히 하셨습니다. "너희는 빌라도에게 죽은 사람들이 다른 갈릴리 사람들보다 죄가 더 있는 줄 아느냐. 아니라. 너희도 만일 회개치 아니하면 이와 같이 망하리라." 예수님의 의도는 분명합니다. 이 사건을 접하는 사람들은 이것을 자신들에게 주는 이 시대의 징조로 대해야 한다는 것입니다.

이것을 더 확실히 하기 위하여 예수님은 이들이 이미 다 알고 있는 사건, 곧 실로암에서 망대가 무너져서 열여덟 사람이 치어죽은 사건을 소개하셨습니다(4-5절). 그리고 앞에서와 똑같은 말로 결론을 내리셨습니다. "치어죽은 열여덟 사람이 예루살렘에 거한 모든 사람들보다 죄가 더 있는 줄 아느냐? 아니라. 너희도 만일 회개치 아니하면 다 이와 같이 망하리라."

서쪽에서 일어나는 구름이, 혹은 남쪽에서 불어오는 바람이 사람들에게 날씨에 대하여 말해주는 징조가 되는 것처럼, 이 사건들이 분명하게 선포하고 있는 징조는 그 사건을 당한 그들이 아니라, 그 사건을 듣고 있는 사람들을 향하여 주어지고 있다는 것이 예수님의 결론입니다. 그리고 이 사건들이 주는 시대적 징조의 핵심은 이 사건을 듣고 보고 있는 "너희"는 "회개"해야 한다는 것이며, 회개하지 않으면 모두가 치명적인 재앙(심판)에 직면하게 된다는 것입니다. "너희도 만일 회개치 아니하면 이와 같이 망하리라."

정리해보자면 이렇습니다. 갈릴리 사람들이 빌라도의 칼에 억울한 죽임을 당했을 때, 실로암 망대가 무너지며 열여덟 사람이 죽었을 때, 사람들은 "그들이 얼마나 큰 죄를 지었기에?"에 관심을 쏟았습니다. 그렇게 죽지 않은 자기들은 그런 죄에서 벗어나 있다고 안도하였습니다. 그러나 예수님의 해석은 달랐습니다. 그 사건들은 죽임을 당한 사람들이 살아남은 사람들보다 더 죄가 많았음을 증명하는 것이 아니라, 죽음을 면하고 살아있는 자들이 이 사건을 보고 깨달아 긴급히 회개하라는 시대의 징조라는 것이 예수님의 해석이었습니다. 그리고 이것을 보고도 회개하지 않으면 너도 그렇게 죽고 망한다는 것이 예수님의 경고였습니다. 결국, 그 사건들은 죽임당한 그 사람들에 대해서가 아니라, 죽음을 면하고 살아있는 사람들을 향하여 말하고 있다는 것이 예수님의 판정이었습니다.

천지를 호령할 것 같은 최고의 권력을 가지고 잠시 살았던 이들이 두 손이 묶인 채로 제복 입은 사람에게 팔짱이 끼워 끌려가는 모습을 일주일에도 몇 번씩 뉴스에서 보면서 우리가 정신을 차려 생각해야 할 것은 따로 있습니다. 권력의 상징이던 사람들이 전 국민 앞에서 그리고 세계인이 보는 앞에서 저렇게 처참하게 몰락하는 모습으로 우리 앞에 나타나는 것은, 눈이 있으면 보고, 귀가 있으면 듣고, 생각이 있으면 깨달아 세상 권력이란 게 얼마나 어이없는 것인가를 주목하라는 것이요, 그리하

여 그 매정하고 오만하고 방자한 처신을 긴급히 버리고 목회자
는 교인들을 섬기고, 정권을 가진 자는 백성을 섬기라는 시대의
징조요 경고일 것입니다.

없으면 그립고, 안보이면 보고 싶은 사람

　짧은 시간 함께 지냈어도 오랜 세월 잊을 수 없는 사람이 있고, 오랜 세월을 함께 했어도 함께 지낸 의미가 없는 사람도 있습니다. 생각할수록 애틋한 정과 포근한 추억으로 떠오르는 사람이 있고, 생각할수록 상처와 회한으로 되살아나는 사람도 있습니다. 없으면 그립고, 안보이면 보고 싶은 사람! 나이 들어갈수록, 그리고 세상살이 연륜이 길어질수록, 여기저기에 그러한 사람이 있어야 그 세월 살아온 행복이 있는 법입니다. 그리고 여기저기서 여러 사람들에게 안보이면 보고 싶고, 없으면 그리운 사람이 되어주며 사는 인생이어야 이 세상에 그 만큼 머문 보람이 있는 법입니다.

요한3서는 노년의 사도가 너무나도 그리운 한 사람에게 그 심정을 토로하며 써 보낸 편지입니다. 이 편지를 가만히 읽고 있노라면, 노년의 한 어른과 그의 제자였을 한 사람의 모습이 생생하게 떠오릅니다. 그리고 그 모습이 너무 감동적이어서 나는 어느덧 눈가에 이슬이 맺히곤 합니다. 한 사람은 다른 한 사람을 이렇게 부릅니다. "사랑하는 사람, 나의 참으로 사랑하는 사람!" 그리고 이렇게 말을 이어갑니다. "사랑하는 친구여. 나는 자네가 영혼이 잘 된 것처럼 범사가 잘 되고, 강건하기를 간절히 바라네!" 가이오를 그렇게 부르는 장로 요한이, 그리고 장로 요한에게 그렇게 불리는 가이오가 참으로 부럽습니다.

자기를 장로라 부르는 이 사도가 가이오를 생각하며 이렇게 마음 흡족해하고 또 저절로 간절한 축복이 쏟아지는 것은 무엇 때문일까? 그 사람 가이오에 대하여 들려오는 소문들 때문입니다. 가이오는 진리를 따라서 진실 되게 살아가는 사람이라는 칭찬어린 소문들 입니다. 그것이 사도에게는 그렇게 큰 기쁨이 됩니다. "형제들이 와서 네게 있는 진리를 증거 하되 네가 진리 안에서 행한다 하니 내가 심히 기쁘도다!"(3절). 그리고 그렇게 사는 이 사람이 그렇게 사랑스럽습니다. "사랑하는 사람, 나의 참으로 사랑하는 사람!" 사도에게는 믿음의 제자들이 진리 안에서 살고 있다는 소식을 듣는 것이 가장 큰 즐거움이기 때문입니다. "내가 내 자녀들이 진리 안에서 행한다함을 듣는 것보다 더 즐거움이 없도다!"(4절). 개인적으로 용돈을 많이 주거나, 철 따라 양복을 맞추어 주고, 자동차를 새로 바꾸어주어서 그가 그렇게 사랑스러운 것이 아닙니다. 그가 복음과 복음의 다른 일꾼들과 교회의 유익을 위하여 진리를 따라 진실 되게 헌신하며 살기 때문입니다(5-8절). 사도는 이것을 선한 것이라고 단정합니다(11절).

그러나 사도에게는 정반대의 이유로 절대로 잊을 수 없는 또 한 사람이 있습니다. 디오드레베라는 인간 입니다. 사도는 이 사람을 생각할 때마다 마음이 편치 않습니다. 언젠가 기회가 되면 반드시 엄하게 책망을 하리라는 다짐을 불러일으키는 사람 입니다. 두 사람 사이의 개인적인 감정문제 때문이 아닙니다. 사도는 시시하게 개인적인 감정문제로 한 사람에게 한을 품으며 사는 그런 사람이 아닙니다. 디오드레베 그 사람을 잊을 수 없는 것은 진리 안에서 진실 되게 행하지 않는 그의 행실 때문입니다. 그의 가장 큰 문제는 "자기가 으뜸 되기를 좋아하는" 원리에 따라 교회 생활을 하는 것입니다. 그는 자기 자신을 나타내고, 자기 자신을 내세우고, 자기 자신의 이익을 챙기는 것을 언제나 가장 우선적인 행동의 원리로 삼고 사는 사람입니다. 그러다보니 다른 사람들을 망령되게 폄론하고, 다른 사람들을 섬기지도 않습니다. 그리고 끝내는 다른 사람의 선한 행실을 금하면서 교회에서 머물러 있을 수 없게 만드는 일들을 서슴없이 자행합니다(9-10절). 사도는 이것을 서슴없이 악한 것이라고 단정합니다(11절). 그리고 이런 악한 것은 본받지 말라고 합니다.

디오드레베 같은 사람을 생각하다 보면, 사도는 그와는 다른 모습으로 살아가는 진실한 사람 가이오가 더 그립고 보고 싶어진 것이 틀림없습니다. 한창 편지를 써 내려가던 사도는 마치 붓을 던져버리듯이 마지막 한 마디 말로 편지를 맺어버립니다. "내가 네게 쓸 것이 많으나 먹과 붓으로 쓰기를 원치 아니하고 속히 보기를 바라노니 또한 우리가 얼굴을 대면하며 말하리라" 사도는 마치 이렇게 말하는 것 같아 보입니다. "내가 자네에게 할 말이 많이 있는데, 그러나 편지로 몇 자 끄적이는 것 갖고는 양이 차지 않네. 자네가 보고 싶네. 자네 얼굴을 보며 여러 말을 나누고 싶네!"

거짓이 없이 행하는 제자 가이오, 그리고 그것이 큰 기쁨이 되고 그리움이 되어 그를 그렇게 보고 싶어 하는 선생 요한의 모습을 떠올리면, 아지랑이 피워 올리는 봄날 햇볕처럼 가슴이 훈훈해집니다. 간간이 들려오는 떠나온 교회의 뒷 소식을 귓전에 들으면서 나는 사도 요한과 그의 제자 가이오가 한없이 부러워지곤 합니다. 나도 누군가를 그렇게 부르고 싶고, 누군가에게 나도 그렇게 불리며 늙어가고 싶습니다.

"사랑하는 사람, 참으로 사랑하는 사람!"

"없으면 그립고, 안보이면 보고 싶은 사람!"

하나님의 영광은 목적인가 수단인가?

　미국에서 여론 조사를 해보니 미국의 역대 대통령들 가운데서 국민들에게 가장 존경받는 대통령은 링컨 대통령이고, 최악의 대통령은 아들 부시 대통령이었다고 합니다. 그런데 이 두 사람의 같은 점은 "둘 다 기독교인"이라는 점이고, 다른 점은 링컨은 "내가 하나님의 편이 되기를 기도"했고, 부시는 "하나님이 내 편이 되기를 기도"했다는 점이라고 합니다. 사람들은 부시와 같은 유형의 사람을 가장 존경하지 않는다는 것이 여론조사 결과로 밝혀졌다는 말이 떠돌아다닌 적이 있습니다. 부시 대통령의 행태가 못마땅한 누군가가 부시를 빈정대려고 지어낸 이야기 일 것입니다. 그러나 "신앙"이라는 똑같은 포장 안에 얼

310

마나 판이하게 다른 내용이 담길 수 있는가에 대한 예리한 지적이라는 생각이 들기도 합니다.

사실 우리의 신앙생활에 있어서 중요한 것은 우리가 얼마나 자주 하나님을 입에 올리고, 하나님의 영광을 부르짖는가에 있지 않습니다. 우리의 신앙적인 멋진 구호와 비장한 각오가 곧 우리의 신앙이 그렇게 높은 수준에 있음을 드러내주는 것이라는 생각은 매우 심각한 착각입니다. 그리고 매우 무지한 오해이기도 합니다. 말을 신앙적으로 멋있게 하는 것과 실제로 신앙적으로 멋있게 사는 것과는 얼마든지 동과 서처럼 서로 각각일 수 있다는 것을 우리는 지식으로도 알고, 경험으로도 압니다. 뿐만 아니라, 그렇게 멋진 신앙적 구호와 헌신적인 비장한 각오를 표명하는 의도가 사실은 자신의 야망을 성취하기 위한 계산된 전략에서 나온 수사학으로서도 얼마든지 가능하다는 것도 우리는 현장에서의 숱한 경험을 통하여 확인해오고 있습니다. "부시는 하나님이 내 편이기를 기도한 사람"이었으며 사람들은 부시와 같은 유형의 사람을 가장 존경하지 않는다며 부시를 빈정대는 그 진정한 속셈은, 자신이 하나님을 위하여 쓰여지는 것이 아니라, 자기를 위하여 하나님을 써먹으려는 원리로 살고 있는 세상의 모든 "부시형 신앙인"을 향한 비웃음과 도전일 것입니다.

어떤 사람은 그가 하나님의 영광을 말하면 할수록 사람들에게 하나님의 영광이 비웃음거리가 되는 사람이 있습니다. 어떤 사람은 그가 교회의 유익을 위한다는 말을 입에 올릴수록 오히려 교회가 곤경에 빠지고 손상을 당하게 되는 사람이 있습니다. 정치가들이 정치적 발언을 하는 장소에서 공공연하게 자신의 신앙적 태도의 어떤 점을 선포하는 것은 그리 순수해보이지 않는 경우가 허다합니다. 정치적 손해를 감수한 결단에서 나온 순교자적 신앙고백이라고는 아무도 받아들이지 않습니다. 다른 종교인들을 신경 써야 하는 다른 상황에서 그들이 취하는 행동이나 발언을 보면 그가 교회와 기독교 신앙에 대하여 그렇게 단호하고 수준 높은 신앙인의 안목을 드러내는 발언을 한 것이 순수한 것이 아니었다는 것을 금방 알 수 있습니다. 그러므로 그럴 바에는 정치 마당에서는 그냥 자신의 개인적인 신앙을 공표할 필요 없이 정치에 열중했으면 좋겠다는 생각이 들기도 합니다. 그리고 흔들림 없는 신앙인의 모습은 자신의 삶을 통하여, 그리고 정치적 이해득실을 계산할 필요가 없는 다양한 개인적인 활동영역에서 진솔하게 드러나게 했으면 좋겠다는 생각이 듭니다.

사도 바울은 고린도전서 10장에서 여러 말을 길게 진술하였습니다. 그리고 그 말씀들의 마지막 결론을 이렇게 내리고 있습니다. "그러므로 너희가 먹든지 마시든지 다 하나님의 영광을 위하여 하라"(30절). 이렇게 함으로써 사도는 사실상 그리스도인의 삶의 전반을 지배하는 근본적이고 중요한 원리를 제시하는 것입니다. 이 말씀은 물론 밥 먹을 때도 물을 마실 때도 반드시 주여 삼창을 하거나, "하나님의 영광을 위하여"라고 팔을 뻗고 외친 후 마시라는 말씀이 아닌 것은 분명합니다. 일상의 삶속에서 하나님이 드러나도록 삶을 살라는 말씀입니다. 삶의 우선순위와 가치부여의 기준을 하나님의 영광과 관련지어 일상을 살아가라는 말씀입니다. 너의 먹는 것과 마실 것과 잇속을 위하여 하나님의 영광을 써먹지 말고, 그 반대로 하라는 말씀인 것입니다. 그러한 삶이 현장에서 구체적으로 드러내는 모습은, 다른 사람에게 혹은 교회에 거침이 되지 않고, 다른 사람에게 유익을 끼치고, 그리하여 결국 다른 사람이 구원에 이르고, 하나님을 알게 되고, 하나님을 좋아하게 되고, 하나님께 영광을 돌리게 되는 것이라는 것이 사도의 말씀인 것입니다(32-33절).

"신자나 불신자나 삶의 목적도 추구하는 바도 똑같은데 다만 세상은 세상의 방법으로 그것을 이루고자 하고, 신자들은 하나님을 이용하여 그것을 이루고자 하는 것이 다를 뿐"이라며 오늘날 신자들의 잘못된 신앙행태를 안타까워 하시던 어느 목사님의 말씀이 아픔으로 떠오릅니다.

신자는
영원을 향하라

신앙생활을 한다는 것은

어떤 길이 하나님과

함께 가는 길인가를 생각하며

우리 인생의 크고 작은 일들을

결정해나가는 것을 말합니다

인생을 사는 지혜

인생은 부산행 고속버스에 올라타서 한숨 푹 자고 일어났더니 저절로 부산에 도착해 있는 것과 같은 그런 것이 아닙니다. 인생을 산다는 것은 순간순간 크고 작은 결정들을 내리며 앞으로 나아가는 것을 말합니다. 그러므로 어떠한 원리를 갖고 인생을 사는가는 참으로 중요합니다. 내가 어릴 때는 장난감이 많지 않았습니다. 컴퓨터 게임이나 오락실 같은 것은 아예 있지도 않았습니다. 그래서 우리는 주로 산에 올라가서 병정놀이를 하며 놀곤 했습니다. 병정놀이를 하며 산길을 헤매다보면, 자주자주 갈림길을 만나게 되었습니다. 쫓길 때는 어느 쪽 길로 도망갈 것인가를 결정해야 했습니다. 적군을 추격할 때는 어느 길로 쫓아갈 것인가를 결정해야 했습니다. 그 때 우리들이 사용했던 길

선택을 위한 유일한 방법이 있었습니다. 한쪽 손바닥에 침을 뱉은 후 다른 손의 두 손가락으로 침을 탁 쳐서 그 침이 튀는 쪽의 길을 선택하는 것이었습니다.

나이가 들어가면서, 자신의 인생을 그런 식으로 사는 사람들이 많이 있다는 것을 알게 되었습니다. 손바닥에 침 뱉어 놓고 두 손가락으로 쳐서 침이 튀는 쪽으로 나아가듯이 자신의 인생 문제를 그렇게 결정하는 것입니다. 아이들의 소꿉장난이나 병정놀이에서야 그렇게 해도 별 문제가 없습니다. 어차피 그것은 놀이니까요. 그러나 우리 인생의 중요한 문제를 그런 식으로 결정할 수는 없습니다. 한번 밖에 없는 인생이고, 한번 가면 다시는 돌이킬 수 없는 인생이고, 결과에 대하여 책임져야 하는 인생이기 때문입니다. 그렇게 장난스럽게, 그리고 무책임하게 인생을 살아버릴 수 없는 것입니다.

구약성경의 룻기에는 똑같은 문제로 인생의 중대한 갈림길에 섰던 두 여인의 이야기가 있습니다. 룻과 오르바의 이야기입니다. 베들레헴에서 살던 한 가정이 흉년을 견딜 수 없어서 이국 땅 모압으로 이민을 왔습니다. 룻과 오르바는 유다 베들레헴에서 이민 온 이 가정의 두 아들과 각각 결혼한 모압 여자들이었습니다. 그런데 얼마 지나지 않아서 이 가정의 남자 셋이 차례로 세상을 떠나고 말았습니다. 과부 셋만 달랑 남게 되었습니다. 어느 날 시어머니 과부인 나오미는 기근이 힘들어 떠나왔던 고향땅에 하나님이 긍휼을 베풀기 시작했다는 소식을 들었습니다. 나오미는 하나님의 긍휼이 있는 그곳에서 남은 여생을 보내려고 베들레헴으로 돌아갈 결심을 하였습니다. 그리고 이 사실을 두 며느리 룻과 오르바에게 통보하였습니다. 그러면서 며느리들도 각각 자기들의 길을 찾아 모압 땅의 친정으로 돌아갈 것을 권하였습니다. 두 며느리는 자기의 처신에 대하여 중대한 결단을 내려야 할 처지가 되었습니다. 고민과 갈등 끝에 오르바는 나오미를 떠나기로 결론을 내리고 자기의 길을 갔습니다. 자기의 조상과 자기의 민족이 섬기는 신들에게로 돌아간 것입니다. 그러나 룻은 끝까지 시어머니 나오미와 함께 가는 길을 선택하였습니다.

그런데 성경은 룻과 오르바의 각각 다른 결단의 근본적인 차이가 무엇인지를 분명히 밝혀주고 있습니다. 그것은 단순히 외롭게 된 시어머니를 위해서 함께 갈 것인가, 아니면 시어머니를 버리고 자기 편의대로 할 것인가의 인류 도덕적 차원의 문제가 아니었다는 것입니다. 그것은 종교적인 문제였습니다. 룻이 끝까지 나오미를 따라서 함께 유다로 갈 수밖에 없는 이유는 '하나님' 때문이었습니다. 어머니의 백성이 섬기고 어머니가 섬기는 그 하나님, 그래서 나도 섬기게 된 그 하나님을 떠날 수 없다는 것이었습니다. 룻은 자기의 친정이 아니라, 하나님이 계시는 곳으로 가야만 한다고 고집을 부렸습니다. 그렇게 하지 않을 경우에는 하나님이 자기를 저주하실 것을 자청하면서까지 나오미를 따라나섰습니다. 룻은 인생의 중대한 갈림길에 섰을 때, 어느 길이 하나님을 따르는 것인가를 최우선의 기준으로 삼아 자기의 처신을 결정하는 사람이었습니다. 성경은 이 사실을 강조합니다.

룻과 오르바는 똑같은 상황에서, 똑같은 선택의 문제에 직면하였습니다. 그러나 서로 다른 결단을 내렸습니다. 그리고 그 결단에 의해서 하늘과 땅만큼 다른 결과를 맞아야 했습니다. 한 사람은 메시아의 조상이 되었고, 다른 한 사람은 흔적도 없이 되어버린 것입니다. 우리는 사는 동안 숱한 크고 작은 선택의 갈림길에 직면합니다. 그 때마다 무엇이 하나님을 따르는 것인가를 처신을 결정하는 최우선의 기준으로 삼고 살아가는 것이 지혜입니다. 하나님이 우리 앞에 열어놓으신 한 순간 한 순간의 인생을 이 지혜로 살았으면 좋겠습니다. 신앙생활을 한다는 것은 어떤 길이 하나님과 함께 가는 길인가를 생각하며 우리 인생의 크고 작은 일들을 결정해나가는 것을 말합니다.

룻기 1:14-18

헛살아버린 인생

인생을 헛살아버린 한 사람의 슬픈 이야기입니다. 한 부자 농부가 있었습니다. 많은 땅을 가지고 있었습니다. 한 해는 그 사람이 사는 지역에 큰 풍년이 들었습니다. 그래서 큰 수확을 거두었습니다. 그러나 문제가 생겼습니다. 거둔 수확을 쌓아둘 곳이 없는 것입니다. 있는 창고를 모두 가득 채워도 곡식이 남아 돌아가는 상황이었습니다. 많은 물건을 새로 사들였습니다. 그러나 그 물건들을 놓아 둘 곳이 없었습니다. 이 많은 곡식을 어디다 보관하면 좋단 말인가? 이 많은 물건을 어디다 둘 것인가? 여러 날 깊은 고민을 하였습니다. 그러다가 드디어 묘책이 떠올랐습니다. 내가 왜 그 생각을 못했던가? 창고를 다 허물어 버리고 더 많이 더 크게 짓고 거기다 넣으면 될 것 아닌가! 그 사람은 그렇게 했습니다. 큰 공사를 일으켰습니다. 창고를 다 허물어 버렸습니다. 그리고 더 크게 더 많이 창고를 지었습니다. 그리고 모든 곡식과 새로운 물건들을 다 새로 지은 창고 안에 집어넣었습니다.

모든 일이 끝난 다음에 이 부자가 뒷짐을 지고 창고들을 하나씩 둘러봅니다. 창고마다 곡식이 가득 차고, 새로운 물건들이 넘쳤습니다. 흐뭇해진 부자는 이제 인생이 자신만만하였습니다. "이제 몇 년 동안 비 한 방울 오지 않아도, 몇 년 동안 계속해서 흉년이 들어도 나는 끄떡없다. 가뭄이여 올테면 오고 흉년이여 올테면 오라. 나는 이제 몇 년 동안 손가락 하나 까딱하지 않아도 걱정 없다." 그리고 이야기 했습니다. "내 영혼아 이제 부터는 평안히 쉬고 먹고 마시고 즐거워하자. 인생을 한번 즐겨보자꾸나." 그런데 이 모습을 하나님이 보셨습니다. 이 사람이 하는 이 말을 하나님이 들으셨습니다. 그리고 말씀하셨습니다. "어리석은 자여 오늘 이 밤에(This very night), 오늘 이 밤에 네 생명을 도로 찾아 갈 것이니 그러면 너의 그 재산이 누구 것이 되겠느냐?" 그리고 모든 것이 끝났습니다. 그 시로 그 사람은 죽었습니다.

내가 지어낸 이야기가 아닙니다. 아이들 동화책에 나오는 전래 동화도 아닙니다. 성경에 기록되어 있는 하나님 말씀입니다.

예수님이 이 땅에 계실 때 예수님 입으로 직접 하신 말씀입니다. "또 비유로 다시 일러 가라사대 한 부자가 그 밭에 그 소출이 풍성하매 심중에 고민하여 가로되 내가 곡식 쌓아 둘 곳이 없으니 어찌할꼬. 또 가로되 내가 이렇게 하리라. 내 곡간을 다 헐고 더 크게 짓고 내 모든 곡식과 내 모든 물건을 거기 쌓아 두리라. 또 내가 내 영혼에게 말하되 내 영혼아 여러 해 쓸 물건을 많이 쌓아두었으니 평안히 쉬고 먹고 마시고 즐기자. 그러나 하나님은 이르시되 어리석은 자여 오늘 이 밤에 네 영혼을 도로 찾으리니 그러면 네 예비한 것이 뉘 것이 되겠느냐?"

다음 날 아마 이 부자가 간밤에 죽었다는 말을 듣고 사람들이 많이 모였을 것입니다. 그 중에 어떤 사람들은 "그렇게 열심히 창고를 짓고 그렇게 움켜쥐고 그렇게 악착같이 끌어 모으며 살더니 결국 이렇게 되었구만" 하고 혀를 찼을 것입니다. 그중에 혹시 어떤 사람, 이 사람에게 설움이라도 당한 사람은 아마 "잘 죽었네!" 하며 그의 죽음을 통쾌하게 여겼을지도 모릅니다. 그리고 어떤 사람은 이렇게 물었을지도 모릅니다. "그런데 그 사람 남기고 간 유산이 얼마나 된데요?" 물론 그 사람이 가지고 있던 모든 것이었습니다. 쌀 한 톨 가지고 가지 않았고, 헝겊 한 조각 가지고 가지 않았습니다. 그의 재산 모두를 그대로 놓고 갔습니다. 내가 만약 그 장례식을 따라 갔다면 이 사람을 위해서 장송곡으로 노래를 하나 불러주고 싶습니다. "아, 바보처럼 살았군요. 아, 바보처럼 살았군요 아, 바보처럼 살았군요. 그렇게, 그렇게, 그렇게." 이 사람은 인생을 바보처럼 산 사람이었습니다. 아니 인생을 헛 살아버린 사람입니다. 하나님께로부터 "어리석은 사람"이라는 판정을 받고 그 생명을 빼앗겨버린 사람이었습니다. 자신의 그 자랑스러운 소유가 어디로부터 왔을까를 곰곰 생각하는 지혜를 가졌더라면, 그는 복의 근원이신 하나님을 알게 되었을 텐데… 다른 사람은 없는 것을 나는 가지고 있음의 의미가 무엇인가를 조금만 고민하는 지혜를 가졌더라면, 창고 짓느라 그 고생할 필요 없이 많은 다른 사람에게 나누어 줄 수 있었을 텐데… 그리고 재산과 건강만 있으면 내가 얼마든지 내 생명의 주인일 수 있는가를 묻는 지혜를 가졌더라면 그는 생명의 주인이신 하나님 앞에서 겸손할 수 있었을텐데… 그리하여 그는 그렇게 인생을 헛살아버리지 않아도 되었을텐데… 결국 그의 어리석음의 핵심은 하나님과 관련지어 자신의 인생을 보지 않은 것입니다. 그것은 단순히 무지한 것이 아니라, 하나님의 징계를 받을 악한 일이었습니다.

그런데 인생을 헛 살아버린 이 어리석은 사람의 이야기를 들으며 이천 년 후의 우리가 움찔해지는 것은 아마 우리도 자주 그런 모습으로 살고 있기 때문일 것입니다.

누가복음 12:15-21

나그네 자존심

　50대 이상 된 사람이면 한번쯤 들어보거나 혹은 불러보았을 노래가 있습니다. "오늘도 걷는다마는 정처 없는 이 발 길. 지나 온 자국마다 눈물 고였다." 여러 십년 전에 유명했던 흘러간 노래입니다. 그 노래는 이렇게 끝이 납니다. "나그네 흐를 길은 한이 없어라." 인생은 나그네라고 말하는 노래입니다. 정처 없이 떠도는 나그네, 가면서도 가는 곳을 모르는 나그네, 그래서 서러움이 많은 나그네라는 내용입니다. 그래서 이 노래 제목이 나그네 설움입니다. 인생은 나그네입니다. 유명한 대중가요 가수만 인생은 나그네라고 말하는 게 아닙니다. 하나님의 계시의 말씀인 성경도 인생은 나그네라고 말합니다. 불신자만 나그네 인생인 것이 아닙니다. 우리 신자들도 나그네 인생입니다.

사도 베드로가 여러 지역에 흩어져서 고난 가운데 살아가는 신자들을 생각하며 그들에게 편지를 써 보내고자 붓을 들었을 때 처음 떠오른 단어는 '나그네'였습니다. 그래서 그는 첫 번째 편지인 베드로전서의 말문을 이렇게 열고 있습니다. "본도, 갈라디아, 갑바도기아, 아시아와 비두니아에 흩어진 나그네." 그는 이렇게 말하고 있는 것입니다. "내 편지를 받는 당신들, 곧 흩어져 있는 나그네들인 당신들에게 내가 이 편지를 씁니다." 그리고 곧 이어서 곳곳에 흩어져서 핍박 가운데 힘든 인생길을 가고 있는 이 나그네들이 실상은 어떠한 존재들인가를 차근차근 진술하기 시작합니다.

이들은 하나님 아버지와 성령과 예수 그리스도가 총동원 하셔서 이루어낸 "택하심"을 받은 나그네들이요, 그래서 은혜와 평강이 보장된 나그네들입니다(2절). 하나님의 긍휼과 예수 그리스도의 부활을 근거삼아 주어진 살아있는 확실한 소망을 가진 나그네들입니다(3절). 썩지도 않고, 더럽지도 않고, 없어지지도 않는 유산이 확보된 나그네들입니다(4절). 이들은 하나님의 능력으로 보호하심을 받는 나그네들입니다(5절). 그러므로 사도는 지금까지의 말을 그렇게 끝맺습니다. "그러므로 너희는 지금은 잠깐 근심할 수밖에 없는 상황을 지나가고 있으나 오히려 크게 기뻐한다!"(6절). 그리고 잠시 후에 다시 그렇게 말을 이어갑니다. "예수를 너희가 보지 못하였지만 사랑한다. 이제도 보지 못하나

믿고 말할 수 없는 영광스러운 즐거움으로 기뻐한다!"(8절). 사도는 나그네 설움이 아니라, 나그네 기쁨을 노래하고 있습니다.

그러므로 우리는 흘러간 유행가 가사가 말하는 그런 나그네와는 전혀 다른 나그네입니다. 같은 말을 쓴다고 다 같은 것이 아닙니다. 겉보기가 같다고 다 같은 것이 아닙니다. 산에 묻혀 있는 돌이라고 해서 다 같은 돌이 아닙니다. 깨보면 그 속에 보라색으로 번쩍이는 자수정이 석류 알처럼 들어박혀 있는 돌이 있습니다. 그것은 돌이 아니라, 보석입니다. 나그네라고 해서 다 같은 나그네가 아닙니다. 사도가 이 세상 곳곳에 흩어져 살고 있는 우리 신자들을 나그네라 부르면서 편지의 서두를 이렇게 감격에 찬 내용으로 시작하는 데는 분명한 의도가 있습니다. 우리가 누구인지, 어떠한 나그네인지를 알라는 것입니다. 마음껏 자존심을 가져도 좋은 사람들이라는 것을 알려주고 싶은 것입니다. 그리고 그 자존심에 걸맞게 세상을 살라는 것입니다. 사도는 힘든 인생길을 살고 있는 우리 신자들을 그렇게 격려하고 응원하고자 했을 것입니다.

우리는 갈 곳이 없어서 떠도는 사람이라는 의미에서 나그네가 아닙니다. 갈 곳이 너무 분명하고 가는 곳이 너무 확실해서 이곳의 문제에 얽매이지 않는 사람들이라는 점에서 나그네입니다. 우리는 빈손으로 왔다가 빈손으로 가는 삶이어서 설움이 많은 나그네가 아닙니다. 우리에게 주어진 것이 너무 귀하고 우리에게 주어질 것이 너무 커서 근심거리 가운데서도 찬송을 불러대는 나그네들입니다.

문제는 우리가 지금 잠시 처한 현실적인 근심을 하나님께서 우리에게 주신 것과 그리스도 안에서 우리가 갖게 될 것보다 훨씬 더 크고 중요하게 여기는 우리의 습성에 있습니다. 우리는 아직도 우리 자신을 여전히 유행가 가수가 불러대는 그 나그네로 여기며 살고 있는 것은 아닌지 모르겠습니다. 우리 자신을 나그네라고 생각할 때 서글프고, 쓸쓸하고, 허전해지는 것은 아직도 유행가 가수가 말하는 그 나그네로 자신을 알고 처신하기 때문입니다. 그것은 신자 된 우리의 나그네 자존심에 걸맞지 않습니다. 우리는 고난의 길을 가면서도 즐거워합니다. 보이지 않는 곳에서도 보는 자의 찬송을 부릅니다.

죽음 앞에서도 영광을 보는 자의 평안을 누립니다. 우리가 가는 곳이 어디이며, 우리가 믿고 사랑하는 이가 누구인지를 확실히 알기 때문입니다. 우리 신자들은 설움으로 인생길을 가는 나그네가 아닙니다. 자존심을 갖고 당당하게 인생길을 가는 나그네입니다.

베드로전서 1:1-6

노년이
아름다운 사람

세월에 대하여도, 그리고 사람에 대하여도, 이제는 뒷모습을 많이 보이며 살아야 할 처지가 되어가고 있다는 생각을 가끔씩 하게 됩니다. 다시 더 젊었던 시절로 돌아가고 싶다거나, 옛날이 그리워지는 건 분명 아닌데, 지나 온 세월이 아쉬운 생각이 들 때가 종종 있습니다. 더 열심히 할 수 있었는데… 더 멋있고 어른스럽게 그 일들을 처리할 수 있었는데… 하는 아쉬움이 남는 것입니다. 나이 들어가는 탓인지, 이제는 이런 저런 것들이 미련 없이 포기되기도 합니다. 마치 이삿짐을 싸면서 그동안 소중히 간직했던 것들을 버리기도 하고, 나누어주기도 하며 정리하듯이, 이제는 그동안의 생각들이, 일들이, 그리고 품었던 꿈과 야망들이 미련 없이 정리되기도 합니다. 그리고 붙잡아야 할 것과, 놓아야 할 것들이 분별이 되기도 합니다.

나에게 이것은 서글픔이나 무력감이 아닙니다. 점점 성숙되어 가고, 어른이 되어가는 징조입니다. 그래서 나는 나이 들어가는 것과, 나이 들어가는 사람의 마음을 갖는 것이 즐거운 일입니다. 바울 사도의 고백은 퍽 인상적입니다. "내가 어렸을 때에는 말하는 것이 어린아이와 같고, 깨닫는 것이 어린아이와 같고, 생각하는 것이 어린아이와 같다가 장성한 사람이 되어서는 어린아이의 일을 버렸노라." 이것은 단순히 인격적인 성숙과 영적인 성숙만이 아니라, 제대로 나이 들어감에서 오는 성숙도 포함하고 있을 것이란 생각을 해보곤 합니다. 나이 들어갈수록, 세월 앞에서 그리고 사람들 앞에서 뒷모습이 아름답고, 당당하고, 여유 있는 모습이었으면 좋겠습니다. 그래서 뒤를 따라오는 사람들에게 감동을 주는 사람으로 살았으면 좋겠습니다. 그야말로 "노년이 아름다운 사람"으로 살고 싶은 것입니다. 오래전에 창세기를 묵상하다가 아브라함의 노년의 모습에 깊은 감동을 받은 적이 있습니다. 나도 나이가 많아지면 "노년이 아름다운 사람"으로 살고 싶다는 소원을 품었습니다.

성경은 아브라함의 노년의 모습을 한 마디로 요약합니다. "아브라함이 나이 많아 늙었고 여호와께서 그의 범사에 복을 주셨더라!"(1절). 나이 많아 늙었지만, 하나님께서 그의 크고 작은 모든 일에 복을 주시는 그런 노년을 살았다는 것입니다. 큰 감동과 함께, 나도 노년을 그렇게 살면 얼마나 좋을까 하는 생각이 들었습니다. 그러나 그 진술이 끝나자마자 곧 이어지는 긴 이야기는 아브라함이 구체적으로 무슨 복을 어떻게 누렸는가에 대한 언급이 아닙니다. 며느리를 얻기 위하여 늙은 종을 불러 그에게 단호한 지시를 주어 멀리 보내는 이야기입니다. 언뜻, 나이 들어 가문의 확장을 이루는 모습이 노년의 아름다움으로 보이기도 합니다. 그러나 노년의 아브라함의 아름다운 모습은 다른 데 있습니다. 그는 며느리를 얻어와야 하는 그 중요한 일을 늙은 종에게 스스럼없이 맡깁니다. 자기의 가장 중요한 일도 마음 놓고 맡길 수 있는 사람이 주위에 있다는 사실이 아름답게 보였습니다. 우리 주위에는 나이 들어갈수록 사람들이 점점 그에게서 떠나가는 사람들이 있습니다. 곁에 아무도 없어서 누가 보아도 쓸쓸하게 늙어가는 사람도 있습니다. 그러나 나이 많아 늙은 노년의 아브라함이 보여주는 가장 멋지고 감동적인 모습은 노년이 되어서도 수십 년 전에 주셨던 하나님의 언약의 말씀을 여전히 붙잡고 단호하게 그 말씀을 따라 사는 모습입니다. "하늘의 하나님 여호와께서 나를 내 아버지의 집과 내 본토에서 떠나게 하시고 내게 말씀하시며 내게 맹세하여 이르시기를 이 땅을 네 씨에게 주리라 하셨으니 그가 그 사자를 네 앞서 보내실지라 네가 거기서 내 아들을 위하여 아내를 택할지니라"(7절).

자기의 며느리를 얻는 일도 수십 년 전에 주셨던 하나님의 말씀으로부터 결정적인 원칙을 포착하여 진행합니다. 그는 늙은 종에게도 "하늘의 하나님, 땅의 하나님이신 여호와"를 가리켜 맹세하게 한 후에야 며느리감을 구하기 위한 길을 떠나게 합니다(3절). 하나님의 말씀에 입각하여 며느리감을 구하겠다는 맹세입니다. 그는 며느리를 못보았으면 못보았지, 하나님의 말씀을 저버릴 수는 없다는 것을 재차 확인시켜서 늙은 종을 떠나보냅니다(8절).

나에게 있어서 나이 많아 늙은 노년의 아브라함의 가장 아름답고 감동적인 모습은, 어떠한 경우에도 하나님의 말씀을 기억하며 그 말씀을 따라 살아가는 당당한 기개 바로 그것이었습니다. 나에게는 그렇게 노년을 사는 그 모습 자체가 이미 무엇보다도 귀한 복으로 여겨졌습니다. 한 해를 더 하고, 한 살을 다시 더하면서, 나이 많아 늙어갈수록, 범사에 하나님이 주시는 복을 받아 노년이 아름다운 사람으로 살고 싶은 소원을 다시 품어봅니다.

창세기 24:1-8

332

듣고 싶은 말과 들어야 할 말

커뮤니케이션 학자들의 연구에 의하면 사람들은 선별적으로 듣는다고 합니다. 즉 자기가 줄곧 생각해왔던 것을 인정해주는 말을 듣고 싶어 한다는 것입니다. 권력을 가진 사람들은 그러한 경향이 더욱 강합니다. 그런데 자기 마음에 맞는 말만 골라 듣는 경향이 강한 사람은 그것에서 멈추지 않습니다. 한 걸음 더 나아가 자기가 듣고 싶은 말을 해주는 사람만 곁에 두게 됩니다. 다른 사람의 말을 골라서 듣는 데서 그치지 않고, 내가 듣고 싶은 말을 해주는 사람을 골라서 그 사람의 말만 듣게 됩니다. 이런 연유로 그 사람 곁에 있을 사람으로 뽑힌 사람들은 자기를 뽑아준 그 사람이 무슨 말을 듣고 싶어하는지를 기가 막히게 잘

파악합니다. 그래서 그 말을 계속해주게 됩니다.

그것이 정치인일 때는 모리배가 되고, 선지자일 때는 거짓선
지자가 됩니다. 권력가는 듣고 싶은 말을 들음으로 일시나마 마
음의 위안을 누립니다. 그리고 그것을 모두가 자신이 맞다고 따
르고 있다는 확인으로 삼아 만족과 위세를 누립니다. 그리고 그
렇게해준 이 사람들은 그 댓가로 생존을 비롯한 많은 것을 보장
받게 됩니다. 그러나 사실은 서로 속고 속이는 것일 뿐입니다. 이
러한 인간관계를 맺고 산다면 참으로 불행한 일입니다. 그러한
일이 단순히 개인차원에서가 아니라 한 조직의 권력이나 국가
권력의 차원에서 일어나고 있을 때는 그 파급효과가 이만저만
큰 것이 아닙니다. 숱한 다른 사람들을 불행하게 하는 것입니다.

열왕기상 마지막 장은 이스라엘 왕 아합의 비참한 최후의 모
습으로 채워져 있습니다. 아합왕은 유다의 여호사밧 왕에게 연
합군을 형성하여 아람 왕을 칠 것을 제안합니다. 여호사밧은 먼
저 하나님의 뜻은 어떠한지 물어볼 것을 요청합니다. 아합은 즉
각 자신이 거느리고 있는 자문단을 소집합니다. 선지자 사백 명
이 모였습니다. 아합이 물었습니다. "우리가 싸우랴, 말랴?" 사
백 명의 선지자들이 즉각 대답을 합니다. "올라가소서. 주께서
그 성을 왕의 손에 붙이시리이다." 그들이 그렇게 말한 것은 하
나님이 그렇게 말씀해서가 아니었습니다. 그것이 왕이 듣고 싶

어 하는 말이었기 때문이었습니다. 일사불란하고 여출일구한 그들의 말이 미심쩍었는지 여호사밧은 혹시 다시 물을 만한 다른 선지자가 없는지 묻습니다. 그러자 아합 왕은 의도적으로 자문단에서 제외시킨 한 사람이 있다며 미가야를 소개합니다. 그리고 미가야를 자기의 자문단에서 제외시킨 이유를 밝힙니다. "그를 통하여 여호와께 물을 수 있으나 저는 내게 대하여 길한 일은 예언하지 아니하고 흉한 일만 예언하기로 내가 저를 미워합니다."

아합은 자기가 하는 일을 하나님이 복 주실 일이라고 말해주는 사람을 찾는 왕이었습니다. 그러나 여호사밧은 자기에게 하나님이 복 주실 일이 무엇인지를 말해주는 사람을 찾는 왕이었습니다. 사백 명의 선지자가 그렇다고 하는 것을, 한 사람 미가야는 아니라고 하였습니다. 이념적으로 진보거나 좌파여서가 아니었습니다. 왕과 얽힌 원한이 있어서도 아니었습니다. 하나님의 말씀이 그러하기 때문 이었습니다. 그 말을 했기 때문에 그는 감옥에 갇혀야 했습니다. 진리를 말하는 한 사람보다 왕의 기분을 맞추느라 아부하는 사백 명의 말에 더 힘을 얻고 자기의 길을 간 아합은 그 전쟁에서 비참한 모습으로 죽었습니다. 그것이 그의 최후였습니다. 그러나 그가 끝내 전쟁을 일으킨 것은 사백 명이 이길 것이라고 말해주었기 때문이 아니었습니다. 사백 명의 선지자들은 왕이 이미 전쟁을 하겠다고 결심을 했음을 알아차리고 그 상황에서 왕이 듣고 싶어 하는 말이 무엇인지 눈치를 채고 그것을 말해준 것 뿐이었습니다(11-13절).

다른 사람의 말을 듣는 자리에서는 내가 듣고 싶은 말만 골라서 해주는 사람을 가까이 두려는 유혹을 이겨야 합니다. 그렇지 않으면 우리는 잠간 기분 좋자고 평생을 모리배나 거짓선지자에게 속으며 살게 됩니다. 다른 사람에게 말을 하는 자리에서는 사실이야 어찌됐든 그가 듣고 싶어 하는 말로 그의 기분을 맞추려는 유혹을 이겨야 합니다. 그렇지 않으면 잠시 이것저것 보장받으며 편하게 살자고 평생 사람 눈치 보며 비겁하게 살게 됩니다.

아부로 기분 맞추어주는 사람을 측근에 두는 어리석은 권력자도 아니고, 아부를 일삼으며 권력의 주위를 맴도는 비겁한 모리배도 아니었으면 좋겠습니다.

열왕기상 22:1-39

상황보다
더 중요한 것

똑같은 사건을, 같은 장소에서 같이 보았음에도 그것을 보고 내리는 결론이나, 그것을 보고 취하는 반응들은 판이하게 달라지는 경우를 자주 경험합니다. 1분 동안의 강한 지진으로 만여 명이 동시에 죽어버린 적이 있었습니다. 그 현장을 보고 한 사람이 말했습니다. "하나님은 없다. 하나님이 있다면 사람을 이렇게 참혹하게 죽게 할 수 있느냐? 하나님이라는 존재는 없다." 한 쪽에서 다른 사람이 말했습니다. "인생이란 무엇이냐? 아무리 컴퓨터가 발달하고 우주공학이 발달해도 하나님이 단 1분 동안 땅을 흔들어 버리니 수없는 사람이 대책 없이 땅 속에 묻혀 버리지 않느냐? 그러므로 하나님 두려운 줄 알고 살아야 한다." 똑같은 일을, 똑같은 장소에서, 똑같이 보았습니다. 그러나 그 일에 대한 해석과 반응은 정반대였습니다. 한 사람은 그것을 하나님이 없다는 증거로 삼았고, 다른 한 사람은 그것을 하나님을 두려워하며 살아야 하는 경고로 삼은 것입니다.

학교를 자퇴한 후 반복적인 가출로 부모의 애간장을 태우던 아이가 있었습니다. 우여곡절 끝에 마음을 고쳐먹고 다시 학교에 가겠다며 어느 날 집에 다시 들어왔습니다. 면목이 없어 풀이 죽어 앉아 있는 아이를 향하여 부모가 막말을 쏟아 부었습니다. "넌 이제 끝났어! 네 인생은 이제 끝장이야! 너무 늦었어! 네 친구들은 벌써 고등학생인데…" 똑같은 처지에 있는 다른 부모는 논리가 전혀 달랐습니다. "괜찮다. 네가 그 지경까지 나빠졌는데 더 나빠질 것이 있겠냐? 앞으로 너는 올라갈 것 밖에 없다. 힘내라. 넌 지금보다는 더 좋아질 수밖에 없어."

큰 실패로 깊은 좌절과 상처 가운데 빠져있는 교인에게 "이제 다른 가능성이 없겠네요. 소망이 안보이는 상황이고만요." 하는 사람이 있습니다. 그런가하면, "당신이 그 깊은 아픔을 경험한 것 때문에 당신은 그런 아픔 당하는 다른 사람들을 치유할 실력을 갖추게 될 것입니다. 당신은 이제 능력자가 되는 것입니다." 하고 말하는 사람이 내가 목회했던 교회에도 있었습니다. 똑같은 것을 보면서도 판단은 정반대로 하는 이런 일들을 우리 주위에서 얼마든지 볼 수 있습니다. 무엇이 이런 차이를 만들어 내는 것일까요?

하나님은 430년 동안 애굽의 종살이로 살아온 이스라엘 백성에게 젖과 꿀이 흐르는 크고 광대한 가나안 땅으로 들여보내겠다는 약속을 하시며 그들을 애굽의 노예생활에서 구해내셨습니다. 그 약속의 땅을 향하여 가던 중 바란 광야라는 지역까지 왔을 때였습니다. 우리가 들어가는 땅이 정말 그렇게 좋은 땅인지 미리 가서 확인을 해봐야겠다며 백성들이 들고 일어났습니다. 하나님께서 그리하시겠다 하셨으니 그리 될 줄 믿고 그냥 그곳을 향하여 열심히 가기나 했으면 좋으련만, 그들은 그것을 확인해보고자 하였습니다. 그리하여 열 두 사람의 정탐군이 가나안에 보내졌습니다. 열두 사람의 정탐군은 40일 동안 가나안을 샅샅이 돌아본 후 돌아왔습니다. 그리고 정탐한 것을 근거로 온 백성 앞에서 결과를 보고하였습니다. 그런데 열 두 사람이 같이 가서, 같이 다니며, 같이 보고, 같이 돌아왔는데도 백성 앞에서 내리는 결론은 정반대의 두 패로 갈라졌습니다.

그곳의 상황에 대한 인식은 모두 동일하였습니다. 그런데 그러한 상황에 대한 반응은 정반대였습니다. 열 사람은, 그곳에 들어갔다가는 다 죽는다는 것이었습니다. 우리는 그들과 비교할 때 마치 메뚜기같이 형편없는 존재들이라는 것이었습니다.

그러나 두 사람은 생각이 정반대였습니다. 우리가 그들에게 메뚜기가 아니라, 그들이 우리에게 밥이라는 것이었습니다. 한쪽의 결론은, 들어가면 그 강한 자들에게 죽음을 당할 것이 뻔하기 때문에 그곳에 들어가서는 안된다는 것이었습니다. 다른 한쪽에서는, 그 좋은 것들이 있는 곳에 빨리 들어가서 그것들을 취하자는 것이었습니다. 열 사람은 겁이 많은데 두 사람은 겁이 없어서가 아니었습니다. 열 사람은 비겁한데 두 사람은 용감하고 베짱이 두둑해서가 아니었습니다. 열 사람은 계속하여 "그들"과 "우리"를 비교하고 있고, 두 사람은 계속하여 "하나님"과 "그들"을 비교하고 있습니다. 그들의 차이는 여기에 있었습니다. 이들이 다투고 있을 때, 마침내 하나님께서 나타나셔서 판단을 해주셨습니다. 그 상황을 그렇게 본 열 사람은 하나님을 믿지 않고, 하나님을 멸시해서 그런 것이었고, 두 사람은 마음이 온전히 하나님을 좇았기 때문에 그런 결론을 내린 것이라는 게 하나님의 판단이었습니다.

우리가 직면한 문제와 우리를 맞비교하면 우리는 언제나 문제들 앞에서 메뚜기와 같을 뿐입니다. 그러나 우리에게 약속을 주시는 하나님과 우리의 문제를 비교하면 그것은 우리의 밥일 뿐입니다. 결국 현실의 상황이 아니라, 그 상황을 어떤 눈으로 보는가가 중요한 문제입니다.

민수기 13:25-31

340

울어야 할
진짜 이유

40년도 더 전에 부교역자로 사역할 때였습니다. 한 번은 설교하는데 나이 많이 드신 할머니 한 분이 설교 중에 계속 눈물을 흘리면서 우시는 것을 보았습니다. 저 노인께서 내 설교에 은혜를 받으시는구나 싶었습니다. 그러자 힘이 났습니다. 용기와 자신감이 생겨서 소리를 더 질렀습니다. 나 같은 사람의 설교에 은혜를 받는 할머니가 얼마나 고마운지 예배 끝난 후 찾아가서 손도 잡아 드리고 이런 저런 이야기도 했습니다. 이야기를 하는 중에 그 할머니가 왜 내 설교를 들으면서 내내 눈물을 흘리며 우셨는지 그 이유를 알게 되었습니다. 깡마른 젊은 사람이 소리소리 지르며 설교하는 모습을 보면서 "젊디나 젊은 사람이,

먹고 살겠다고" 저렇게 소리를 지르며 노력하는 모습에 마음이 짠해서였습니다. 그리고 그런 나를 보면서 밖에 나가 있는 자신의 아들 생각이 나기도 해서 우신 것이었습니다. 얼마나 어이가 없고 힘이 빠지던지… 그 때 나는 우는 사람의 우는 이유와 그 눈물을 보는 사람의 해석이 얼마나 어처구니 없이 다를 수도 있는가를 경험하였습니다. 사람은 눈물에 어이없이 속을 수도 있다는 사실을 깨달았습니다.

해마다 고난주간이 되면 생각나는 것이 있습니다. 오래전, 시중에 대단한 센세이션을 불러일으키며 기독교인들의 눈에서 눈물을 쏟아내게 했던 영화 한 편입니다. "그리스도의 수난(The Passion of Christ)"이라는 영화입니다. 예수님이 고난당하시는 장면을 잔인할 정도로 사실적으로 그리고 자극적으로 묘사한 영화였습니다. 나에게도 여러 사람들이 그 영화를 보라고 추천하기도 하였습니다. 그 영화를 보아야 한다고 권하는 이유나, 그 영화를 본 소감의 공통된 핵심은 하나였습니다. 영화를 보면서 모두가 울었다는 것이었습니다. 장로님들도 그 영화를 보고 울어서 눈이 벌개져서 나왔다는 둥 울었다는 이야기가 주를 이루었습니다. 그 영화는 예수님이 잡혀서 넘겨지는 순간부터 십자가에서 죽으시기 까지 얼마나 끔찍한 고통을 당하셨는가를 잔인할 정도로 생생히 보여주고 있었습니다. 영화가 보여주는 그런 주님의 모습을 보면서 사람들이 우는 것입니다. 그러나 아무도 왜 그 영화를 보면서 그렇게 우는 것인지를 묻거나 말하는 사람은 없었습니다. 아마도, 그 영화를 보니 우리 예수님이 저렇게 지독한 고난을 당하셨다는 것이 실감이 났을 것입니다. 그리고 그런 고난을 당하시는 예수님이 너무 불쌍하고 딱하게 여겨졌을 것입니다. 그래서 눈물이 쏟아져 나왔을 것입니다.

예수님이 붙잡혀 끌려가면서 고난당하는 그날의 그 현장에도 그렇게 우는 사람들이 있었습니다. 빌라도는 예수님을 십자가에 못 박으라고 소리 지르며 재촉하는 여론을 더 이상 거스를 용기가 없었습니다. 그래서 예수를 십자가에 못 박도록 군중에게 내어주었습니다. 예수님이 십자가에 못 박혀 죽기 위해서 죽음의 길을 걸어갑니다. 그 뒤를 많은 백성이 따라가고 있습니다. 그 가운데 어떤 여자들이 있는데, 가슴을 치고 슬피 울며 예수님의 뒤를 따라가고 있습니다. 이 여자들은 왜 가슴을 치며, 왜 슬피 울고 있는가? "그를 위하여". 즉 고난당하시는 예수님을 위하여 그렇게 한 것입니다. 그렇게 한참을 가고 있는데, 고난당하며 멸시당하며 십자가의 죽음의 길을 향하여 가시는 예수님이 갑자기 멈춰서더니 뒤를 돌아봅니다. 그리고 이 여자들을 향하여 말씀을 하십니다. "예루살렘의 딸들아, 나를 위하여 울지 말고 너희와 너희 자녀를 위하여 울라!"

이 여자들은 예수님을 위하여 괴로워하고, 슬퍼하였습니다.

그러나 예수님의 말씀대로라면, 그들은 잘못 울고 있는 것이었습니다. 예수님은 마치 이렇게 말씀하시는 것 같습니다. "너희가 나를 위하여 울고 있는 것이라면, 너희는 잘못 울고 있다!" 채찍에 맞아 고통당하며 멸시당하며 뺨을 맞으며 조롱당하는 주님, 그리고 고통과 모욕의 극치를 경험하며 십자가에 달려버리는 주님을 보고 그 주님을 위해서, 주님 때문에 울고 있는 것이라면 그것은 잘못 울고 있는 것이라는 말씀처럼 들립니다. 고난당하시는 주님을 보면서, 너무 안됐다고, 얼마나 고통이 크셨겠냐고, 얼마나 괴로우셨겠냐고, 얼마나 모욕적이고, 외로우셨겠냐는 생각이 우리의 마음을 압도하고, 그래서 그것이 우리의 감성을 자극하여 우리의 마음을 아프게 하고, 그것이 우리의 눈물신경을 자극하여 흘리는 눈물이라면 그것은 잘못된 울음이라는 것을 예수님은 고난의 길을 가다 말고 발걸음을 멈추고 돌아서서 깨우치시는 것입니다. 정말 불쌍한 것은 내가 아니고 너희와 너희 자녀들이라고 이들의 시각을 바꾸어 주시는 것입니다. 고난의 현장에 당사자로 계시는 주님은 정말 불쌍한 것은 내가 아니고 너희와 너희 자녀들이라고 이들의 시각을 바꾸어 주시는 것입니다. 그러므로 주님의 고난을 볼 때마다, 생각할 때마다, 우리가 울어야 하는 진짜 이유는 무엇인가를 분명하게 확인해야 합니다.

첫째는 우리 자신의 죄의 참혹함 때문에 울라는 것입니다. 주님이 당하는 혹독하고 참담한 고난을 보면서, 무엇이 하나님이신 그리스도를 가장 흉악한 죄인처럼 저렇게 참담한 모습으로 죽게 만들고 있는가를 생각하고, 하나님을 저렇게 죽여야만 그 값이 치러질 만큼 참담한 나의 죄 때문에 울라는 것입니다. 바로 우리의 죄입니다. 우리의 죄가 얼마나 참혹한지, 얼마나 악독한지, 하나님이신 예수님을 죽여야 되는 그런 죄였다는 것을 생각하라는 것입니다. 그러므로 저 고난과 괴로움과 고통과 멸시와 천대는 내 죄로 말미암아 내가 당해야 될 그 모습이다 라는 것을 생각하고 울라는 것입니다. 그러므로 이 눈물은 나의 죄에 대한 참회의 눈물입니다.

울어야 하는 두 번째 진짜 이유가 있습니다. 주님이 당하는 고통을 보면서, 내 죄가 지금 저 고통으로 값이 치러지고 있다는 사실, 그 끔찍하고 참혹한 내 죄가 주님의 저 고통 때문에 값이 치러지고 용서를 받았다는 사실 때문에 울라는 것입니다. 주님의 고난으로 말미암아 내가 그 죄의 참혹함으로부터 해방 되었고 구원을 받았다는 사실을 확인하고 우리가 얻은 구원에 대한 감사와 감격으로 울라는 말입니다. 우리는 다 영원한 죽음과 지옥형벌로 우리의 죗값을 치루어야 할 사람들입니다. 그런데 우리 주님께서 저렇게 고통당하고 마침내 대신 십자가에 달려 죽으심으로 드디어 죄를 해결 받은 사람들입니다. 나는 이제 죄에서 풀려났다! 용서받은 자가 되었다. 이제 해결이 되었다는 사실 때문에 울라는 것입니다. 그러므로 이 눈물은 나의 구원에 대한 감사의 눈물입니다.

너와 네 자녀를 위해서 울라 하신 주님의 말씀대로 우리가 울어야 되는 세 번째 이유가 있습니다. 아직도 주님이 지불하신 저 고난의 대가에 참여하지 못하고 있는 너와 네 자녀들, 죄 용서의 은혜에 아직도 참여하지 못하고 있는 사람들, 그래서 언젠가 심판의 그 날이 이르면 탄식가운데서 영원히 늦어 버린 채 고통에 휩싸여 영원한 삶을 살아야 될 그 사람들을 생각하고 울라는 것입니다. 그 날이 오기 전에 주님이 저렇게 죗값을 치루고 이루신 구원의 은총권 안으로 들어오게 해야한다, 이대로 가게해서는 안된다 하는 마음으로 울라는 것입니다. 너무 늦어 버린 사람들을 위해서, 너무 늦어 버려서 큰 산아, 나를 덮쳐다오 작은 산아 내 위에 무너져다오 하면서 영원한 고통 가운데서 살아버려야 할 지 모르는 구원 받지 못한 사람들을 위하여 울라는 것입니다. 예수님에게서 끊어져있는 다른 사람들을 위하여 울라는 것입니다. 그러므로 이 눈물은 다른 사람에 대한 안타까움의 눈물입니다.

참회와 감사와 안타까움이 씨가 되고 올이 되어 눈물이 되고, 울다가 울다가 이 눈물에서 결국 우리가 확인하게 되는 한 가지 실체는 예수님의 "사랑"입니다. 사랑 때문에, 죄로 죽어버린 나를 위하여 목숨을 내놓는 그 길을 가신 것이란 사실에 직면하게 됩니다.

그러므로 고난주간을 가장 의미있게 보내는 확실한 방법은 사랑하는 것입니다. 검은 옷을 입고, 금식을 하고, 다소 슬퍼보이는 엄숙한 표정으로 성찬예배에 참석하는 것이 아니라, 사랑을 하는 것입니다. 지금까지 도저히 용서할 수 없었던 원수를 그냥 용서해버리고, 지금까지 정말 관심 없이 지내던 어려운 사람에게 몇 푼 돈이라도 건네며 밥 한끼라도 같이 먹고… 주님이 사랑 때문에 죽으셨으니, 나도 그 사랑을 나누어주는 고난을 당해보는 것이 고난주간을 정말 의미 있게 보내는 모습일 수 있습니다.

주님의 고난과 죽으심을 바라보며 울어야할 진짜 이유를 발견하고 마음껏 주님을 붙잡고 울어보고 싶습니다. 그리고 나를 그렇게 울게 하는 그 사랑으로 나도 이제 남을 울게하는 일을 해보고 싶습니다. 그것이 비록 고난을 수반하는 일이라고 해도 말입니다.

누가복음 23:26-31

기회를 다스리는 지혜

기회는 머리만 있고 꼬리가 없다는 말이 있습니다. 기회는 일단 지나가버리면 다시 붙잡을 수 없으니 눈앞에 다가왔을 때 반드시 붙잡아야 한다는 것을 강조한 말일 것입니다. 그래서 많은 이들이 이것이 기회다 싶으면 서슴없이 그것을 붙잡기 위하여 진력하는 모습들을 보곤 합니다. 그러나 무엇 때문에 그것을 기회라고 여기는가는 사람마다 다릅니다. 이 사람은 기회라 여기는 것을 저 사람은 위기로 여기기도 합니다. 어떤 사람들에게는 자기에게 주어진 상황이 기회라고 판단하는 근거가 의외로 단순합니다. 그것을 붙잡아 이용하는 것이 자신의 욕구를 충족하는데 이익인가 아닌가 하는 것입니다. 돈을 더 벌수 있는가, 더 유명해질 수 있는가, 더 편해질 수 있는가, 더 높아질 수 있는가, 내가 원하는 것을 성취할 수 있는가 등 자신의 욕구충족에 대한 기여 가능성을 근거로 하는 것입니다. 그런가하면 자신의 영달과는 다른 가치를 기준으로 자기에게 주어진 상황이 과연 붙잡아야 할 기회인가를 판단하는 사람들이 있습니다.

40년 동안 한 번도 자기 발로 땅을 딛고 서 본 적이 없는 나면서부터 앉은뱅이였던 사람이 있었습니다. 그 사람은 날마다 성전 문 앞에서 구걸을 하여 생계를 이어가는 사람이었습니다. 그런데 어느 날 베드로가 성전 문 앞에서 말 한마디로 그를 고쳐 걷고 뛸 수 있게 만들었습니다. 이 기적을 일으킨 후 베드로가 취한 모습은 많은 것을 생각하게 합니다. 베드로는 말 한마디로 그 사람을 고치는 기적을 행하였습니다. 그러자 모든 사람들이 놀라고 기이히 여기며 베드로 앞으로 몰려왔습니다. 베드로를 바라보는 그 군중의 분위기와 베드로를 향한 그들의 눈빛이 어떠하였을까를 상상하는 것은 어려운 일이 아닙니다. 베드로가 무슨 말을 하든지 그대로 따를 분위기였을 것입니다. 어쩌면 많은 추종자를 거느리고 막대한 영향력을 행사하며 새로운 교주로 등극할 수 있는 절호의 기회일 수도 있었을 것입니다. 최소한 그 시대의 스타 지도자로 부상할 좋은 기회일 수 있었을 것은 분명합니다.

그러나 그렇게 몰려와서 영웅적인 기적을 행한 자신을 주목하고 있는 이 군중을 보며 베드로가 즉각적으로 나타낸 반응은 이것이었습니다. "이스라엘 사람들아 이 일을 왜 기이히 여기느냐? 우리 개인의 권능과 경건으로 이 사람을 걷게 한 것처럼 왜 우리를 주목하느냐?" 손을 내저으며, 우리가 아니라고, 내가 아니라고 펄쩍 뛰고 있습니다. 동시에 그는 그 기적을 체험한 이 고침 받은 앉은뱅이도 그들이 주목할 대상이 아니라고 분명히 선언합니다. 나도 아니고, 내 옆에 서 있는 이 고침 받은 증인도 아니고… 자신의 인기나 권위가 급상승할 만한 이러한 상황에서 베드로가 취한 처신이 무엇인가 하는 데에 초점을 맞추어 이 사건을 보면 우리는 적잖은 도전을 받게 됩니다. 놀라운 사역을 수행하고 그 결과로 수많은 사람이 큰 호기심과 기대를 가지고 우리를 바라보고 있는 것은 우리에게 기회인가, 아니면 위기인가? 지금 베드로는 자기가 처한 상황을 자신이 돋보일 기회로 여기고 있지 않습니다. 오히려 잘못했다가는 그리스도의 영광을 가로채고 망해버릴 무서운 죄를 범할 수 있는 위기로 여기고 있습니다. 그러므로 베드로는 많은 사람이 출세와 성공을 위한 절호의 기회라고 생각할만한 것을 붙잡지 않고 오히려 다스리고 있습니다.

자기가 아니라고 손을 내저은 베드로가 다음으로 하는 일은, 그러면 누구인가를 명백히 밝히는 것이었습니다. 이것이 곧바로 길게 이어지는 베드로의 설교입니다. 그리고 그 설교의 핵심은 처음부터 끝까지 그리스도 예수께 맞추어져 있습니다. 자신에게로 집중되는 시선을 한 묶음으로 묶어서 예수 그리스도에게로 돌리고 자기는 빠지고 있습니다. 우리는 이 대목에서 자칫하면 빠져들 뻔 했던 위기 상황을 절묘하게 벗어나는 베드로의 모습을 보게 됩니다.

기회는 무조건 붙잡아야 되는 것이 아닙니다. 그것이 붙잡아야 되는 기회인가 피해야 하는 위기인가를 분별해야 합니다. 그리하여 그 기회를 다스려야 합니다. 그것이 권력의 총수가 될 수 있는 기회인가, 온 나라에 망신을 당하고 망가질 수 있는 위기인가를 분별하지 못하고, 위기를 기회로 착각하여 덥석 붙잡았다가 결국 비참하게 인생이 무너져내리고마는 사람들을 우리는 자주 목격합니다. 기회는 어떻게든 붙잡아야 되는 것이 아닙니다. 기회인지, 위기인지 분별하여야 합니다. 그리고 다스려야 됩니다.

사도행전 3:1-16

급한 일과 중요한 일

내가 아직 유학생활을 하고 있을 때였습니다. 큰 아이가 열두세 살 때이니까, 우리 아이들 셋 모두 아직 어린아이 티를 벗지 못하고 있을 때였습니다. 세 아이가 평소에 다투거나 싸우는 일 없이 워낙 사이좋게 잘 지내주어서 고맙게 여기고 있었는데, 하루는 응접실에서 큰 싸움이 벌어지고 있었습니다. 사연을 알아보니 카세트 녹음기를 가지고 서로 자기가 사용하려고 싸우고 있는 것이었습니다. 가난한 유학생 형편으로는 상당히 값이 나가는 귀한 것이었습니다. 사태를 파악한 다음 나는 녹음기를 들어서 응접실 바닥에 내동댕이 쳐버렸습니다. 급히 아이들 싸움을 뜯어말리는 것보다도 더 중요한 일이 있다는 생각이 들었

352

기 때문이었습니다. 아깝지만 녹음기를 부숴버려서라도 얻어내야 할 중요한 것이 있다는 생각이 번개처럼 내 머리를 스쳐간 것입니다. 비싼 녹음기 하나를 미련 없이 포기하고, 그것을 기회로 한 가족으로 살면서 가장 중요한 것이 무엇인지, 아빠는 이런 문제에 대하여 어떠한 철학을 가지고 살고 있는지, 아이들에게 생생하게 알게 해주는 것이 더 중요한 일이고, 지금이 그 기회라는 생각이 난 것입니다.

아이들은 깜짝 놀라서 얼음동상처럼 굳어져버렸습니다. 나는 아이들을 앉혀놓고 한참 동안 상당히 감동적으로 이야기를 했습니다. 녹음기 때문에 서로 사랑하면서 재미있게 놀 수가 없다면, 그 녹음기를 때려 부숴버리고 사이좋게 지내는 것이 더 좋은 것이라고 알아듣게 설명을 하였습니다. 그래서 녹음기를 없애버린 것이라고 진지함과 간곡함으로 아이들이 알아듣게 설명해주었습니다. 아빠가 화가 나거나 싸우는 너희들이 미워서가 아니라고 열심히 납득시켰습니다. 나의 이야기가 끝난 후 우리 가족은 모두 같이 밖에 나가서 아주 행복하고 재미있는 저녁 시간을 보내었습니다. 나는 그때 그 사건이 우리 아이들에게 한 가족으로 사는데 무엇이 중요한 것인가를 알게 해주었을 뿐만 아니라, 자기들의 인생철학을 세워가는 일에도 적잖은 영향을 주었다는 것을 가끔씩 확인하게 됩니다.

사람이 살다 보면 급한 일과 중요한 일이 있습니다. 그리고 대부분의 경우는 급한 일과 중요한 일을 동시에 하는 것은 불가능합니다. 그래서 많은 사람들은 자연스럽게 급한 일을 먼저 하면서 살아갑니다. 그리고 그것이 당연한 것처럼 여기고 있습니다. 그러나 사실은 그렇지 않습니다. 급한 일은 언제나 있습니다. 죽는 순간에도 급한 일은 우리 앞에 닥쳐옵니다. 그러므로 급한 일 위주의 인생을 살다보면 평생을 쫓기며, 내몰리며, 초조하게만 살다가 갑자기 마지막을 맞게 될 수 있습니다. 그러므로 급한 일을 먼저 하지 말고, 중요한 일을 먼저 해야 합니다.

우리 예수님이 그렇게 사셨습니다. 예수님이 본격적으로 사역을 시작하신 이후, 예수님의 주위에는 거의 언제나 사람들이 모여들었습니다. 때로는 발에 밟힐 정도의 사람들이었습니다. 때로는 어깨를 서로 부딪치며 밀려가야 하는 정도의 큰 무리였습니다. 시급히 병을 고침받거나, 혹은 그 권위 있는 말씀을 듣기 위하여 여러 곳에서 모여든 사람들이었습니다. 그러나 예수님은 때때로 어디론가 혼자서 가버리곤 하였습니다. 그래서 어느 때는 이 시급한 환자들을 조바심 나게 하시곤 하였습니다. 새벽이 되어서야 예수님은 무리와 제자들 앞에 나타나셨고, 제자들은 책망과 원망 섞인 어투로 예수님께 물었습니다. 이 시급한 상황에, 이렇게 급한 일이 많은 판국에 어디에 갔다가 이제야 오시는 거냐고. 예수님에게는 환자들을 고쳐주어야 하는 급한 일 보다도, 하나님 아버지와 깊은 교제를 하고, 하나님 아버지의 뜻을 확인하고, 하나님 아버지 앞에 잠잠히 자신을 드러내 놓고 있는 시간을 갖는 것이 더 중요한 일이었습니다. 주님은 급한 일보다 중요한 일을 먼저 하시기 위하여 하루 저녁을 그 급한 자리를 떠나 있었던 것입니다. 당장은 다소 손해를 보더라도, 중요한 일을 먼저 하는 것, 그것이 인생의 지혜입니다.

마가복음 1:32-37

더 중요한 것과
덜 중요한 것

원숭이를 산채로 사냥하는 법을 들은 적이 있습니다. 가장
IQ가 높다는 영리한 원숭이를 사람들은 어떻게 산채로 잡을 수
있을까? 호기심이 발동하였습니다. 그런데 영리한 원숭이를 생
포하는 "원숭이 사냥법"은 의외로 원숭이의 멍청함을 이용한
간단한 방법이었습니다.

나무에 간신히 손이 들어갈 만한 구멍을 뚫습니다. 그리고 그
안에 설탕을 쏟아 놓습니다. 그러면 설탕을 좋아하는 원숭이가
용케도 그것을 알아차리고 다가옵니다. 원숭이는 설탕을 가져
가려고 그 구멍에 손을 집어넣습니다. 그리고는 설탕 한 움큼을

움켜줍니다. 횡재 만났다고 좋아라하며 돌아가려는데 손이 빠지지 않습니다. 이 광경을 지켜보던 사냥꾼이 원숭이를 사로잡으려고 다가옵니다. 원숭이는 위기를 느끼며 빨리 달아나려고 발버둥을 칩니다. 그러나 팔이 나무에서 떨어지지 않습니다. 꼼짝을 못한 채 놀라서 허둥대기만 합니다. 사냥꾼이 회심의 미소를 지으며 코앞까지 다가옵니다. 그것을 빤히 보면서도 원숭이는 나무에서 손을 빼지 못합니다. 설탕을 절대 놓지 않으려고 주먹을 펴지 않으니 팔이 나무에서 빠지지 않는 것입니다. 자기 목숨을 향해서 다가오는 위험을 빤히 보면서도 달아나지 못하고 결국 붙잡히고 맙니다. 설탕 한 움큼 포기할 수 없어서 더 중요한 자기 목숨을 잃게 됩니다. 결국은 설탕도 잃고 목숨도 잃어버리는 처지가 되어버립니다.

그러나 원숭이의 문제는 무식한 데 있는 것이 아닙니다. 원숭이는 무식한 놈이 아니라, 어리석은 놈 입니다. 덜 중요한 것에 대한 집착을 버릴 수 없어서 더 중요한 것을 잃어버리는 것이 그의 어리석음 입니다. 원숭이는 빨리 그곳을 빠져나가야 한다는 것도 알고 있습니다. 이대로 가다가는 사냥꾼에게 붙잡혀 죽는다는 것도 알고 있습니다. 그러나 설탕에 대한 집착을 버리지 못해서 눈을 빤히 뜨고도 죽는 길을 간 것입니다. 영리한 원숭이를 잡는 비결이 의외로 이렇게 간단한 방법인 것을 알고 나는 어이가 없었습니다. 알고 보니 원숭이는 가장 영리한 동물이 아니라, 한 없이 멍청한 존재였습니다.

그런데 의외로 인생을 이렇게 원숭이처럼 사는 사람들이 있습니다. 무엇이 더 중요한지, 무엇이 덜 중요한지를 분별하지 않고 삽니다. 분별했음에도 불구하고 덜 중요한 것에 대한 집착과 미련 때문에 더 중요한 것을 눈을 뻔히 뜨고 잃어버리는 경우가 참으로 많습니다. 더 중요한 것과 덜 중요한 것을 아무 긴장이나 부담 없이 동시에 가질 수 있는 때가 있습니다. 그러나 동시에 가질 수 없어서 한 쪽을 포기해야만 다른 쪽을 가질 수 있는 경우가 있습니다. 이때는 덜 중요한 것을 포기하고 더 중요한 것을 붙잡는 것이 지혜입니다. 자녀 문제로 말다툼하다가 아내의 말에 화를 못이긴 남편이 아내를 때려죽였다는 이야기를 언젠가 저녁 TV 뉴스에서 본 적이 있습니다. 벼룩 잡자고 초가집 불태운다는 우리 속담도 있습니다. 자기 의견 관철하고 자기 자존심 세우자고 교회를 갈라버리는 싸움을 하는 사람들이 있습니다.

마가복음 8:36-38절의 예수님의 말씀이 생각납니다. "사람이 온 천하를 얻고도 제 목숨을 잃으면 무엇이 유익하리요 사람이 무엇을 주고 제 목숨을 바꾸겠느냐?" 그리고 이어서 예수님은 말씀하셨습니다. "누구든지 이 음란하고 죄 많은 세대에서 나와 내 말을 부끄러워하면 인자도 아버지의 영광으로 거룩한 천사들과 함께 올 때 그 사람을 부끄러워하리라." 예수님은 생명존중사상을 강조하기 위하여 그 말씀을 하신 것이 아니었습니다. 천하를 얻는 것 보다는 목숨을 유지하는 것이 더 중요하고, 목숨을 유지하는 것 보다는 예수님께서 다시 오실 때 예수님께 부끄러움을 당하지 않는 것이 더 중요하다는 말씀입니다. 천하를 얻는 것보다도 더 중요한 것이 목숨이고, 목숨을 유지하는 것보다 더 중요한 것이 예수님께 거부당하지 않는 것입니다. 왜냐하면, 천하를 얻었는데 목숨을 잃으면 손에 쥔 그 천하가 아무 유익이 없듯이, 목숨을 유지하였는데 주님께 외면을 당하면 유지한 그 목숨이 결국 아무 유익이 없기 때문입니다. 목숨을 유지하며 살아 있는 것이 가장 중요한 문제인 것이 아닙니다. 음란하고 죄 많은 이 세상에 잘 적응하고, 그렇게 해서 한 웅큼 움켜쥐고 잘 살아보자고 예수님과 예수님의 말씀을 던져버리는 사람들이 있습니다. 그것은 천하를 얻기 위해서 목숨을 버리는 것과 같은 어리석은 짓이라는 것이 이 말씀을 하시는 예수님의 의중입니다. 예수님과 그의 말씀과 맞바꾸어서 얻은 그 좋고 편한 것들이라면, 결국은 아무런 유익이 없는 것이 되어버리고 말 것이기 때문입니다.

때때로, 덜 중요한 것에 대한 집착을 버릴 수 없어서 더 중요한 것을 잃어버리는 우리가 이 원숭이 같다는 생각이 듭니다.

마가복음 8:36-38

성공한 자들을 향한 경고

하나님께서 절대로 용납하실 수 없는 것 두 가지가 있습니다. 우상숭배와 교만입니다. 하나님이 아닌 것을 하나님의 자리에 놓는 것이 우상숭배입니다. 자기 자신이 하나님의 자리로 올라가는 것이 교만입니다. 우상숭배와 교만은 다 같이 하나님을 하나님이 아닌 다른 것으로 대체한다는 점에서 그 본질이 같습니다. 그러므로 하나님은 자신이 더 이상 하나님이 아니라는 사실을 인정하시기 전에는 우상숭배나 교만을 결코 용납하실 수 없습니다. 이것들은 모두 하나님의 존재 자체에 대한 도전이기 때문입니다. 어떤 경우에도, 또 어떤 이유로든 하나님은 하나님이 아니실 수 없습니다. 그리고 자기가 하나님이심을 부인할 수 없습니다. 바로 이것이 하나님께서 우상숭배와 교만을 그토록 단호하게 처리하시는 연유입니다.

성경은 이 둘을 가리켜 부패하고 패역한 것으로 단정합니다. 그리고 우상을 숭배하거나 스스로 교만한 사람은 반드시 패망한다고 단언합니다. 그런데도 예나 지금이나, 인간은 언제나 하나님을 하나님이 아닌 다른 것으로 대체하려는 유혹에 직면합니다. 그리하여 하나님을 떠나 다른 것을 찾아 가는 우상숭배에 빠지곤 합니다. 그런가하면 스스로 하나님처럼 높아지고 싶은 유혹에 직면합니다. 그리하여 하나님을 제치고 자기가 하나님 행세를 하는 교만에 빠지곤 합니다. 불신자야 처음부터 하나님을 부인하는 사람들이므로 그들이 우상을 숭배하고 교만하게 행하는 것은 오히려 자연스러운 일입니다. 그러나 하나님의 백성인 신자들은 하나님을 떠나 다른 신을 따라갈 수도 없고, 자신이 한없이 높아져서 스스로 하나님처럼 행세할 수도 없습니다.

그런데 현실적으로는 신자들, 특히 교회 지도자들에게서조차 심심찮게 마치 하나님처럼 높아지고, 마치 하나님 같은 대접을 누리는 모습을 보는 경우가 드물지 않습니다. 어떤 이들의 행태에서는 하나님은 볼 수 없고, 인위적으로 부각되는 카리스마 넘치는 영웅적인 목회자의 모습만 부각되는 것을 심심찮게 보기도 합니다. 교만의 극치를 보는 듯합니다. 그의 말은 무엇이나 옳고, 모든 사람은 그의 말을 들어야 하고, 그에게 모든 권위와 옳음이 있고… 아마도, 목회자일수록 그리고 이 시대의 대형교회 목회자일수록 자신이 하나님처럼 높아지고 있지 않은지, 자신도 모르는 사이에 하나님 같은 대접을 받으며 군림하고 있지 않은지 정신을 차리고 살펴보아야 할 것입니다.

언젠가 오래전 친구인 목사님 한 분을 우연히 만나서 충격적인 이야기를 들었습니다. 미국에서 태어나서 살고 있는 그 분 조카의 이야기였습니다. 얼마 전에 서울의 한 대형교회에서 항공료와 경비를 부담하며 미국에 사는 젊은이들을 초청하여 그 교회에서 하는 3일 동안의 수련회에 참석할 기회를 주었는데 그 조카도 초청을 받아왔습니다. 그런데 둘째 날 낮에 갑자기 그 조카로부터 전화가 왔습니다. "삼촌, 저 좀 여기서 데려가줄 수 있으세요?" 거기 더 이상 못 있겠다는 것이었습니다. 웬일인가 하여 달려가서 만났습니다. 그 조카는 자초지종 사연을 털어놓았습니다. 공항에 내리니 세 사람이 영접을 나왔는데, 차타고 오는 내내 그 교회 담임목사님 칭송만 하더라는 것입니다. 집회가 있기 전에 귀에 이어폰을 꽂은 사람들이 경호를 하며 리무진 한 대가 도착하기에 아주 높은 관료가 방문하는가 했는데, 그 교회 담임목사님이 내리시더라는 것이었습니다. 교회 목사가 그런 모습으로 교회에 오는 것을 평생 본 적이 없는 그 청년은 큰 충격을 받았습니다. 첫 날도 둘째 날도 몇 분의 목사님이 나와서 세미나를 인도하는데 내내 그 교회 담임목사님의 훌륭함과 목회 성공 사례와 그 목사님의 업적만을 늘어놓고 성경을 말하지는 않더라는 것입니다. 도착하여 이틀 동안 담임목사 한 사람만 이렇게 집중적으로 높이는 것을 본 같은 방에 배치되었던 세 사람의 친구들은 이 교회는 이단인 것이 틀림없다는 데 의견의 일치를 보았습니다. 우리가 잘못 왔다는 생각과 함께, 이제라도 항공권을 돌려주고 여기서 떠나자고 결론을 내렸습니다. 그래서 그 친구는 삼촌 목사님께 마치 구호요청을 하듯이 전화를 한 것이었습니다. 그 조카는 그렇게 둘째 날 삼촌 목사님 집으로 와서 그곳에서 일주일을 머물다가 한국교회에 큰 상처만 받고 미국으로 돌아갔습니다.

하나님은 오랜 꿈과 소원이 성취되어 드디어 가나안 땅에 들어갈 백성을 놓고 그들이 성공적으로 가나안 입성을 이룬 이후에 대하여 염려하셨습니다. 소위 꿈을 이루어 성공하고, 그 성공이 일상적인 삶의 현장이 되었을 때 이 백성이 어떻게 멸망의 길로 빠져들 수 있는가를 아시는 하나님께서 모세를 통하여 경고하신 말씀이 신명기 8장의 그것이었습니다. "두렵건대 네 마음이 교만하여 네 하나님 여호와를 잊어버릴까 하노라"(14절). "또 두렵건대 네가 마음에 이르기를 내 능력과 내 손의 힘으로 내가 이 재물을 얻었다 할까 하노라"(17절). 하나님의 은혜로 성공한 후에, 자기의 힘으로 그렇게 한 것처럼 하나님을 제치고 자기가 하나님 행세를 하고 하나님 대접을 받는 교만을 염려하신 것입니다. 그리고 이것은 단순히 염려가 아니라, 그러면 반드시 멸망하고 만다는 경고였습니다(19절). 어느 민족도 받지 못한 은혜체험을 하였음에도 불구하고, 전혀 은혜를 체험하지 못하고 망해버린 다른 민족들과 결과적으로는 아무런 차이가 없이 똑같이 망해버리는 신세가 될 수 있다는 경고입니다. 그런 일이 일어나게 하는 결정적인 원인은 다름 아닌 교만입니다.

오늘날 우리, 특히 목회자들이 두려운 마음으로 가장 심각하게 받아들여야 하는 경고도 바로 이것일 것입니다.

신명기 8:11-20

영웅의 몰락

히스기야 왕은 지도력으로나, 신앙으로나 유례가 없을 만큼 훌륭한 왕이었습니다. 그는 "여호와 보시기에 정직히 행하는" 사람이요, "여호와께 연합하여 떠나지 아니하는 자"요, "그의 전후 어떤 왕도 히스기야처럼 하나님을 의지하는 사람이 없었다"고 인정을 받을 만큼 신앙이 뛰어난 사람이었습니다(왕하 18:3-5). 광야의 불뱀 사건 이후 오랜 세월 동안 이스라엘 백성은 불뱀 사건을 해결해주었던 놋뱀을 우상으로 섬겨왔습니다. 그런데 온 백성이 신으로 섬겨오는 놋뱀을 가리켜 그것은 놋쇠 조각일 뿐이라며 때려 부수어버리고 온 백성이 하나님을 향하도록 종교개혁을 단행한 사람도 히스기야 왕이었습니다.

뿐만 아닙니다. 그는 개인적으로도 뛰어난 은혜 체험을 한 사람이었습니다. 스물다섯에 왕이 되어 십 수 년 동안 나라를 잘 다스리고 있는데, 어느 날 갑자기 죽을 병이 들었습니다. 나이 40도 안된 한창 때였습니다. 하나님께서도 선지자를 보내어 집안에 유언을 하고 죽을 준비를 하라고 하실 정도로 그의 죽음은 확정적이었습니다. 그러나 히스기야는 얼굴을 벽으로 향하고 심히 통곡하며 하나님께 부르짖었습니다. 하나님께서는 그의 기도를 들으시고, 그의 눈물을 보시고, 그가 죽지 않게 하셨습니다. 해시계의 그림자를 뒤로 물러가게 하는 기적을 보증으로 제시하시면서 까지 15년을 더 살려주시겠다고 다짐하셨습니다. 하나님은 그렇게 큰 은혜를 히스기야에게 베푸셨고, 히스기야는 그렇게 놀라운 은혜체험을 한 것입니다. 이사야 38장의 이야기입니다. 그는 공적인 업적으로 보나, 개인의 영성으로 보나 가히 당대 최고의 신앙 영웅이었습니다.

히스기야 왕이 죽을병에 걸렸다가 다시 기사회생한 이 사건이 얼마나 놀랍고 특이한 일이었는지 이 소문은 삽시간에 사방으로 퍼졌습니다. 마침내 바벨론 왕에게 까지 들렸고, 바벨론 왕은 축하의 글과 함께 선물을 준비하여 축하사절단을 히스기야에게 보내왔습니다(39:1). 당대 최강국으로 부상하고 있는 나라의 왕이 친히 사절단을 보내온 이 사실이 히스기야를 얼마나 기쁘게 하였을지는 너무나 분명합니다. 히스기야는 기쁨에 차서 사절단을 대접하였습니다. 그들을 이리저리 안내하며 자랑이 될 만한 모든 것을 보여주었습니다. 궁중의 보물들, 무기고, 보물창고, 궁중의 소유와 전국의 모든 소유를 다 보여주었습니다(2절).

사절단이 떠나자마자 선지자 이사야가 히스기야 왕을 찾아왔습니다. 그리고 대뜸 물었습니다. 사람들이 왔었던 것 같은데, "그 사람들이 어디서 온 사람들이며, 그들이 무슨 말을 하였습니까?" 히스기야가 기다렸다는 듯이 대답했습니다. "그들은 바벨론 왕이 그 멀리서 나한테 보낸 사람들이었지요!" 자기의 위상이 그만큼 대단하다는 사실을 알리고 싶은 당당한 답변이었을 것입니다. 선지자가 다시 물었습니다. "그들이 왕의 궁전에 와서 무엇을 보았습니까?" 왕이 지체 없이 대답했습니다. "다 보았지요! 보일만한 것은 하나도 빠짐없이 다 보여주었지요, 뭐!" 감격에 차서 자랑스럽게 늘어놓는 히스기야 왕의 면전에 대고 선지자는 하나님께로부터 받은 무서운 저주의 말을 쏟아놓았습니다. "당신이 자랑스러워하는 그 모든 소유는 바벨론에게 다 빼앗길 것입니다. 그리고 당신의 자손 가운데 일부는 바벨론 왕의 환관이 될 것입니다!"(3-7절)

히스기야에게 쏟아지는 것은 무서운 저주였습니다. 죽음의 문턱에서 하나님의 기적으로 15년을 더 사는 그 큰 은혜를 체험한 사람의 인생이 무엇 때문에 이렇게 곤두박질을 칠 수 있는 것일까요? 히스기야는 무엇이 문제였을까요? 히스기야는 바벨론 왕의 축하 사절들에게 자신을 드러낼 수 있는 모든 것을 다 보여주었습니다. 다만 한 가지, 하나님만을 빼고. 그것이 히스기야의 치명적인 잘못이었습니다. 아무 것도 보여주지 않아도 하나님만은 보여주어야 했습니다. 그러나 다 보여주면서 하나님만을 뺀 것입니다. 히스기야는 하나님의 은혜로 그렇게 되었으면서도, 끝까지 자기 잘난 맛으로 살다가 망해버린 것입니다. 한 때의 위대한 영웅은 이렇게 몰락해버리고 말았습니다.

큰 교회를 이루었다는 것을 내세워 나처럼 하면 된다는 식으로, 혹은 나처럼 하지 않으니까 목회가 안 되는 것이라는 식으로 처신하는 이들이 있습니다. 모든 면에서 자신의 말이 바로 목회와 교회의 원리가 되는 것처럼 거드름을 피우는 대형 교회의 어떤 교인들과 지도자들을 볼 때가 있습니다. 혹은 자신을 드러내기 위하여 이곳저곳에 이런저런 거짓말을 흘리며 다니는 어떤 사람들을 볼 때도 있습니다. 그런 와중에 하나님은 어디에서도 드러나지 않습니다. 그들은 모든 사람들의 시선을 온통 자기 자신의 잘난 모습에 집중시키느라 정신이 없습니다. 그 때마다 두려운 마음으로 히스기야를 떠올리게 됩니다.

모세가 광야생활을 마감하는 시점에서 근심에 차서 이스라엘 백성에게 권면한 것도 바로 그것이었습니다. "네 하나님 여호와를 잊어버리지 않도록 삼갈지어다. 네가 먹어서 배부르고 아름다운 집을 짓고 거주하게 되며 또 네 소와 양이 번성하며 네 은금이 증식되며 네 소유가 다 풍부하게 될 때에 네 마음이 교만하여 네 하나님 여호와를 잊어버릴까 염려하노라…. 네 하나님 여호와를 기억하라."(신 8:11-18).

우리 모두가 언제라도 제 잘난 맛으로 살다 결국 망해버리는 히스기야 증후군에 빠질 수 있는 위험한 인생이라는 생각을 하게 됩니다.

이사야 39:1-7

역사에서
배우지 않는 사람

　모든 피조물 가운데 인간만이 다른 사람의 경험을 내가 한 경험처럼 공유할 수 있습니다. 고통당하며 죽어가는 사람을 보면서 내가 아픈 것처럼 아파할 수 있고, 다른 사람에게 주어지는 말들을 내게 하는 말인 것처럼 알아듣고 유익을 얻을 수 있습니다. 이것은 인간만이 가지고 있는 참으로 위대한 능력이기도 하고 지혜이기도 합니다. 나에게 직접 일어난 일은 아니지만 마치 나에게 일어난 일인 것처럼 그것을 느끼고, 내가 당사자인 것처럼 교훈을 얻어서 유익을 누릴 수 있는 능력과 지혜입니다. 이것이야말로 창조주 하나님이 우리 인간에게 주신 뛰어난 은혜 가운데 하나입니다. 그러므로 인간만이 과거의 역사에서 오늘의 처신을 위한 원리와 모범을 배울 수 있습니다.

그러나 모든 사람이 이 능력과 지혜를 따라 사는 것은 아니라는 데 우리의 불행이 있기도 합니다. 역사는 되풀이 된다는 말을 흔히 듣습니다. 이 말은 긍정적인 뜻보다는 부정적인 함축을 담아 쓰이는 경우가 많습니다. 역사는 되풀이되는 것이니 시간이 흐르면 좋아질 것이라는 소망이 아니라, 시간이 흐르면 또다시 나빠지고 원점으로 돌아가고, 그러므로 결국 그것이 그것이라는 절망 섞인 의미로 이 말을 하는 것입니다. 그렇게 하다가 망한 사람의 역사를 보았으면서도 자신도 다시 그렇게 하고, 저러한 방식으로 살아서 성공한 역사를 잘 알고 있으면서도 저러한 방식으로 살지 않는 것이 이러한 부정적인 역사 순환의 근본적인 원인입니다. 즉, 역사에서 배우지 않는 우매함이 문제인 것입니다.

벨사살은 성경의 기록대로 하면 느부갓네살의 아들이요 그의 왕위를 이어받은 바벨론의 왕이었습니다. 그가 한 번은 천여 명이나 되는 귀인들을 어전으로 불러모아 큰 잔치를 벌였습니다. 선왕 느부갓네살 때 예루살렘 성전에서 탈취해왔던 금과 은으로 된 모든 기명들을 가져오게 하였습니다. 거기에 술을 따라 마시며 자기들이 섬기는 신들을 향해서 만세를 부르고 열광하며 찬양을 했습니다. 그렇게 여호와를 한없이 능멸했습니다. 그리고 자기들의 신을 찬양했습니다. 열광하며 술에 취해 있는데 갑자기 몸체는 보이지 않는 손가락들이 나타나서 움직이더니 왕의 촛대가 있는 맞은편 벽에 글자를 쓰기 시작했습니다. 그런데 그 글자가 무슨 글자인지, 무슨 뜻인지 아무도 읽을 수도 없고 알 수도 없고 해독 할 수도 없습니다. 파티는 중단되고, 왕은 사색이 되었습니다. 그렇게 열광하며 안하무인으로 방자하게 만세를 부르며 찬양하던 무리가 죽은 듯이 조용해 졌습니다.

결국 다니엘이 왕 앞에 불려왔습니다. 글자 해독을 명령받은 다니엘은 글자를 해독하는 대신 벨사살의 선대에 일어났었던 역사에 대한 긴 강의로 말을 시작합니다. 느부갓네살이 얼마나 방자하게 살다가 어떻게 끔찍하고 비참한 처지에 떨어졌었던가를 낱낱이 들추어내며 벨사살에게 확인을 시켰습니다. 사실, 그 내용은 벨사살도 이미 잘 알고 있는 사실들 이었습니다. 그러고 나서 다니엘은 벨사살의 결정적인 문제가 무엇인가를 단도직입적으로 선언하였습니다. "벨사살이여 왕은 느부갓네살의 아들이 되어서 이것을 다 알고도 오히려 마음을 낮추지 아니하고 도리어 스스로 높여서 하늘의 주재를 거역하였습니다." 다니엘의 지적은 풀어서 말하자면 대충 이러한 말입니다.

"벨사살 왕, 당신은 당신의 부친 느브갓네살의 역사를 잘 알고 있습니다. 그는 하나님이 모든 권세를 주셨고, 하나님이 역사의 주인이시고, 하나님이 인생의 뜻을 주관하시는 왕이시라는 것을 인정하지 않고 자기가 주인인 것처럼 그렇게 방자하게 행하였습니다. 그러다가 그가 어떻게 내쫓겨서 짐승처럼 비참하게 살았는가를 당신은 잘 알고 있었습니다. 그럼에도 불구하고 당신은 그것으로부터 아무런 교훈을 받지 않았습니다. 그리고 당신은 오히려 느브갓네살이 했던 것과 똑같은 행동을 하였습니다. 도리어 마음을 낮추지 않고 스스로 높여서 하늘의 주재를 거역했습니다. 왕의 호흡을 주장하시고 왕의 모든 길을 작정하시는 이 하나님께는 영광을 돌리지 않고 오히려 하나님의 그 영광을 횡령했습니다. 당신의 더 결정적이고 흉악한 죄는 당신처럼 사는 자는 어떻게 되는가 하는 것을 현장에서 보아놓고도 당신은 그 길로 간 것입니다. 당신은 이제 끝났습니다. 당신의 나라도 끝났고 당신의 인생도 끝났습니다."

벽에 쓰였던 "메네 메네 데겔 우바르신"이라는 말은 인생을 이렇게 살아버린 벨사살에게 그의 나라는 이제 끝났고, 그의 인생도 이제 끝났다는 하나님의 심판의 선언이었습니다. 그 날 밤에 벨사살 왕은 죽임을 당했습니다. 그리고 끝났습니다. 이것이 벨사살의 이야기입니다. 그는 "역사에서 배우지 않는 사람"이었습니다. 그가 선대의 역사를 알고 있다는 사실이 자신의 인생을 살아가는 데 아무런 유익이 되지 않는 삶을 산 것입니다.

그런데 더욱 두려운 것은 우리가 때때로 서슴없이 벨사살의 후예들이 되고 있다는 사실입니다. 역사에서 배우지 않는 것이 우리의 가장 큰 불행이고, 우리는 그렇게 현대판 벨사살의 후예들이 되고 있는 것입니다. 모세가 가나안이 눈앞에 보이는 광야의 마지막 지점에서 이스라엘 백성에게 간곡하게 권하는 말도 그것이었습니다. "옛날을 기억하라. 역대의 연대를 생각하라. 네 아버지에게 물으라. 그가 네게 설명할 것이요. 네 어른들에게 물으라. 그들이 네게 말하리로다."

다니엘 5:18-28

선지자의 미친 행동

    신앙공동체인 교회는 성경에서나 역사에서나 언제나 두 종류의 도전에 직면하며 나아갑니다. 교회 밖으로부터 오는 도전과 교회 안으로부터 오는 도전입니다. 그러나 교회가 교회로 존재하는데 치명적인 결과를 초래하는 것은 대부분 교회 밖으로부터 오는 도전이 아니었습니다. 교회 안으로부터 오는 도전이었습니다. 사실 교회는 핍박을 비롯한 밖으로부터 오는 이런저런 위기들을 의외로 잘 이기며 극복해왔습니다. 치명적인 것은 교회 안으로부터 오는 위기였습니다. 교회 안으로부터 오는 대표적인 위기 가운데 하나는 언제나 거짓 선생 혹은 거짓 지도자들이 활개를 치는 데서 비롯되었습니다.

사도 베드로는 두 번째 보낸 편지 두 번째 장에서 이 문제를 길게 다루고 있습니다. 사도는 "그러나 백성 가운데 또한 거짓 선지자들이 일어났었나니 이와 같이 너희 중에도 거짓 선생들이 있으리라"는 말씀으로 운을 뗍니다. 그리고는 "그들은 멸망하게 할 이단을 가만히 끌어들여 자기들을 사신 주를 부인하고 임박한 멸망을 스스로 취하는 자들이라"는 말씀으로 거짓 선생들의 행위의 본질과 그들이 처할 운명을 한 마디로 단언합니다 (1절). 그리고 나서 교회 안의 거짓선생들이 행하는 구체적인 행위들을 조목조목 길고도 자세하게 나열해나갑니다. 그러다가 사도는 구약의 선지자 발람을 들고 나와서 거짓선생들은 누구와 같은가를 실물로 생생하게 설명합니다.

발람은 이스라엘이 광야에서 지내고 있을 때 나타난 선지자입니다. 그는 사실 선지자라기 보다는 메소포타미아의 주술사였습니다. 민수기는 이 한 사람의 사건을 22-24장에 걸쳐 길게 기록하고 있습니다. 이 간단한 하나의 사건을 성경이 이렇게 길게 기록하고 있는 의도가 무엇인지 곰곰 생각해보아야 할 일입니다. 아무튼 발람 사건의 내용 자체는 그렇게 복잡하지 않습니다. 모압 왕 발락이 발람에게 복채와 함께 이 후의 큰 출세를 보장하면서 한 가지 요청을 보내왔습니다. 복채와 출세 보장의 대가로 이스라엘을 저주해달라는 것이었습니다. 발람은 발락 왕의 요구가 분명히 하나님의 뜻도 아니고, 결코 해서도 안되는 일임을 즉각적으로 분명히 알아챘습니다. 그러나 그 복채와 보장된 출세에 대한 미련에 사로잡혀서 발락의 요청을 즉각적으로 그리고 단호하게 물리치지 않습니다. 얼핏 신앙적이어 보이는 이런저런 명분을 내세우며 시간을 끌면서 그들을 붙잡아 두는 일을 반복합니다. 발람의 중심을 간파하신 하나님께서 나귀를 통하여 발람을 책망하시면서 까지 직접 이 사건에 개입하셔서 이스라엘에 대한 저주를 막으십니다. 하나님은 발람으로 하여금 발락왕의 요청과 반대로 오히려 이스라엘을 축복하게 하신 것이 이 사건의 요체입니다.

사도 베드로가 교회 안에서 일어나는 거짓 선생들에 대한 말씀을 한창 진행하다가 느닷없이 발람을 들고 나오는 것은 특별한 의도 때문입니다. 교회 안의 거짓선생들의 본질이 바로 발람과 같은 것이라는 말을 하고 싶은 것입니다. 그래서 사도는 거짓선생들과 발람을 이렇게 직접 연결시켜버립니다. "그들(거짓선생들)이 바른 길을 떠나 미혹되어 브올의 아들 발람의 길을 따르는도다. 그는 불의의 삯을 사랑하다가 자기의 불법으로 말미암아 책망을 받되 말하지 못하는 나귀가 사람의 소리로 말하여 이 선지자의 미친 행동을 저지하였느니라(벧후 2:15-16).

사도가 내리는 선지자 발람의 행동에 대한 평가는 한 마디로 "미친 행동"이라는 것입니다. 그것이 미친 행동인 이유는 간단

합니다. 선지자이면서 그렇게 하기 때문입니다. 그런데 교회 안에서 일어나는 거짓 선생들이 이런 미친 선지자와 같은 길을 가는 사람이 되어버리는 이유 역시 단순합니다. 거짓 선생이나 미친 선지자나 다 같이 복채와 출세, 곧 불의의 삯에 마음을 빼앗기기 때문입니다. 그것을 획득하는 것을 행동과 처신의 기준으로 삼고, 앞뒤 가리지 않고 억지를 부리며 그 불법의 길을 가려한다는 점에서 동일하기 때문입니다. 사도 베드로가 교회 안의 거짓 선생들을 발람과 견주어 이와 같이 단정해버리는 것은 지난 역사의 발람을 끄집어내어 새삼스럽게 다시 한번 비판하려는 것이 아닙니다. 오늘날 교회 안에 일어나는 거짓 선생들을 책망하고 경고하려는 것입니다. 교회 안에 있는 선생이 주술사 발람처럼 하는 것은 사도의 표현대로 하면 미친 짓입니다.

놀라운 것은 성경은 발람의 이야기를 광야에서 그 사건이 있은 이래 시대를 초월하여 기회가 있을 때마다 줄기차게 거론하고 있다는 사실입니다. 신명기, 여호수아, 느헤미야, 미가, 베드로후서, 유다서, 그리고 계시록에서도 발람 사건은 발람의 길을 가는 그 시대의 사람들을 경고하기 위하여 등장하고 있습니다. 이것이 주는 암시는 분명합니다. 첫째는 이 문제가 그만큼 치명적인 문제라는 의미일 것입니다. 그리고 둘째는 그러한 일은 시대와 상관없고, 사람과 상관없이, 언제라도 누구라도 쉽게 빠져들 만한 보편적인 현상이라는 것을 일깨우기 위함일 것입니다.

그러므로 정신을 차리고 선지자의 미친 행동을 할 위험성을 경계하라는 의도일 것입니다.

 오늘날 한국교회의 유명 혹은 무명한 지도자들이 받는 질타도, 한국교회의 대표적인 교회연합단체의 지도자들을 향하여 쏟아지는 질타도 바로 이런 문제입니다. "불의의 삯" 곧 복채와 출세에 대한 미련 때문에 결국 망하게 할 것을 은밀히 끌어들이는 것이 얼마나 무서운 일인지 정신을 바짝 차려야 합니다. 예수를 모르는 세상과 불신자도 명백히 보면서 그리 가는 것이 아니라고 하는데, 하나님의 교회의 지도자라는 이들이 보지 못하고 오히려 나귀에게 채찍을 휘두르는 선지자 발람처럼 계속 그 길을 갈 것을 고집하면서 억지를 부린다면 그것은 분명 사도의 말처럼 "미친 행동"입니다. 그리고 그는 사도의 단정처럼 교회 안의 거짓 선생이 될 것입니다. 거짓 선생은 밖으로부터 들어온 별개의 집단일 때도 있지만, 훨씬 더 흔하게는 교회 안에 있는 지도자들이 어느 순간 거짓 선생으로 변절해버려서 생기는 문제이기도 합니다. 이것이 오늘날 우리들이 두려워하며 정신을 차려야 할 이유입니다.

살아남을 기회에서도
죽음의 길을 가는 자

아하시야는 아합 왕의 아들입니다. 그는 2년 밖에 왕 위에 있지 않았지만, 이스라엘 역사상 가장 악했던 아버지 아합 만큼 악하다는 단정을 받을 정도로 악한 왕이었습니다. 그의 악행의 본질은 크게 두 가지로 요약됩니다. 첫째는 자신이 당한 문제의 답을 하나님 밖에서 찾으려 한 것입니다. 그는 자신이 직면한 문제의 해결을 위하여 하나님의 진노를 무릅쓰고 이방신 바알세붑에게로 사람을 보냅니다. 그는 하나님을 제쳐버린 사람이었습니다. 둘째는 계속해서 주어지는 회개의 기회를 끝까지 거부한 것입니다. 선지자의 거듭된 경고에도, 하나님이 거듭 주시는 경고성 재앙에도, 그는 자기의 고집을 굽히지 않습니다. 엘리야를 통하여 주시는 경고가 듣기 싫어 그를 제거해버리려고 보낸 50명도 더되는 군사가 하늘에서 내려온 불에 타 엘리야 앞에서 몰살을 당했을 때, 사실 아하시야에게는 회개할 기회가 주어지고 있는 것이었습니다. 그러나 그는 아랑곳 하지 않고 계속하여 군대를 다시 보내며 같은 일을 세 번씩 반복합니다. 오히려 엘리야 체포령을 받고 세 번째 보내진 오십부장은 왕의 명령을 던져버리고 엘리야 앞에 납작 엎드려 간청하는 지혜를 발휘합니다. 그리하여 몰살당할 운명에서 살아남았습니다. 아하시야도 하나님 앞에 그렇게 납작 엎드려 간청하여 살아남을 기회를 붙잡아야 했습니다. 그러나 그는 그렇게 하지 않았습니다. 회개할 기회를 끝까지 거부한 것입니다.

그 사람에 대한 성경의 마지막 진술은 이것입니다. "그는 여호와의 말씀대로 죽었다!" 이것이 이스라엘 역사상 하나님 앞에서 가장 악했다는 오므리 왕과 아버지의 기록을 깨고 역사상 가장 악했다는 그의 아들 아합, 그리고 아합 만큼 악했다는 아합의 아들 아하시야 왕으로 이어지는 삼대에 걸친 이스라엘 왕가의 비참한 몰락이었습니다. 아하시야에게 아들이 없는 것은 어쩌면 천만다행이었는지도 모릅니다. 죽을 운명에서도 살아남는 자가 있는가 하면, 살아남을 기회에서도 죽음의 길을 가버리는 자가 있습니다. "회개"가 그 비밀입니다.

작금의 소위 한국교회 지도자라는 일군의 목회자들의 행태는 아하시야를 자꾸만 생각나게 합니다. 하나님은 없고 자기 잇속만 있습니다. 회개는 없고 자기 고집만 있습니다. 그래서 세상은 목회자들과 교회를 막말로 욕합니다. 교인들은 그들을 부끄러워합니다. 그러나 뉴스에 오르내리는 이런저런 비리들과, 비리가 발각되어 강단에서 쫓겨나면서도 십수억의 위로금 흥정이 오가고, 큰 교회로 성장시켰다고 수십억의 은퇴금을 요구하며 흥정이 오간다는 등의 소문들은 손가락 열 개도 채울 수 없는 몇몇 사람의 이야기일 뿐입니다. 사실 이 나라의 14만 목회자와 5만여 교회들 가운데 절대다수는 사치나 호화는커녕 국가가 정한 노동자 최저 생계비에도 못미치는 생활비를 받으며 살고 있습니다. 수년 전 통계에 의하면, 300명 이상 모이는 교회는 이 나라 전체 교회의 5% 미만입니다. 이 나라에는 정직하고 진실하게 말씀을 설교하며 주님께 부르심 받은 대로 목회에 인생을 바치다가, 때가 되면 그 모습으로 주님을 만나려는 마음으로 세상 욕심 버리고 한 길을 가는 목회자들이 절대다수입니다.

그러나 그들은 목사라는 이름으로, 교회라는 이름으로 함께 매도당하며 교회 안팎으로부터 쏟아지는 욕설과 모욕을 당해내야 하는 현실이 서운하고 억울합니다. "교회의 존재가 복음에 어긋나는 것을 말하고 있는 한, 설교자가 복음을 말해도 그것은 반복음적인 것이 된다"는 현실을 경험하며 수많은 착한 목회자들이 이런 저런 서러움과 아픔을 안고 외롭게 그 길을 가고 있습니다. 한국 교회는 복음에 어긋나게 살고 있다는 것이 공격자들이 자신 있게 쏘아대는 화살인데, 우리는 그것을 되받아쳐낼 방패를 잃어버렸습니다.

　그간 저지른 이런저런 비리와 물의 때문에 해체대상으로 지목받으며 안팎에서 온갖 지탄을 받고 있는 한 교회연합단체가 있었습니다. 그 단체가 구국의 일념으로 6.25 행사를 대대적으로 추진하여 실추된 기독교의 이미지를 회복하는 절호의 기회로 삼겠다는 야심찬 발상을 내세우며 대형집회 운동을 벌이고 나선 적이 있습니다. 그러나 그것은 전혀 신앙적이 아닙니다. 지금은 이념의 옷을 입고 권력과 결탁할 때가 아니라, 굵은 베옷을 입고 하나님께 엎드려야 할 때입니다. 지금이라도 이 나라 교회가 사는 길은, 주류세력이 되고 싶은 야망을 버리고 기꺼이 변두리 그룹이 되는 것입니다. 기득권에 대한 집착을 털어버리고 바르게 하기 위하여 기꺼이 고생을 걸머지는 것입니다. 그것이 진정한 회개의 모습입니다. 그리고 회개에 앞장 서야할 가장 큰 책임은 이 나라에서 소위 "교회 지도자"라 불리는 이들에게 있습니다. 그리고 그 안에 우리 모든 목회자와 신자들이 함께 들어있습니다.

　그것이 우리가 "죽을 운명에서도 살아남는 자"가 되는 유일하고도 확실한 길입니다. 우리는 너무 늦어버리기 전에 그리해야 합니다.

열왕기하 1:1-17

회개할 기회를 박탈당하는 심판

하나님이 행하시는 가장 무서운 심판은 회개할 기회를 박탈해 버리는 심판입니다. 하나님을 떠나버린 이스라엘에게 이사야 선지자를 통하여 하신 말씀은 바로 그 심판 선언에 다름이 아니었습니다. "너희가 듣기는 들어도 깨닫지 못할 것이요, 보기는 보아도 알지 못하리라!" "이 백성의 마음이 둔하며, 그들의 귀가 막히고, 그들의 눈이 감기게 하라!" 그렇게 하는 목적은 한 가지였습니다. "내가 염려하건데 그들이 눈으로 보고, 귀로 듣고, 마음으로 깨닫고, 다시 돌아와 고침을 받을까 하노라." 선지자가 두려움에 차서 물었습니다. "어느 때까지 입니까?" 대답은 간단했습니다. "그들이 완전히 망해버릴 때까지"였습니다.

못된 짓을 하며, 하나님의 심판을 받을 만한 짓을 계속하고 있는데도 아무 일이 없이 여전히 일이 잘 풀리고 있는 것은 좋아할 일이 아닙니다. 더더구나 하나님이 은혜를 주셔서 이렇게 잘 풀리고 있다고 좋아하면서 간증을 할 일은 더더욱 아닙니다. 어쩌면 하나님의 가장 무서운 심판을 받고 있는 것인지도 모를 일입니다. 그러므로 하나님의 심판을 하나님의 복이라고 착각하고 오히려 사람 앞에서 더 교만해지고, 하나님 앞에서 더 방자해지는 것은 참으로 두려운 일입니다.

성경에도 불의한 자들이 오히려 잘 풀리는 현실에 대한 하나님의 침묵이 자신의 신앙생활에 큰 거침이 되는 사람들이 종종 있습니다. 시편 73편의 기자가 그러했고, 하박국 선지자가 그러했습니다. 신앙생활이 답답한 그들은 하나님께 항변을 쏟아내곤 하였습니다. 그 때마다 하나님의 일관된 대답은 반드시 하나님께서 심판하시며 역사는 하나님의 손에 있다는 것이었습니다.

이 시대의 교회에 예수님이 오신다면 다시 가죽 채찍을 휘두르시고 강단을 뒤 엎으시며 강도의 굴혈을 만들었다고 분노할 만한 교회로 만들어놓고도, 교회가 크게 부흥한다고 좋아할 일은 아닙니다. 돈거래를 하면서 교회연합기관의 단체장의 자리에 오른 것이 만천하에 드러났는데도 회개의 몸짓은 하지 않고 버티고 서서 온갖 비난과 욕설을 감당해내는 것은 핍박을 받는 것이 아닙니다. 일반 세상에서도 그런 일이 드러나면 즉각 그 자리를 떠나고 형식적으로라도 사과를 하는 것이 이 세상이 지켜온 최소한의 도리입니다. 그런데도 교계의 지도자라면서 일 없다는 듯 여전히 그 자리에 버티고 있는 것은 일반 신자나 교회들에도 전혀 고와보이지 않습니다. 다만 뻔뻔하고 가증한 모습으로 비칠 뿐입니다. 그래서 우리는 오늘도 교회가 도덕적으로 세상만도 못하다는 모욕을 당하고 있는 것입니다. 이 나라의 정상적인 교단들이 모두 이단이라고 판정지은 교파와 합하여 한통속이 되어버린 사람들을 아무렇지도 않다는 듯이 조직의 일원으로 받아들이고도 이를 지적하는 여러 비판에도 옴짝 않고 버티는 것은 관용이 아닙니다. 성령이 하나 되게 하신 것을 힘써 지키는 거룩한 모습 하고는 턱없이 다른 딴청일 뿐입니다.

사람은 모두가 연약합니다. 그러므로 누구에게도 절대로 실패하거나 실수하지 않기를 요구하는 것은 잘못입니다. 모두가 넘어지기도 하고, 미혹을 이겨내지 못하고 범죄 하기도 합니다. 그것은 본성이 부정한 우리 인간의 연약함입니다. 그러나 범한 잘못과 실수를 정직하게 인정하고 회개하는 일에는 실패하면 안됩니다. 그것은 연약함의 영역을 넘어, 악의 영역으로 나아가는 것입니다. 하나님은 범죄 한 것에 대하여 심판하는 것이 아니라, 회개하며 돌이키지 않는 것에 대하여 심판하십니다. 우리는 범죄 한 사람을 미워해서는 안됩니다. 그러나 범행을 인정하지도 않고 그래서 회개도 하지 않는 사람은 미워합니다.

386

사울이 그러다가 망했고, 가룟 유다가 그렇게 망했습니다. 그러나 보통 사람도 범하지 않는 중죄를 범한 다윗은 죽지도 않았고, 망하지도 않았습니다. 죄를 인정하고 회개했기 때문입니다. 사람은 죄를 짓지 않는 사람과 죄를 짓는 사람이 있는 것이 아니라, 회개하는 죄인과 회개하지 않는 죄인이 있을 뿐입니다. 사울처럼 끝까지 회개하지 않는 죄인이 있고, 다윗처럼 납작 엎드려 고백하고 통곡하며 회개하는 죄인이 있을 뿐입니다. 아합이나 그의 아들 아하시야, 그리고 가룟 유다처럼 끝까지 회개하지 않는 죄인이 있고, 베드로처럼 밖에 나가 심히 통곡하고 돌이키는 죄인이 있을 뿐입니다.

그러므로 모두가 그것은 죄라고 하는데 본인만 그렇게 생각하지 않아서 여전히 심각하게 회개하지 않고 그 길을 가고 있는 것은 그가 지금 하나님의 가장 무서운 심판을 받고 있는 것이라고 생각할 수밖에 없습니다. 불법으로 일이 형통하는 것을 보면서 모두가 두려워하는데, 본인만 그것이 하나님이 은혜주신 증거라고 간증거리가 되고 자랑거리가 되는 것은 그가 무서운 심판을 받고 있는 증거라고 해도 좋을 것입니다.

회개할 기회를 잃어버리는 것은 하나님의 가장 무서운 심판입니다.

이사야 6:9-12

네 아비에게 물으라!

초기 한국기독교의 가장 두드러진 특성 가운데 하나는 외국 선교사가 입국하기 전에 이미 성경이 먼저 번역되고 보급되었다는 점입니다. 개신교 선교사가 최초로 한국에 들어온 것은 1884년 이었습니다. 그러나 한국어 성경 번역은 그 이전에 만주를 중심으로 이루어졌습니다. 그리고 후에 일본에서도 이루어졌습니다. 1882년에 누가복음, 1883년에 마태복음과 마가복음 그리고 사도행전이 인쇄되었습니다. 1887년에는 신약 전체를 번역하여 3천부를 출판하였습니다. 이것이 바로 "로스 번역본(Ross Version)입니다. 일본에서는 이수정이 누가복음을 번역하였고, 1885년 초에 미국성서공회에서 천부의 번역판을 인쇄하였습니다. 만주에서 성경번역에 참여한 한국인 번역자들은 그 이후 위험을 무릅쓰고 성경을 국내에 들여와 열성적으로 보급하였습니다. 뿐만 아니라, 성경말씀을 전파하는 일에도 힘을 쏟았습니다. 영국성서공회 한국지부가 1896에서 1940년까지 한국에서 반포한 성경은 총 2,062만여 권으로 매년 458,255권이 반포된 셈이며, 미국성서공회(ABS) 한국지부가 1901년부터 1919년까지 한국에서 반포한 것은 총 266만권으로 매년 140,455권을 반포한 셈입니다.

한국의 성경 반포사업이 그렇게 활발하게 일어나게 된 데는 권서인의 활동이 결정적인 역할을 하였습니다. 이들은 성경을 짊어지고 전국 방방곡곡으로 돌아다니며 그것을 보급하고, 그 내용을 전하기 위하여 전적인 희생을 감수하였습니다. 1940년까지 영국성서공회 한국지부의 성경보급의 약 85%가 권서인에 의해 이루어졌습니다. 1913년부터 1918년까지 미국성서공회 한국지부 성경보급의 약 98%를 권서인이 감당하였습니다. 이와 같은 성경 번역과 보급을 통하여 한국 최초의 개신교 신자들은 처음부터 자기의 언어로 직접 성경 말씀을 접할 수 있었으며, 성경을 가지고 전도하며, 교육할 수 있었습니다.

이렇게 성경은 한국교회 역사의 첫 순간부터 매우 중요하고도 중심적인 위치를 차지하였습니다. 이와 같은 사실은 한국기독교가 성경중심의 성격을 가진 기독교로 정착하는 결정적인 요인이 되었습니다. 그러므로 성경이 한국교회에서 차지하는 독특한 위치를 목도한 선교사들은 한국기독교인들을 "성경을 사랑하는 그리스도인(Bible-loving Christian)" 혹은 "성경을 사랑하는 사람들(Bible Lovers)"이라고 불렀습니다. 그리고 한국의 기독교를 "성경기독교(Bible Christianity)"라고 부르곤 하였습니다. 선교사들이 도착하자마자 곧 사역의 열매를 거둘 수 있었던 것도, 이후의 한국교회가 그렇게 지독한 핍박 가운데서도 그렇게 힘찬 성장을 이룰 수 있었던 것도 성경중심의 그 체질 때문이었습니다.

성경을 읽어보고 싶은 열심이 국문공부 운동이 일어나게 하였습니다. 성경을 배우고 싶은 열정이 성경을 집중적으로 공부하는 "사경회(查經會)"라는 이름의 성경공부운동이 일어나게 하였습니다. 평양의 사경회에 참석하기 위하여 교인들은 압록강변에서 300리 길을 걸어서 왔고, 전라도의 목포, 무안 지방에서 걸어오기도 하였습니다. 어떤 자매는 머리에 쌀자루를 이고 500키로 가까운 길을 걸어왔고, 다른 이들은 거기에다 아이들까지 업고 왔습니다. 그리고 그들의 손에는 손때 묻고 닳아빠진 성경책을 갖고 있었습니다. 이러한 사실들을 조목조목 밝혀주신 이만열 교수님의 지난 학기 강의안을 읽으며 저는 여러 번 눈시울을 붉혔습니다. 세계가 주목하고 부러워하는 한국 교회의 주목할 만한 성장과 발전은 교회 초기부터 성경을 체계적으로 가르치는 성경중심의 교회로 세워졌기 때문이었습니다.

그러나 안타깝게도 그것은 오랜 옛적의 추억이 되고 말았습니다. 설교는 무엇보다도 본문말씀을 선포하는 것입니다. 이러한 설교의 본질에 입각하여 한국교회 설교 현실을 살펴볼 때 근래의 한국교회 설교가 보여주고 있는 압도적인 경향은 말씀이 탈 현상이라고 할 수 있습니다. 설교에서 성경이 제 목소리를 내지 못하거나, 급기야는 성경을 설교의 기본 텍스트로 삼지 않은 설교가 등장하고 있습니다. 성경을 아예 사용하지 않기도 하고, 성경을 잘못 사용하기도 하고, 성경을 남용하기도 합니다. 교회는 다양한 행사를 진행하는 행사장이 되고 말았습니다. 오늘날 한국교회가 이렇게 힘을 잃고 교회 안팎으로부터 능멸에 가까운 심한 비난을 받을 수밖에 없는 처지에 까지 이르게 된 것도 그 근원을 따지고 들어가면 강단에서 성경말씀을 제대로 선포하는 설교에 대한 집착을 포기하고 지내온 데서 온 묵은 후유증이라고 할 수 있습니다. 한국기독교는 더 이상 "성경기독교"가 아니라, 오히려 "성경을 덮어버린 기독교"라는 비판을 받고 있습니다. 그러므로 초창기 한국교회의 그 능력과 그 위대함을 회복하고 다시 일어서기 위해서는 다시 그 역사를 기억해야 합니다. 그리고 그때 무엇이 일어났었는가를 역사에 물어야 합니다. 그리고 그 역사를 회복해야 합니다. 한국기독교는 선교사들이 그렇게 불러주었던 대로 다시 "성경 기독교(Bible Christianity)"로 돌아가야 합니다.

민족의 앞날을 염려하며 간곡하게 권면하던 모세의 마지막 설교 말미의 한 대목이 생각납니다. "옛날을 기억하라. 역대의 연대를 생각하라. 네 아비에게 물으라. 그가 네게 설명할 것이요, 네 어른들에게 물으라. 그들이 네게 말하리로다."(신 32:7)

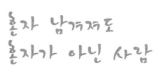

　문득, "나도 사람을 가르쳤다면 제법 가르쳤습니다." 하고 말씀하시던 박윤선 목사님이 생각납니다. 40년 가까이 전 남의 교회 교육관 지하 예배실에서 신학을 배울 때였습니다. 여든을 내다보시는 선생님이 강의 도중에 그렇게 말씀하시는 것을 보면서 제자다운 제자가 되어야겠다는 생각을 했습니다. 수많은 사람을 제자라고 가르쳤고 수많은 사람들에게 존경한다는 말을 들었지만, 어려울 때도 끝까지 제자로 남아주는 사람은 그리 많지 않고, 오히려 반대자가 되고, 때로는 대적자가 되는 현실을 자주 경험하면서 갖게 된 선생의 쓸쓸한 마음을 그렇게 표현하시는 거란 생각이 그 때는 들었습니다. 그 어른은 이런 말씀도 두어 번 하셨습니다. "우리 교수들은 여러분을 지금 잘 가르쳐야 하고, 여러분은 지금 우리 말을 잘 들어야 합니다. 목사가 되면 너도 목사 나도 목사 하고 나오니 지금 잘 들어야 합니다. 우리는 여러분 한 사람 한 사람을 그냥 사람 하나로 보지 않습니다. 우리는 여러분 한 사람을 교회 하나로 보고 가르칩니다."

그 후 목사가 되어 십여 년 목회도 하고, 신학교의 선생이 되어 이십년 가까이 가르치기도 하는 동안, 박 목사님의 그 말씀을 같은 심정으로 경험하는 횟수가 점점 늘어갑니다. 그리고 평생 가르쳐서 두어 사람이라도 제대로 키울 수 있다면 그것도 큰일 한 것이고, 평생에 두세 사람이라도 끝까지 정을 나누며 함께 할 수 있는 사람을 가질 수 있으면 그것도 큰 복일 거란 생각을 하게 됩니다. 아마도 많은 목회자들의 생각도 이와 같을 것입니다. 목회자들은 언제나 사람들 속에 묻혀있으면서도 그러나 한편으로는 결국 혼자라는 것을 확인하면서 아픔과 외로움에 젖어들곤 하기 때문입니다. 그러나 목회자가 혹시 결국 혼자 남도록 버려진다 하여도 혼자라고 생각하며 아파하거나 좌절하거나 서러워할 일은 아니란 사실을 주님에게서 배웁니다. 그것은 홀로 버려두고 떠난 그 사람들이 아니라, 혼자라고 힘들어하는 나의 책임일거란 생각을 하게 됩니다. 우리는 사람들에 의하여 혼자로 남겨져도 사실은 혼자가 아니기 때문입니다.

예수님께서 제자들과 함께 보낸 마지막 공식적인 모임에서 하신 긴 설교의 마지막 말씀은 매우 충격적입니다. "보라 너희가 다 각각 제 곳으로 흩어지고 나를 혼자 둘 때가 오나니 벌써 왔도다. 그러나 내가 혼자 있는 것이 아니라 아버지께서 나와 함께 계시느니라". 예수님께서 마지막으로 행하신 긴긴 고별설교(요 14-16장)의 마지막 말씀이었습니다. 3년 동안 모든 것을 바쳐서 사랑하고, 가르치고, 돌보았던 제자들도 다 떠나버리고 혼자 남아 죽음의 길을 가야되는 현실을 직면하면서 하신 말씀이었습니다. "나는 혼자다. 그러나 혼자가 아니다!" 겉으로 나타난 현실을 놓고 보면 혼자이지만, 실제로는 혼자가 아니라는 선언입니다. 그러한 상황에서도 혼자가 아니라고 선언할 수 있는 근거는 하나님 아버지께서 나와 동행하신다는 확인이었습니다. "아버지께서 나와 함께 계시느니라!" 결국 예수님의 사역의 원리는 사람에 대한 의존이 아니라, 아버지와의 동행을 누리는 것이었습니다.

예수님의 뒤를 이어 복음사역에 나설 제자들이 사역의 현장에서 자주자주 직면해야 할 상황이 사람들로부터 혼자 남게 되는 것임을 예수님은 아셨을 것입니다. 이것이야말로 예수님의 제자들이 세상에서 당하는 환난이기도 합니다(33절). 그러므로 예수님은 이 혼자됨의 환난을 극복하는 비결을 고별설교의 마지막에서 가르치고 있는 셈입니다. 그것은 하나님이 함께 계신다는 사실을 확인하고 누리는 것입니다. 예수님 자신이 지금까지 함께했던 제자들이 다 떠나가고 혼자 남게 되는 이 상황을 그렇게 극복하고 있는 것입니다. 그러므로 예수님은 이렇게 말씀하시는 이유가 제자들을 위함임을 분명히 밝히고 있습니다. "이것을 너희에게 이름은 너희로 내 안에서 평안을 누리게 하려함이라. 세상에서는 너희가 환난을 당하나 담대하라 내가 세상을 이기었노라."(33절).

사실, 이것은 예수님의 사역초기부터 내내 견지해온 사역철학이었습니다. 예수님이 가나 혼인 잔치에서 베푸신 첫 기적과 성전을 정결케 하신 영웅적인 사역으로 많은 사람이 예수님의 이름을 믿으며 따르고 있을 때 예수님이 취한 반응은 그것이었습니다. "예수는 그 몸을 저희에게 의탁하지 아니하셨으니…"(요 2:24-25). 결국 예수님은 많은 사람이 곁에 있을 때든지, 모두 떠나버리고 혼자 남겨질 때든지 일관되게 아버지께서 함께 계신다는 사실을 확인하고 누리는 것에 초점을 맞추며 사역을 하신 것입니다. 우리에게 가장 중요한 것도 사람에 대한 의존이 아니라, 아버지께서 나와 함께 계심을 확인하고 누리는 이것입니다. 우리는 때로 혼자 남겨지지만, 그러나 한 번도 혼자인 적이 없는 사람들인 것입니다.

요한복음 16:32-33

고독한 몰입

　기독교의 신앙수준과 도덕수준이 교회 안팎으로부터 심각하게 도전을 받고 있는 이 상황에 여호와 하나님이 그의 사자를 보내신다면 그는 어떤 사람일까? 고민하다가 문득 엘리야가 떠올랐습니다. 엘리야는 특이한 시대 상황 가운데서 특이한 방식으로 등장하여 사역한 선지자였습니다. 엘리야가 등장하는 시기의 역사적 배경을 폭로하는 열왕기상 16장은 이스라엘 왕들의 죄목을 고발합니다. 그들의 죄목은 언제나 두 가지로 요약됩니다. 첫째는 "저들이 범죄하였다"는 것이고, 둘째는 "저들이 이스라엘로 범죄케 하였다"는 것입니다. 이스라엘 백성으로 하여금 범죄케하였다는 이 지적은 참으로 무서운 고발입니다. 지도자의 위험과 무서움이 이것입니다. 그 시대는 아버지 왕과 아들 왕이 대를 이어 신기록을 갱신하면서 하나님 보시기에 악을 행하던 시대였습니다. 이 시대는 종교적으로도, 정치적으로도, 사회적으로도 하나님이 용납하실 수 없는 그런 암울한 시대였습니다.

이러한 시대에 성경은 엘리야를 "하나님의 보내심을 받은 자" "하나님의 길을 예비하는 자" "여호와의 사자" "언약의 사자"라는 칭호를 부여하며 우리 앞에 세우고 있습니다(말 3:1, 4:5-6). 참으로 제대로 된 지도자 한 사람이 중요한 시대에 엘리야는 그렇게 역사의 현장에 등장하였습니다. 그러나 엘리야는 최악의 현실여건 속에서 여호와의 사자로서 살아야 했습니다. 그것은 왕권에 정면으로 저항해야 되는 위험을 수반하는 것이었습니다. 그 시대 그 사회를 압도하고 있는 거대한 삶의 흐름을 거역하는 무모함을 요구하는 것이었습니다. 요즘 말로 하면 그는 왕권에 정면 도전하는 반체제 인사요, 온 나라에 비가 오지 않기를 구하고 그 저주를 쏟아내는 반민족적이고 반국가적인 반동이요, 그 나라의 주류 종파의 입장에서 보면 그는 독선적 배타적 종교 운동으로 종교간 분열과 대립을 조장하는 반사회적 인사였습니다. 그러므로 그는 그 시대의 주류로부터 소외되고 배제되고 배격당하는 사람이었습니다.

그가 그렇게 사는 이유는 그 시대에는 그것이 여호와의 사자로 사는 길이기 때문이었습니다. 그는 언제나 혼자서 길을 가고 있습니다. 영웅적 거동도, 대중의 인기도 그에게는 없습니다. 아니 그가 미련을 갖지 않습니다. 권력으로부터도, 종교지도자들로부터도, 여론으로부터도, 심지어 같은 편이 될 것이라 기대함 직한 백성으로부터도 그는 배척당하고 소외당하며 길을 가야 합니다. 그는 스스로도 마치 세상에 자기 혼자 있는 것 같은 느낌을 갖고 살아갑니다. 그는 고독한 길을 가도록 보내진 사람입니다. 그는 단 한 가지 외에는 관심이 없습니다. 그는 하나님이 가라고 하신 곳으로 가고, 하나님이 하라고 하신 일에 모든 것을 걸고 삽니다. 하나님에 대한 절대적인 신뢰와 하나님에 대한 절대적인 순종에 몰입할 뿐입니다. 그것이 현실적으로는 그에게 많은 모험과 위험을 수반합니다. 그리고 현실적 고통을 걸머지게 합니다. 그래도 그는 그렇게 살아갑니다. 그는 하나님 여호와에게만 몰입합니다. 하나님을 이용하여 자기의 야심 찬 비전을 성취하려는 데 몰입하는 것이 아닙니다. 그리고 그 길 끝에서 그는 멋진 후계자가 자기를 잇는 것을 목격하며 산채로 하늘 하나님께로 올리워집니다. 여호와 하나님께서 이 시대에 자기의 사자를 보내신다면, 그는 아마도 엘리야와 같은 사람일 것입니다.

최고경영자의 안목에서 나오는 성공적 목회를 위한 온갖 현란한 방법론들에 대한 관심으로 분주한 이 시대의 목회자들에게 시급히 필요한 것은 이러한 고독한 몰입입니다. "목회가 그런 일들을 하는 것이라면, 목회자가 굳이 목사님일 필요는 없겠네요!"라며 온갖 다양한 일들을 기획하고 진행하느라 정신이 없는 자기 교회의 목회자를 젊은 교인들이 비아냥거린다는 말을 들었습니다. 이렇게 모욕당하는 이 시대의 목회자들에게 시급히 필요한 것은 엘리야의 고독한 몰입입니다. 교인들은 소위 영적인 지도자들에게서 그것을 보고 싶어 합니다. 그리고 그들은 당연히 그것을 요구할 권리가 있습니다. 자기도 범죄하고 하나님의 백성으로도 범죄케 하여 하나님의 노를 격발하는 지도자로 한 시대를 사는 것은 큰 불행입니다.

아비의 마음을 돌이켜 자녀들에게로, 자녀들의 마음을 돌이켜 아비에게로 향하게 하여 그 아버지의 구원하시는 은혜를 풍성히 누리게 하는 지도자로 길든 짧든 살다가 믿음의 조상들과 함께 묻혀 하늘로 올리워야 하지 않겠습니까? 이제라도 목회자가 목회자답고 신자가 신자다워져야 합니다. 그런 다음에야 교회가 교회다워지는 일이 가능하게 될 것입니다. 그리고 나서야 이 사회가 교회를 지금과는 달리 말하기 시작할 것입니다. 결국, 여호와 하나님의 길만 집착하며 가는 "고독한 몰입"이 열쇠입니다.

말라기 4:5-6

400

사람을
책임지는 일

목회는 사람을 책임지는 일입니다. 장소가 어디든지, 규모가 얼마든지 하나님이 맡겨주시는 사람을 책임지는 일이 목회입니다. 그리고 목회자가 된다는 것은 사람을 책임지는 일에 인생을 거는 사람이 된다는 말이기도 합니다. 목회자는 크게는 네 가지 영역의 일로 사람을 책임지는 일을 수행합니다. 사람을 구원하고(soul-winning), 치유하고(healing), 돌보고(caring), 세우는(building up) 일이 그것입니다. 어떤 행사들을 멋있고 효과 있게 수행하고, 혹은 교회를 성공적으로 성장시키는 것이 목회인 것으로 알고 사는 목회자들이 종종 있습니다. 그러나 목회는 근본적으로 일이 아니라, 사람이라는 것은 부인할 수 없는 사실입니다.

사실, 창조 때부터 하나님의 일관된 관심은 사람이었습니다. 그것은 하나님의 창조 사역에 대한 말씀을 자세히 살펴보면 금방 드러나는 사실이기도 합니다. 하나님은 사람을 창조하시기 전에 다른 모든 피조물들을 먼저 지으셨습니다. 절대자의 기준으로 볼 때 좋을 만큼 좋게 만드셨습니다. 그래서 매일의 창조가 끝날 때마다 보시기에 좋았다는 마지막 평가로 모든 창조사역을 끝맺고 있습니다. 이것은 하나님이 세상을 그냥 생각나는 대로 그리고 즉흥적으로 지으신 것이 아니라, 분명한 목적과 기준을 가지고 지으셨으며, 지으신 다음에는 그 의도대로 되었음을 확인하고 만족하셨다는 증거이기도 합니다. 그런데 하나님이 세상을 그렇게 신경을 써서, 그렇게 좋은 수준으로 만드신 근본의도는 사람을 지은 후에야 분명히 드러납니다. "하나님이 그들에게 복을 주시며 그들에게 이르시되 생육하고 번성하여 땅에 충만하라, 땅을 정복하라, … 모든 생물을 다스리라… 내가 너희에게 주노니… 주노라…"(창 1:28-30). 결국 사람에게 주려고 그렇게 하셨던 것입니다. 뿐만 아니다. 하나님은 사람만은 하나님과 공통된 부분이 있도록 만드셨습니다. 하나님과 통하는 바가 있어서 하나님과 동행하며 살게 하려고 하신 것입니다(창 1:26-27). 그야말로 창조에서 하나님의 일관된 관심은 사람에게 총집중되어 있습니다.

그러나 하나님이 그렇게 특별한 대우와 특이한 기대를 갖고 지으신 사람에게서 받은 것은 전혀 뜻밖의 것이었습니다. 인간이 그 자리에서 하나님께 돌려드린 것은 뱀과 함께 공모하여 하나님의 자리를 노리는 역적질이었던 것입니다. 요즘 아이들이 하는 말로 하면, 사람은 그 자리에서 하나님께 돌려차기를 해버린 것입니다. 사실, 역사상 최초의 가장 큰 상처를 받은 이는 다름 아닌 하나님이었습니다. 하나님은 그 상처를 자신이 그렇게 각별한 관심과 큰 사랑을 쏟아부은 사람에게서 받았습니다. 그런데도 하나님이 그 자리에서 하신 일은 숨어버린 사람을 찾아내어 그에게 가죽옷을 지어 입히시고, 그 인간을 죽음에서 건져낼 여자의 후손을 준비하는 역사를 시작하는 것이었습니다. 그리하여 그 여자의 후손이 오셨고, 십자가에 죽으셨고, 반역자 인간을 구원하시려는 역사를 지금도 진행하고 계시는 것입니다. 그리고 그분이 세상 끝날에 다시 오시는 것도 사람 때문입니다. "가서 너희를 위하여 거처를 예비하면 내가 다시 와서 너희를 내게로 영접하여 나 있는 곳에 너희도 있게 하리라."(요 14:3). 이러한 일들은 창조의 첫 순간 부터 역사의 마지막 순간까지 하나님은 사람에게 관심을 집중하고 계신다는 생생한 증거입니다.

목회는 하나님이 이곳에 계셨더라면 그분이 직접 하실 일을 하는 것입니다. 그러므로 최상의 목회는 하나님이 직접 하셨더라면 품으셨을 마음과 원리로 하는 것입니다. 두말할 필요 없이 하나님의 마음과 원리는 모든 관심을 일이 아니라 사람에게 맞추는 것입니다. 그러므로 결국 우리의 목회도 사람 중심이어야 합니다. 사람을 구원하고, 치유하고, 돌보고, 세우는 것입니다. 특정한 일이나 사업의 성취를 위하여 사람을 써먹는 것이 아닙니다. 사람을 책임지기 위하여 여러 일들을 동원하는 것입니다. 사람을 수단으로 여기는 것과 목적으로 여기는 것에는 근본적인 차이가 있습니다. 교회관이 기업관에 의하여 대체되고, 교인관은 고객관으로 바뀌고, 교회 리더쉽은 최고경영자(CEO) 리더쉽으로 바뀌고, 예배는 공연으로 바뀌면서 알게 모르게 교회론의 대변혁이 일어나고 있습니다. 이것은 이 시대 교회가 범하는 또 하나의 하나님 반역 사건일지도 모릅니다.

이제쯤은 하나님이 그리하신 것처럼 이 땅의 모든 교회와 목회자들의 관심이 사람을 책임지는 일에 집중되는 참된 목회의 회복이 이루어졌으면 좋겠습니다. 그리하여 우리의 교인들이 그 교회의 교인인 것을 행복해 하고 그 교회에서 하나님의 자녀로 사는 것을 자랑스러워 하는 모습을 이곳저곳에서 볼 수 있으면 참 좋겠습니다.

창세기 1:26-30

축복하는 자와 저주하는 자

모세는 말년 40년을 이스라엘 백성과 함께 광야에서 보냈습니다. 그가 광야 40년 세월을 함께 살았던 그 백성들은 모세에게 언제나 친근하고, 대견스럽고, 고마운 사람들인 것은 아니었습니다. 오히려 시도 때도 없이 원망을 쏟아내고, 밑도 끝도 없이 대들고, 때로는 인정사정없이 배은망덕을 일삼는 사람들이었습니다. 사실 모세의 말년 40년은 하나님의 말씀을 들고 백성 앞에 서고, 백성의 아픔을 들고 하나님 앞에 엎드리는 세월이었습니다. 이 40년 동안 하나님의 백성이라고 하는 이 족속이 이 사람 모세에게 행한 태도를 성경은 몇 가지 단어로 요약합니다. 거역하고, 다투고, 시험하고, 악한 말로 원망하고… 모세는 그 길을 다 간 후 모압 평지에서 행한 마지막 설교의 마지막 부분에서 이 백성을 한 마디로 말하였습니다. "너희의 반역함과 목이 곧은 것을 내가 안다." 가나안 땅에 들어가지 못하는 자신을 놓고는 "여호와께서 너희 때문에 내게도 진노하셔서" 나도 못들어가게 되었다고 말하기도 합니다(신 1:37). 사실 모세에게 이스라엘 백성은 마지막 순간까지 서운함이 많은 족속들이었습니다.

하나님께서도 광야의 이스라엘 백성을 놓고 "열 번이나 나를 시험하고 내 목소리를 청종하지 아니한 그 사람들"이라고 하실 정도였습니다. 오랜 세월이 지난 후에 스데반은 광야의 그 백성들을 회상하면서, 광야 40년은 하나님이 그들의 소행을 참으신 세월이었다고 말할 정도였습니다. 모세는 그런 사람들과 40년 목회를 한 셈이고, 그런 사람들을 이끌고 하나님의 뜻을 수행해야 했습니다. 모세는 마지막 순간에 이 백성들이 가나안에 들어가면 무슨 짓을 할 것인지를 이미 알고 있었습니다. 이방신들을 따르며 철저한 반역과 배교를 할 사람들이요, 그리하여 하나님의 진노를 받을 사람들이라는 사실을 알고 있었습니다(신 31:16-20).

그러나 모세가 이 백성을 향하여 경고와 부탁과 권면으로 가득한 긴긴 설교를 마치면서 한 마지막 행동은 참으로 충격적입니다. 그가 모든 할 말을 마치고 죽음을 맞기 직전에 한 것은 이 백성을 향한 축복이었습니다. 신명기 33장은 모세가 죽기 전에 이 땅에서 한 마지막 말입니다. 그것은 첫마디부터 마지막 말까지 이스라엘 백성을 향한 축복입니다. "하나님의 사람 모세가 죽기 전에 이스라엘 자손을 위하여 축복함이 이러하니라"(신 33:1) 이것이 마지막 단락의 첫 마디입니다. 그리고 이어지는 그 긴 축복의 선포를 모세는 이렇게 끝맺고 있습니다. "이스라엘이여 너는 행복한 사람이로다. 여호와의 구원을 너 같이 얻은 백성이 누구냐? 그는 너를 돕는 방패시오, 네 영광의 칼이시로다. 네 대적이 네게 복종하리니 네가 그들의 높은 곳을 밟으리로다"(신 33:29).

모세가 이 백성을 그렇게 축복하는 이유는 그들이 사랑스러워서가 아닙니다. 자랑스럽고 미더워서도 아닙니다. 그간의 소행이 감사해서도 아닙니다. 그들은 그런 족속이 아닙니다. 모세가 그들을 축복하는 이유는 한 가지입니다. 하나님이 그들과 관련되어 있다는 사실 때문입니다. 그들은 여전히 하나님의 백성이요, 하나님은 여전히 그들을 통하여 하나님의 역사를 진행하려 하신다는 사실 때문인 것입니다. 백성의 잘난 모습도, 모세 자신의 너그러운 성품도 그가 백성을 축복하는 근거는 아닙니다.

언제부터인가 한국교회를 놓고 사람들이 당당하게 큰 소리로 쏟아내는 말들은 거의 저주에 가까운 무서운 말들입니다. 교회를 개혁해야 한다는 명분으로, 한국교회를 정확하게 진단한다는 구실로 쏟아내는 말들은 비난일색이고 결론은 거의 저주성 막말 선언입니다. 세상과 불신 사회야 이 지경이 된 교회를 끝까지 비난하고 모욕하고 무시하는 것이 당연할지 모릅니다. 하나님께서 그의 백성을 놓고 "내가 보물로 여기는 나의 소유요, 거룩한 백성이요, 제사장 나라"라고 선포하신 것을 놓고 보면 세상은 차별대우를 받은 것이고, 그만큼 하나님의 백성과 교회에 대하여 큰 기대감과 그에 상응하는 요구를 갖는 것이 당연한 일이기도 하니까요. 게다가 그동안 교회가 저질러온 현실이 그런 소리를 들어도 싸다 할 정도니까요.

그러나 신자들이나 특히 교회의 지도자들은 이 나라 교회의 잘못된 현실에 대하여 마음껏 비난하고 비판하고 분노하는 것보다는 더 큰 일을 해야 할 책임이 있습니다. 교회에 대한 애정입니다. 사랑을 받을 만해서가 아닙니다. 하나님과 관련지어 교회를 보기 때문입니다. 그래도 교회는 하나님이 세우신 것이고, 그 교회의 주인은 주님이라는 사실 때문입니다. 그래도 하나님은 이 교회를 데리고 주님의 역사를 진행하시려 한다는 분명한 사실 때문입니다. 그래도 주님은 다른 종교단체나 도덕단체가 아니라, 이 교회를 통하여 세상이 하나님의 말씀을 듣게 하려하신다는 것 때문입니다. 주님은 교회를 진노 가운데서도 결국 다시 일으키시고 구속의 역사를 이 땅에서 계속 진행해나가실 것이란 확신 때문입니다. 한국교회는 저주하는 자의 매서움을 넘어 축복하는 자의 따뜻함이 필요합니다. 다른 사람은 몰라도 제발 교회의 지도자라고 나서서 말하는 사람들은 근본적으로 교회에 대한 애정을 바탕으로 삼고 비판도 책망도 제안도 해야 합니다. 그리고 현상학적인 관점에서 말하는 것을 넘어서서 하나님의 섭리를 믿는 자의 관점에서 생각하고 말하고 판단하고 처신해야 합니다. 하나님의 절대주권과 인간의 전적부패, 그리고 하나님이 자기의 아들까지 죽이신 긍휼을 믿는 개혁주의자라면 더욱 그러합니다.

신명기 33:1, 29

절대소망의
기회

    교회의 부흥기에는 무엇을 하여도 교인들이 모여듭니다. 그래서 다양한 프로그램과 행사들에 힘을 기울이게 됩니다. 그 프로그램과 그 행사들이 사람들을 불러 모은다고 속기 때문입니다. 그러나 무엇을 하여도 사람들이 모여드는 것은 그런 행사나 프로그램 때문이 아닙니다. 부흥기이기 때문입니다. 프로그램과 행사에 몰두하는 와중에 교회는 교회대로, 교인들은 교인들대로 점점 말씀으로부터 멀어져갑니다. 그리하여 교회와 신자들의 삶에서 하나님의 침묵이 자연스런 현상이 됩니다. 하나님의 침묵은 결국 교회와 신자의 생활에서 하나님의 부재가 당연한 현실이 되게 만들고 맙니다. 그리하여 하나님 없이도 교회는 부흥만 잘하고, 교인들은 잘만 살아지는 기이한 현상이 벌어집니다. 결국 교회는 점점 회사가 되고, 목회자는 경영자가 되고, 교인들은 고객이 되는 기이한 현상이 일반화되고 맙니다.

사실 우리는 그간 하나님의 말씀 없이도 교회는 부흥만 잘되고, 말씀 없이도 교인들은 잘만 살아지는 세월을 지내왔습니다. 그것을 놓고 우리는 세계를 향하여 한국교회가 받은 복을 보라고 간증하며 자랑하며 살았습니다. 세계에서 가장 큰 교회 10개가 모두 한국에 있다고 간증하였습니다. 선교사 파송이 숫자로는 세계 2위요, 인구대비 비율로는 세계 1위라고 우리가 받은 복을 자랑하였습니다. 그러나 쇠퇴기에 접어든 이 시점에서 돌아보니 그것은 복이 아니었습니다. 재앙일 뿐이었습니다. 지금 한국교회가 당하고 있는 이 참담한 현실은 근원을 따지고 들어가 보면 그 뿌리는 하나님의 말씀 없이 살아온 데에 닿아있습니다.

그러나 교회가 몰락하기 시작하는 쇠퇴기에는 이율배반적이게도 교인들은 거의 본능적으로 하나님의 말씀을 듣고 싶어 하게 됩니다. 교회가 현실에서 존재감을 상실하고 변두리의 무기력한 그룹으로 위축되는 현실에서는, 말씀이 무슨 효력이 있냐며 말씀으로부터 더 달아나는 것이 논리적으로는 마땅할 것입니다. 그런데 이율배반적으로 교인들은 이때야말로 어느 때보다도 말씀에 집착하게 됩니다. 이것은 교인들 사이에서 이미 현저하게 나타나고 있는 현상입니다. 그동안 아무런 불만 없이 은혜 받으며 잘만 들어오던 설교에 대하여 성경 본문말씀을 설교하지 않는다며 불만을 토해내는 교인들이 급격히 늘어가고 있는 것을 어디에서나 확인할 수 있습니다.

내가 근래에 주위의 사람들로부터 부쩍 많이 듣는 말이 있습니다. 성경 본문을 말하지 않는 목사님의 설교 때문에 힘들다는 하소연입니다. 두어 주 전에도 한 제자 목사님이 걱정스런 얼굴로 지인 장로님의 이야기를 전해주었습니다. 오랫동안 목사님을 모시고 신앙생활을 해왔는데 몇 달 전부터는 정말 힘들어한다는 것입니다. 목사님의 설교가 성경 본문을 말씀하지 않는다는 것이 이유였습니다. 그런데 이상한 것은 그 목사님이 그동안 성경 본문을 설교해오셨는데 갑자기 그렇게 변해버린 것이 아닙니다. 목사님은 오래전부터 해오던 설교를 지금도 여전히 하고 있을 뿐입니다. 그리고 장로님도 그동안 별 불만 없이, 그리고 그런 설교를 들으면서 별 탈 없이 잘 지내왔습니다. 그런데 지금은 성경 본문을 말하지 않는 그 설교를 도저히 듣고 앉아있을 수가 없을 만큼 힘들어진 것입니다. 주위에 이런 고민을 안고 힘들어하는 교인들이 자꾸 늘어만 갑니다. 이러한 흐름은 머지않아 거센 물결을 이룰 것이고 누구도 그것을 거역할 수 없을 것입니다. 나는 이것이 교회의 쇠퇴기에 역사하는 성령님의 역사라고 믿고 있습니다. 이것은 목사에 대한 불신앙적 도전이 아니라, 소망을 주는 기회입니다.

오늘날 한국기독교에 가장 시급한 것은 하나님께서 말씀하시게 하는 것입니다. 그리고 교인들에게 하나님의 말씀을 들려주는 것입니다. 이렇게 보면 지금이야 말로 말씀으로 돌아갈 절호의 기회입니다. 그것이 한국교회가 새롭게 살아날 길입니다. 이것은 우리가 하나님의 말씀으로 돌아가는 것을 말합니다. 우리가 하나님의 말씀으로 돌아간다는 것은 최소한 두 가지를 그 내용으로 합니다. 첫째는 하나님의 말씀을 아는 일에 능통해지고 둘째는 하나님의 말씀대로 사는 일에 철저해지는 것입니다. 교회가 말씀으로 돌아가는 일은 설교자의 강단으로부터 시작합니다. 설교자는 자기 자신, 성도들, 그리고 교회가 하나님의 말씀에 능통해지고, 하나님의 말씀대로 사는 일에 철저해지는 일에 목숨을 걸라고 불려내진 사람들입니다.

설교자는 하나님과 그의 백성 사이에 다리를 놓는 사람입니다. 설교자의 다리 놓기는 본문에서 만나는 "낯선 신세계"와 청중이 살아가는 "지금 이곳"의 세계를 연결하는 일입니다. 이것은 말씀을 듣는 하나님의 백성을 일으켜 말씀하시는 하나님 앞에 세우는 일입니다. 청중으로 하여금 말씀을 통하여 임재하시는 하나님을 경험하게 하는 사건입니다. 그런 점에서 설교는 신비이기도 하고 기적이기도 합니다. 그러므로 설교가 조롱을 당하고 불신을 당하는 현실에서도 나는 여전히 설교를 신뢰하고 설교의 회복을 꿈꾸고 있습니다. 어느 학자의 말대로 설교야말로 "교회의 심장"입니다. 그러나 그 설교는 언제나 성경말씀을 말하는 설교여야 합니다. 그렇지 않으면 설교는 교회의 심장이 아니라, 교회의 폭탄이 될 뿐입니다.

혹독한 포로생활로부터 돌아온 이스라엘 백성이 성벽재건을 마치고 수문 앞 그 광장에 모였던 모습을 나는 자주 떠올립니다. 남녀 구별 없이 말귀를 알아들을 수 있는 모든 백성이 그 광장에 모였습니다. 모든 백성이 볼 수 있도록 특설 강단이 세워졌습니다. 학사 에스라가 하나님의 율법책을 펴서 들고 그 강단에 섰습니다. 그러자 모든 백성이 일어섭니다. 에스라가 위대하신 하나님 여호와를 송축합니다. 모든 백성이 손을 들고 아멘 아멘 하고 응답합니다. 몸을 굽혀 얼굴을 땅에 대고 여호와께 경배합니다.

한국교회가 이제 들어가려고 하는 곳이 바로 이 광장입니다. 나는 한국교회에서도 에스라의 수문 앞 광장에서 벌어진 이 모습 보기를 소원하고 있습니다. 그리고 지금 바벨론 강변에서 수금을 나무에 걸어버리고 통곡하던 이스라엘 백성의 포로 생활 때처럼 혹독한 우리의 현실 저 끝에서 그 때가 점점 다가오고 있음을 확신합니다. 우리는 지금 망해가고 있는 것이 아니라,

절대 소망의 기회를 맞고 있다는 것은 부인할 수 없는 사실입니다. 이 기회를 제대로 붙잡는 교회들과 교회 지도자들을 데리고 하나님은 한국교회의 역사를 새롭게 펼쳐내실 것입니다.

느헤미야 8:1-6